无界战

War Without Boundary

我们正在进行的战争

郭高民 ◎ 著

人民出版社

目　录

当我们真正意识到"今天"与"过去"多么不同，以至于就连人脑与电脑，人与机器人，战士与黑客，战机与客机，军舰与民船，武器与货币，炸弹与人体，信息与病毒，军事对峙与民间行动，恐怖袭击与物种入侵，以及自然的与人工的飓风、海啸、地震、洪涝、干旱、雾霾、疫病这些基本概念之间的界限也日益模糊时，我们便不能不注意到，我们正在进行的战争已经属于无界战。

这是一个怎样的战争平台

不同的时代有不同的战争平台。但时代，包括时代的划分与冠名，却不是人们可以随口说并且说了就能算数的。

当技术进步到足以让人类进行"自我置换"——有如孙悟空七十二般变化——的时候，我们又当如何来看技术革命及其对战争平台的影响？

"合久必分，分久必合"。战争平台变革是一个从游猎时代全球化平台，到农工时代分球化平台，再到信息时代全球化平台的历史过程。那么，在当今全球化平台上，战争又将怎样"合"呢？

什么是战争

当我们追问什么是战争时，恐怕很多人会随口说出《战争论》的定义。但它只说对了三分之一，即它只适用于农工时代战争，而不适用于游猎时代和信息时代的战争。就是说，我们得重新定义战争。而重新定义战争只能从"界"的问题上寻求突破。

现代信息技术所具有的革命性作用正迅速使传统非传统化，正在将一切传统的东西改造为反传统框架之下的东西，以至于我们已经无法按照昔日的战争概念来进行今天的战争。

就其时代形态而言，战争的演进是一个从无界战，到泛界战，再到无界战的历史过程。尽管目前这两种战争尚处于农工时代与信息时代交接过渡期，即在无界战的潮头上还摇动着泛界战的尾巴，但二者的交叉重合部分本质上已经属于无界战。

我们如何进行战争

"当前我们所面临的危机，是没有一套适用于信息时代战争的有活力的战争理论。在美国和世界的大部分地区，战争艺术一直受一些神圣格言——战争原则的困扰。我们生活在信息时代，农业社会和工业社会产生的许多原则已经过时了，然而美国的一些军事领导和文职领导仍然用它们来对待战争。"

致读者暨合作者

尊敬的读者暨合作者：

　　首先，请允许我向您致以谢意！这不光因为您可能作为真正的权威为本书作序——书中"无字序"就是为您而设，还因为您可能作为合作者使本书不断丰富成长。互联网类似"百度百科"、"维基百科"这样的互动平台，已经为我们开辟集思广益的路径和模式——有人提出问题，有人给出答案，还会不断有人来修订这个答案（过去那种搞"标准答案"的做法已经成为历史），从而使之一直处于与时俱进、不断完善之中，我们干嘛还要像过去那样让一本书一经出版便是"死"的而不是"活"的呢？我与出版社达成的合作意向是：充分利用网络平台，逐次对本书内容进行修订，尽可能全面地反映读者参与情况，使集体创作成为一种常态。一句话，我希望在您的参与下，本书能够成为一个人人都能参与再创作的开放体。既已是合作者，我们就是朋友了。我的邮箱：wujiezhan@vip.sina.com；博客：无界战，http://blog.sina.com.cn/wujiezhan。也随时欢迎有兴趣的朋友光临"无界战"微博或微信公众平台，参与互动。热切期盼您的宝贵意见。

　　致礼！

初始作者：郭高民

2014 年 3 月 13 日

序

读者：

年 月 日

无界战之门

信息革命正在颠覆重塑一切。过去天经地义的，今天面临挑战；过去天方夜谭的，今天成为现实；过去被颠倒的，今天正被再颠倒。《红楼梦》说：假作真时真亦假，无为有处有还无。信息革命对曰：实为虚处虚还实，是到非时非亦是。而当我们真正意识到"今天"与"过去"多么不同，以至于就连人脑与电脑，人与机器人，信息与病毒，战士与黑客，战机与客机，军舰与民船，人体与炸弹，武器与货币，军事对峙与民间行动，恐怖袭击与物种入侵，以及自然的与人工的飓风、海啸、地震、洪涝、干旱、雾霾、疫病这些基本概念之间的固有界限也日益模糊时，我们便不能不注意到，我们正在进行的战争已经属于无界战。

一、我想到了铁床的故事

目前战争领域出现一种历史上从未有过的奇特现象：人们一边在进行着战争，一边却在期待着"战争"打响或不要打起来。比如，尽管经济战、环境战、生态战、反恐战、网络战、舆论战、"人民中间的战争"等非传统战争概念早已出现，尽管这些战争无时无刻不在进行之中，尽管它们正在取代传统战争而日益居于人类战争活动主导地位，但人们在谈论战争问题时，却仍是未来战争如何如何，战时如何如何，平时如何如何。又如，南海、东海诸国围绕领土争端进行的外交战、舆论战、法律战、军演战、舰机对峙战、民船接触战、主权宣示战、市场抵制战等打得不可开交，有专家却不断警告"战争一触即发"。显然，人们在骨子里依然是以传统的火力对抗为基准衡量和看待战争。这种"骑着驴寻驴"现象的危险之处在于，它不仅在观念乃至行为层面制约、扭曲、贻误我们正在进行的战争，而且在"狼来了"效应作用之下，很难说它不会有一天真就把传统战争之狼给"喊"出来。当今时代最危险的事，莫过于人们在不经意间制造危险。

我想到了那个铁床的故事。在一个前不着村、后不着店的旅馆，所有客房内都是五尺长的铁床，入住的旅客，个儿高的须截掉长出的部分，个儿矮的须拉抻到与床同长，结果是，只有个儿头正好五尺高的人能够活着走出旅馆。在这里提说"铁床现象"，只是想指出，在当今新旧两个时代交接过渡期，亦即在战争平台从而是战争形态深刻变革的历史关口，我们的战争理论或战争观必须作出方向性选择：要么固守过去，继续用老话套新词，继续忍受那历经几千年、用枪炮鲜血铸成的战争铁床的宰制和戕害；要么投身新时代，真正拿起信息革命的武器，砸碎铁床，突破"界"的局限，以无界战理念来看待我们正在进行的战争。

显然，这是一个极其复杂、艰巨且不无风险的题目。一方面，它需要足够宽厚的理论和科技认知底子。因为它事实上必须像信息革命正在重塑一切那样，搭建一座战争的新房子，其间任何学科领域任何一个基础性缺陷都可能使之沦为"豆腐渣工程"。另一方面，它需要具有"初生牛犊不怕虎"的勇气。因为它事实上必须像信息革命正在颠覆一切那样，先把人们早已住惯的因而总会执着守护的那座战争的旧房子拆掉，其间任何环节的不缜密，都可能引发足以导致半途而废的"拆迁事件"。当然，它还需要互动协作。因为战争已经不光是军队的事，更是一件全人类参与、每个人都在"做"的事。这也就是说，在"什么是战争"、"怎样看战争"、"战争怎么打"这些任何国家和个人都不能回避的重大问题上，我们必须耐下心来，从审视有关基本概念做起。

二、概念是怎样炼成的

（一）规律性与时代性的魔方

作为人类思维的基本形式之一，概念是对客观事物的一般的、本质特征的反映，它与客观事物的发展变化一样具有规律性。人所谓的有机体，植物、动物等，皆有生死，总是从死到生再到死；人所谓的无机体，食盐、水等，关乎有无，总是从无到有再到无；人所谓的世界，虚实有别，总是从虚到实再到虚；人所谓的演化，清浊交错，总是从混沌到分明再到混沌。依此，天之明暗轮转，地之峰谷变幻，世之兴衰更替……一切事物都具有这样的规律性，没有特例——至少我没有找到特例。因此，本书把世界的基本规律表述为"二元三阶段规律"（X—Y—X′）。这样说，并非是说我在现代哲学所揭示的三大规律之外发现了新的规律，而只是基于它们的统一性[1]，试图给出一个浅显、便于人们把握的表述。

这可谓是本书的灵魂了。您读下去就会发现，它对于我们拨开理论迷雾，重构思维框架，把握时代脉搏，正确面对、解决需要我们面对、解决的一切新情况、新问题，是多么具有魂儿的意义。

或许正是因为有了这样一个魂儿，我在本书写作过程中多次碰到这样的规律性现象：每每想到一个特别是涉及自然科学领域的问题点并断定它必定是那样时，到网上查询，果然就有类似的说法。例如，我感到，信息是一种生命形态——我在本书中将信息定义为"生命子"。这一不乏科幻小说色彩的界定，在后来查找到的李衍达的一次演讲中得到有力支持。他说："生命的起源，生命能维持的本质是什么？只有在信息的基础上，在复杂系统概念的基础上才能回答。因此，薛定谔从量子物理学概念出发探索生命是什么，最后的回答却是'生命的本质是信息'。"[2] 而此后，就在我已经完成对这一界定的论证时，我的妻子高也婷将她从网上下载的《计算机病毒：一种可能的生命形式》一文摆到了我的案头。我不禁为自己的孤陋寡闻咬牙切齿：这篇让人眼前一亮的宏论，早在十多年前即已在上海《科学》双月刊上发表。如果早两年看到它，我在论证这一问题时哪里还需要花费那么大的精力，遭受那么长时间的烦恼！好在本书初稿完成后并没有急于出版，还可作进一步修改、完善。

再如，我在谈到"界域"问题时，总有点不太踏实——到底有没有界域这个概念？结果，不但有这个概念，还从网上"百度"出了美国哲学家 S.A. 萨尔瓦多 1985 年提出的"界域存在论"（The methods of existed plane）来。后又从《参考消息》上看到地球每隔几年就会有一次穿逾畴壁（类似肥皂泡之间的界限，也就是界域之墙）的报道[3]，进一步加固了我的认识。

又如，我在试图用"布朗运动"诠释社会乃至自然现象的过程中，感到只讲"微粒运动"——1827 年，英国植物学家罗伯特·布朗在用显微镜观察水中花粉时发现，悬浮于液体或气体中的微粒，是在进行永不停息的无规则运动：微粒的运动或互相撞击呈现为一种不确定状态，但其运动速度会随着温度的升降而升降。由于它代表的是一种随机涨落现象，在许多技术领域具有重要应用价值，这一现象被科学界命名为布朗运动——还不足以说明普遍而完整的规律性现象，便斗胆对它作了"补充"：与此相应，人们后来还发现，当微粒在运动和相互撞击中与其他微粒聚合，其质量超过一定限度时，"微粒"即转而作为"颗粒"下沉（就像空气中的微小水粒凝结为冰雹而降落），进行"非微粒运动"，它所代表的亦即"非随机涨落现象"；而随着物质形态的斗转星移，那些"颗粒"又会分解为"微粒"悬浮起来（就像冰雹液化后又汽化），重新进行布朗运动。这个大胆的"补充"居然得到著名物理学家、北京大学原副校长沈克琦先生的认同。尽管沈先生对"非微粒运动"和"非随机涨落现象"的表述不满意，说："道理是这个道理，话说得有点拗口"（后分别改为"颗粒运动"和"随率涨落现象"，即具有周期性或"有规则"），但这还是让我惊喜不已。因为这样一来，布朗运动就能够超越技术范畴而用来解释整个自然界和人类社会领域的规律性现象。譬如，依据这一运动机理，我们可以按照事实逻辑来区分世界的两种存在形态：一是离散态，正像"微粒运动"那样，整个客观实在浑若一派微粒（信息）的海洋；一是聚合态，正像"颗粒运动"那样，大到天体，小至人体或一根针。其演化，是一个从离散态到聚合态再到离散态的历史过程。再如，依据这一原理，我们可以对人类社会组织形式的演变有一个规律性认知，即它是一个从最初的非国家形式——氏族群落（微粒），到后来的国家形式（颗粒），再到未来的非国家形式——马克思所说的"自由人联合体"（微粒）的历史过程。而明确这一点，对于我们把握战争平台及战争形态变革规律是十分重要的。

作为事物规律性的一种表现形式，概念又是一个历史范畴，具有鲜明的时代性。每一个时代都由属于这个时代的概念体系作支撑，每一个时代都以属于这个时代的方式来推进概念的革命。今天人类面临的问题，是在全新时代条件下发生的，是时代性问题。不从这个大前提出发，我们就搞不懂任何需要弄懂的问题。因此，对概念的时代判断是最高层级也是最基本的战略判断，谈概念的规律性绕不开它的时代性。

"时代"即历史段落的指称，有"母时代"与"子时代"之别。过去，由于两者没有一个明确的界定，人们常常挂到嘴边的"时代"，既可以指"母时代"，又可以指"子时代"，并由于缺少对母时代规律性演进的认知而衍生出诸多模糊甚至是明显错误的概念。而弄清时代的"辈分"关系和"名讳"问题，对于我们形成一个合乎历史逻辑的思维框架，正确认识和进行战争，具有"名正"才能"言顺"的意义。

依据人类工具形态从而是人类生存方式的时代性不同，我在书中对人类历经的三个母时代做了这样的划分和冠名：游猎时代——旧石器阶段，工具通用化，人类生存方式是"游猎方式"；农工时代——新石器时期至工业化时期，工具专业化，人类生存方式是"农工方式"；信息时代——以20世纪中期计算机网络的出现为始点，工具日益通用化，人类开始以"信息方式"生存。书中论证表明，这样来划分和冠名"时代"，是符合历史实际的。

我们目前正处于农工时代与信息时代的结合部，处于两种概念体系混杂碰撞的过渡期，处于整个概念体系的颠覆重塑过程，因而，注意概念的时代性，显得格外重要。当下常见的在思维方式、话语方式乃至行为方式上以"机械化"套改"信息化"，而不是按照历史大势以后者套改前者的现象，就是一个值得引起重视的时代性问题。近些年发生在中东等地的本可用"信息方式"进行，但实际还是用火力方式进行，从而导致一系列灾难性后果的几场杀鸡取卵式战争或"暴力革命"，正日益深刻地对此给出回答。尽管它们属于时代交替期难以避免的旧时代思维方式的"回光返照"。

（二）工具性与技术性的熔炼

工具是人类的"外骨骼"、社会的"骨骼"，从而也是人类概念体系唯一有据可查的"硬件"。今天的工具考古学可以据以推知人类的过去，未来的工具考古学可以据以了解我们的现在。可以说，人类概念体系发展史是由工具这支文明之笔书写的，只有拿起这支笔，我们才能勾勒出一幅经得起历史检验的人类概念体系演进路线图。

人类创造工具的基本目的是寻求行动替身，因而，人类总是基于这样的替代思维来推进技术革命。历史表明，人类技术革命的时代形态分为通用化革命和专业化革命两大形态，其演进是一个从游猎时代通用化革命，到农工时代专业化革命，再到信息时代通用化革命的历史过程；人类工具的时代形态分为通用化和专业化两种形态，其演进是一个从游猎时代通用化工具（同一工具，如石斧、木矛等，既可用于战争，亦可用于生产），到农工时代专业化工具（同一工具，要么只能用于战争，要么只能用于生产，正像弓箭与石犁、坦克与播种机之功能区别所表明的），再到信息时代通用化工具（同一工具，如电脑、机器人等，既可用于战争，亦可用于生产）的历史过程。

与此相一致，人类概念体系表现出不同的时代特征。在游猎时代，人类工具技术是一种整化形态——打（敲）制的石斧没有木质手柄，砍（削）制的木矛没有石质矛尖，它们呈单体结构，均保持着自然物的整化结构形态。因而，人类的概念体系也是整化的：知识体系没有学科之分，战争活动没有兵民之分，日常生活中没有领土、疆界之类概念，也没有语言鸿沟。如直到罗马帝国时期，拉丁语依然是西欧各国的共同语言。在农工时代，由于磨制石器技术的出现，人类工具技术呈现为分化形态。磨制石器技术之一个"磨"字，从磨擦取火、磨擦钻孔、磨擦出"刀"（尖），到磨擦起电等，分化出多少种多体组合的工具和门类繁杂的技术学科，已经不重要了。重要的是，这种分化在改变自然物结构形态的同时，也使人类思维模式乃至行为模式由整化转为分化——知识、技术体系分化为数以千计的学科、专业，战争活动出现并不断加深兵民界限、平战界限等，日常生活中也有了日益泛化的领土、疆界之类概念，从而也有了各民族在地域封闭性定居中形成的彼此不通的语言，正像后来西欧各国人们只能分别使用本民族语言那样。在当今信息时代，人类工具技术日益彰显整化形态。诸如机器人、无人机（车、船）等日益居于人类工具主导地位的所谓信息化或智能化工具，均是对人、鸟、甲壳虫等生命体的模拟，都呈现为"新单体结构"，即它们都在向自然物固有的整化形态回归。与此相一致，人类的思维方式和能力形态日益整化。不仅知识体系正在迅速进行学科整合，各种学科正在融合成为一门综合科学——业已居于科学主导地位的系统科学或系统哲学，不仅各种技术正在整化为一种综合技术——日益居于技术主导地位的"会聚技术"，不仅人类分工开始由社会分工转向"新自然分工"——正像时下所谓宅男宅女足不出户即可生存并能够有所作为所表明的，而且，在战争活动中，兵民界限、平战界限日益模糊，在日常生活中，国家疆界之类概念日益淡化——在虚拟世界本质上就没有国家疆界概念，并正在迅速生成一门人类通用语言：网络语言。

这也就是说，工具对人类社会发展具有客观的历史规定性——我们在书中称之为通用化规定性和专业化规定性。注意这样的历史规定性，是我们理解、把握和进行战争应有的科学眼光。

（三）平台性与界域性的模铸

同环境决定意识一样，人类概念体系的演进总是受到人类所在战争平台乃至所处界域的模铸与影响。

人类战争平台，分为全球化和分球化两种形态。全球化平台的本质特征是社会主体互赖化、社会交往无界化、社会形态共产主义化；分球化平台的本质特征是社会主体互斥化、社会交往泛界化、社会形态资本主义化。历史表明，人类战争平台的演进，是一个从游猎时代全球化平台，到农工时代分球化平台，再到信息时代全球化平台的历史过程。与此相一致，人类战争概念体系的演进，也是一个从全球化体系到分球化体系再到全球化体系的历史过程。

在游猎时代全球化平台上，人类是以非国家形式（氏族群落）结构社会，是在以全球为范围的频繁迁徙移动中谋求生存，没有领土、疆界之类概念，社会主体之间具有客观的"互赖性"——正像氏族群落内部禁止近亲繁殖，人类繁衍只能在所谓"两个半边天"（两个远亲氏族群落）的对偶交往中进行所表明的。因而，战争游戏按正和规则进行。如氏族之间进行的战争没有攻城略地、你死我活的概念属性，战争样式是以非致命的仪式化战斗为主导样式。所谓仪式化战斗，就是"两军"（两个发生利益争端的氏族群落）在约定地点分列两边，各由一位成人作为氏族代表在阵前互相责骂、投掷武器或进行拳击决斗，一旦出现伤亡，或一方代表由于体能原因不能继续对打，战斗即宣告结束。

在农工时代分球化平台上，人类是以国家形式结构社会，是在某一地域永久定居和相对封闭中谋求生存，领土、疆界之类概念日益泛化，社会主体之间具有客观的"互斥性"——正像国家的领土、主权所具有的排他性那样。因而，战争游戏由零和规则主导。如国家之间进行的战争均具有攻城略地、你死我活的概念属性，战争样式是以致命的歼灭战为主导样式。

在信息时代全球化平台上，人类结构社会的形式正在发生深刻变革——国家行为体的社会结构功能趋于弱化，非国家行为体的社会结构功能不断强化——最终将以马克思所说的"自由人联合体"的形式来结构社会，人类越来越是在以全球为范围的信息化流动中谋求生存，人们的领土、疆界之类概念日益淡化和模糊，社会主体（包括国家和非国家主体）之间日益彰显客观的互赖性——正像当今国际利益之"你中有我、

肥皂泡。这里用来喻说"界域"形态。

我中有你"格局所表明的。因而,战争游戏开始按正和规则进行。如当下国家之间进行的战争越来越不再具有过去那种攻城略地、你死我活的概念属性,战争样式也越来越是以军事演习、舰机对峙等新的仪式化战斗为主导样式。

概念的平台性还有一个重要方面,即它的界域性。所谓界域,是指不同事物处于不同空间而形成的类似肥皂泡样的无限的世界复合体——其间每一个"肥皂泡"都是作为一个独特的世界而存在,每一个世界都与别的世界既相互隔离又密不可分。现代科学表明,世界是一个无限多而又无限可分的界域复合体。每一个界域都是其上一级界域的子界域,又都是其下一级界域的母界域,以构成生命世界的复杂系统;每一个界域都有着诸如正物质界与反物质界、阳极与阴极、现实世界与虚拟世界等相反相对的构成,以达成全界域的平衡;每一个界域的生命体都有自己独特的存在和运动方式,以相互区别。这意味着,由于所处界域不同，实在主体的概念也表现出相应的不同。庄子与惠子那段著名对话就很能说明问题。庄子曰："鱼出游从容，是鱼之乐也。"惠子曰："子非鱼，安知鱼之乐？"庄子曰："子非我，安知我不知鱼之乐？"惠子曰："我非子，固不知子也；子固非鱼也，子之不知鱼之乐，全矣。"庄子曰："请循其本。子曰'汝安适鱼乐'云者，既已知吾知之而问我，我知之濠上也。"[4]

我们人类最需要庄子式的换"域"思维。假如有朝一日，人类能像细菌一样看微生物世界，能像猴子一样看陆地动物世界，能像鱼一样看水中动物世界，能像槐树一样看植物世界，即人类在认识世界时能像地球每隔几年穿越一次"畴壁"那样，时常打破一下界域的局限，那么，人类就能够消除既往所存在的那种根深蒂固的界域浅视或偏见，不再把所谓"无机物"看成非生命体，把其他动物看成低等动物，从而消除既往的野蛮、愚昧习性，不致把战争弄成人类互相残杀的机器，把生产弄成威胁人类生存的潘多拉盒子，真正形成一个合乎自然法则的概念体系，迎来一个和谐美好的世界。

三、关于"可能"与"不可能"的革命

世界是个"可能"与"不可能"的矛盾统一体。根据世界的信息本性或数字本性，"不可能"可以用"0"来表示，"可能"可以用"1"来表示——正像物理学用"1"和"0"来表示"开"与"关"等物理现象那样，世界不过是由"0"这种"不可能"和"1"这种"可能"构成的一个从"不可能"到"可能"再到新的"不可能"的循环往复以至无穷的历史过程。

（一）"可能"与"不可能"要看人类能力形态

世间一切"可能"与"不可能"——在人类语境下——永远与人类能力形态正相关。

人类能力形态分为专业化形态和通用化形态。二者的本质区别在于，前者指向"有可能的可能性"，后者指向"不可能的可能性"。所谓"有可能的可能性"，是指在工具专业化条件下人的专业能力所能及的那种可能性，它是从现实到现实，本质上属于"物性能力"范畴；所谓"不可能的可能性"，是指在工具通用化条件下人的通用能力所能及的那种可能性，它是从现实到神话，本质上属于"灵性能力"范畴。以植物的"优生优育"为例。在工具专业化的农工时代，人们总是围绕某种植物看得见、摸得着的外在因素或"物性因素"进行现实的改良，如通过对土壤、水、气温等果树外在生长条件的优选来生产优质水果。但在工具通用化时代，人们则是从植物的内在因素或"灵性因素"着手来书写"神话"。如在游猎时代——依据现存原始族民的习俗，"愚昧"的人们通过由生了双胞胎的夫妻在树前进行交合示范来诱发果树旺盛的生产能力。而在信息时代，人们则是通过给农作物听音乐或进行基因移植的方法来提高其果实产量和品质。如今，借助基因工程，人的身体组织可能像美西螈那样具有器官再生能力[5]，老鼠的大脑在某些方面可以像人一样聪明[6]，芜青[7]可以像人控制有毒物质那样自主控制其茎、叶和果实的营养成分……从而使人类的包括长生不老在内的种种神话成为可能。这些，在农工时代科学家看来，是绝对"不可能"的，因为它们无法跨越首先在理论上即不可能跨越的"物种鸿沟"。而突破物种之间的鸿沟，正是信息时代基因工程的一个基本发展方向。总之，如果说游猎时代人类所能做的是"用神话诠释一切"的话，那么，信息时代人类所要做的就是"用一切诠释神话"。

（二）"可能"与"不可能"不过是个"语言"问题

如同因为有语言人类社会才有了进化的各种可能性一样，世界的"可能"与"不可能"本质上不过是个语言问题。如果没有一种语言在沟通和联结，世界就会是一盘散沙，就不可能进化，甚至不可能存在。那么，这种沟通、启示从而演化着大千世界的语言又是一种怎样的语言呢？

现代信息科学日益表明，世界是一个无所不是生命的世界。因此，世界的语言说到底是一种生命语言。这种生命语言，不仅通用于人类之间、人机之间，也通用于人与万物之间，故而我们称之为"世界的通用语言"。

对于人类这种生命形式而言，世界的通用语言既可以是无符号语言——直觉或通感就是它的全部语素，正像"天人灵性沟通"所使用的"灵性语言"那样，也可以是符号性语言——正像计算机通过 0 和 1 "思考"、"说话"那样。从符号性语言的角度来看，我们有充分理由把计算机语言的出现视为人类找到并使用世界的通用语言的里程碑。

20 世纪中期，以世界第一台通用电子计算机"埃尼阿克"和军用计算机网阿帕网（ARPANET）在美国出现为始点，人类找到并使用起了世界的通用语言。尽管迄今人类对它的使用还处于"小学一年级"的水平，基本上还囿于人类所处的界域，仅适用于人类之间和人类与计算机之间的沟通交流，但近年来的科学实验表明，人类对这种世界的通用语言的掌握与使用，距离突破语言的界域屏障，从而像会说多国语言的学者与多国人们进行沟通交流那样，实现与世间万物进行沟通交流的目标，只是一个如同学生从学习字词、语法到熟练使用母语、外语那样的时间问题。

人类寻找、使用世界的通用语言，是为了实现世界的基本目的——进行世界之从"不可能"到"可能"的实验。

现代信息科学表明，世界是一个相套、相联、相通、相操作的超级计算机复合体。在大多数人看来，计算机就是专门化的新发明：台式机或笔记本。而对一名物理学家来说，所有自然系统都是计算机。岩石、原子弹及星系可能不运行（也可能以人们尚不了解的方式运行）Linux程序，但它们却记录和处理信息。每个电子、光子及其他粒子都存储数据比特值。因此，"不论你如何精确地定义，它都不只是那些人们通常称为'计算机'的东西，而可以是世界上的任何物体"。[8] 在冯·诺伊曼为研究机器人自我复制的可能性提出"细胞自动机"[9]理论后，美国麻省理工学院计算机实验室前主任弗雷德金进一步认为："宇宙就是一种细胞自动机。"弗雷德金进而指出："有一个更高级的智慧生物在观察我们人类的进化、繁殖、相互残杀，人类只是存在于高级生命设定的一种细胞自动机中的一种'数据'，人类所相信的实在只是更高生命的'电脑实验'。"[10] 一些科学家如英国著名生物学家理查德·道金斯，用细胞自动机模仿生物进化。"他们构造出模仿昆虫进化的细胞自动机，在电脑屏幕上观察昆虫的变异、繁殖和互相吞噬。"[11] 这表明，终极的实在不是别的，而是大大小小，无所不在，互套、互联、互生、互食、互实验的一个个信息体或生命体，就像生命世界无所不是一个个相互作用的细胞和由细胞构成的生命体那样。而作为信息体或生命体之一类，人类所谓的"可能"，仅仅意味着人类找到了与"不可能"领域进行沟通的通用语言；人类所谓的"不可能"，则仅仅意味着人类暂时还没有找到那样的语言。而随着人类对世界的通用语言的寻找、掌握与自觉使用，世间既有的"不可能"之锁，都将一一被打开。

（三）"可能"与"不可能"关键在"界域"

世界的运动说到底是一种信息的"聚合"与"离散"的运动。用我们做了补充的布朗运动的话来说，聚合是指信息个体（微粒）凝结成为信息整体（颗粒），离散是指信息整体（颗粒）分化为信息个体（微粒）。正是在这样的分分合合之中，万物构成了世界发展变化的规律性形态——从离散态，到聚合态，再到离散态。只是，生命主体在不同界域有着不同形态从而有着不同方式的聚合与离散，不同表象的"颗粒运动"和"微粒运动"，不同性状的离散态与聚合态，就像天体、人类、树木、蚂蚁、病毒等因其所处界域不同而有着不同存在方式所表明的。而这种界域性不同，正是一切"可能"与"不可能"的关键所在。

　　科学家们已经发现，宇宙结构法则类似人脑和互联网。"研究结果显示，宇宙的发展和复杂网络的发展具有等同性。""它表明，某种控制大型系统的普遍规则或法则是存在的。网络科学就是要阐明这些规则，并尝试预测或支配复杂网络的行为。"[12] 从界域的角度来看，宇宙、星球、水、石头、植物、动物、微生物等，都是作为"细胞"而存在的互寓、互拟、互操作的生命体，正像宇宙这个大细胞包含着其中所有小细胞，而每一个小细胞又包含着宇宙的所有元素或运行程序那样。美国圣迭戈超级计算机中心正在雄心勃勃地对宇宙的因果关系网络进行详细模拟，模拟结果将绘制成一幅图表。该中心表示，此"图表很像代表其他复杂网络（如互联网、社会网络和生物网络）的直观表"。[13] 美国北卡罗来纳州的科学家，正在用量子物理学证明来世的存在。[14] 这也就是说，尽管客观世界可以由于界域的不同而充满"不可能"，但随着信息革命不断推进，随着人类对于足以突破界域之墙手段的发现和运用，一切界域之墙都将被打"通"，世间一切"不可能"都将逐步成为"可能"。

　　譬如，人与兽的"杂交"曾被科学界认为是不可能的，因为它们之间存在着不可逾越的"物种鸿沟"或界域之墙。但现在，英国科学家从人类的皮肤细胞中取出细胞核，植入已移除细胞核的母牛卵子内，成功培育出了一小批牛人杂交胚胎。[15] 由此可以想象，当基因工程发展到人

与其他动物乃至植物之间的基因可以双向移植时，人和世界会是什么样子。

再如，人的"起死回生"一直是神话或科幻小说中的事情。但近年3D 打印技术在医疗领域的成功应用[16]表明，人体器官的"起死回生"将会像打印一份文件并把它们装订起来一样简便。这也就是说，人类在进行"可能"与"不可能"的实验中，越来越接近于无界域局限的境界。

这就是我们必须面对的信息革命。

这就是我们为什么在信息革命中必须彻底改变与之不相适应的理论和观念，努力站到一个超越界域的高度，正确把握战争平台的时代性变革，为我们正在进行的战争提出新的定义，制定新的标准，确立新的目标的基本原因所在。

图为中国首台自主知识产权 3D 细胞组织打印机，它已成功打印出较小比例的人耳软骨组织、肝脏单元等。（新华社记者徐昱摄）

War Without Boundary

这是一个怎样的战争平台

第一章

让时代自己说

不同的时代有不同的战争平台。但时代——包括它的划分与冠名，却不是人们可以随口说并且说了就能算数的。因为时代并不像人们已经说习惯的那样随意、琐碎和杂乱无章，而是按照历史的阶段性规律演进。因此，在有关时代的一切问题上，特别是在时代的划分与冠名这一关系战争平台规律性变革的问题上，只能让时代自己说。

一、按"硬参照"划分时代

时代，即历史段落的指称，有"母时代"与"子时代"之分。譬如

人类进化史略图。

兵器，按传统说法，它的母时代有冷兵器时代、热兵器时代，其中冷兵器时代有石器时代、金属器时代；石器时代又有旧石器时代、新石器时代……因此，本书所说时代是指母时代，子时代均表述为"时期"。

正如马克思强调的"第二个阶段"为"第三个阶段"创造条件那样，时代是一个按照二元三阶段规律（X—Y—X′）[17] 演进的历史范畴。过去，由于历史的"第三阶段"或第三母时代——信息时代尚未现身，人类在时代的划分与冠名这个事关概念科学性和生命力的问题上，始终处于公说公有理、婆说婆有理的状态。人们常常挂在口头的"时代"，既可以指母时代，也可以指子时代，并由此衍生出诸多明显错误的概念。20 世纪中期以来，随着信息时代的展开，人类既有概念体系面临颠覆、重塑，对之加以澄清梳理日显必要。

有如中国人写族谱讲究辈分规矩一样，时代的划分也须有一个不至于乱"辈"的参照标准。但在如此重要的问题上，目前学界并没有形成共识。有按生产力、生产关系划分的，也有按战争形态、文化形态、社会形态划分的；有"三分法"、"四分法"，甚至还有"五分法"、"六分法"。不仅琐细纷繁，还容易造成各说各话的理论分歧。近年，人类社会形态"五阶段论"（它把社会形态划分为原始社会、奴隶社会、封建社会、资本主义社会、共产主义社会五个阶段）在学界引发争论：质疑者认为五阶段论不符合历史真实，因为事实上除西欧国家而外，世界上没有任何一个国家是严格按此模式走过来的；而肯定者仍是用历史的"特殊性"、"跳跃性"来自圆其说。

那么，在时代划分问题上有没有"硬参照"——任何时候都不会造成歧义、乱码现象的"硬件"？答案是肯定的，并且只有一个，就是工具。

正如恩格斯所指出，劳动创造了人本身，而劳动是从制造工具开始的。工具不但是人类区别于其他动物的根本标志，而且是判别不同时代人类社会生产力水平、生产关系状况乃至技术形态、社会形态、文化形态、战争形态等的基本依据。因为"人类的进化不同于动物的进化。动物的本性就'存在'于其'自身'之中，于是，动物的进化过程就和动物'自身'的进化过程成为了合二而一的、不可分离的过程，例如从始祖马到现代马的进化历程直接地就表现在动物'自身'的'骨骼'进化'之中'。而对于人就不然了，因为人的本性并不单独存在于其'自身''之中'，在人类文明史上人的历史发展（进化）首先表现为'人身之外'的工具的进化过程。我们有充分理由把工具看作是'个人'的'外骨骼'和'社会'的'骨骼'"。[18] 而区别于其他事物，"骨骼"是任何时候都有据可查的——今天的工具考古学可以由以让我们探知人类的过去，未来的工具考古学可以借以使后人了解我们的现在。马克思曾根据工具或武器的材料把原始社会史分为石器时代、青铜时代和铁器时代。他的代表作《资本论》中更是有许多工具考古学研究的内容。可以说，马克思在社会科学领域已经开启了以工具为参照系的研究新进路。"可是，这个具有极大重要性的研究进路几乎被后人完全忽视了"，[19] 以致时代的划分这个本来十分简明的问题，成了一个剪不断、理还乱的争题。

事实上，如果我们遵循二元三阶段规律，把"参照"的目光移至工具，那么，时代会自动显现它的历史段落。因为工具的时代形态与人类社会的时代形态具有历史逻辑的同一性，即它们都按照二元三阶段规律发展变化。

总体而言，人类社会实践活动分为战争与生产两大领域，人类工具分为战争工具与生产工具两大类别。依据工具的社会实践功能，人类工具的时代形态分为通用化和专业化两种形态。所谓工具通用化，是指工具的战争功能与生产功能集于一体，工具之间没有专业壁垒，即人们进行战争和生产活动均使用同样的工具。所谓工具专业化，是指工具的战争功能与生产功能截然分离，形成专门的战争工具和生产工具，其间出现专业壁垒，即人们进行战争和生产活动只能分别使用战争工具或生产工具。历史表明，人类工具时代形态的演进，是一个从通用化形态到专业化形态再到通用化形态的历史过程。例如，在旧石器阶段，人们无论进行狩猎、采集等"生产"活动，还是进行人兽之间或人类之间的战争活动，都是使用石斧、木矛[20]等同样的工具。在新石器时期，随着原始农业的出现，石铲、石锄等专门用于生产的工具应运而生，人类工具分野为战争工具和生产工具。从此，人们进行战争使用石斧、石刀、弓箭等战争工具，进行生产则使用石铲、石锄、石犁等生产工具。这种工具的专业化格局，随着科学技术的发展而日益精细、复杂，至工业化时期，已发展到无以复加的地步。在当今信息时代，人类工具日益通用化——基于信息系统的智能化工具，诸如电脑、智能手机、机器人、无人机（车、船）等，既可用于战争亦可用于生产，工具之间的专业壁垒日益被打通。于是，我们看到，在人类社会实践长河上，到处都写着这样的式子：X—Y—X′。

以人类社会平战样态——战争与和平的关系形态为例。在旧石器阶段，工具的战争功能与生产功能集于一体，人类两大社会实践活动——战争与生产亦浑为一体。因而，社会平战样态始终呈现为"平战混合态"，即没有平战界限。从新石器时期开始，直至工业化时期，战争工具与生产工具从而是战争活动与生产活动相分离，横亘其间的专业鸿沟日益加深。因而，社会平战样态一直呈现为"平战分离态"，即平战界限分明。当今信息时代，战争工具与生产工具从而是战争活动与生产活动日益融为一体。因而，社会平战样态开始呈现为"平战混合态"，即平战界限日益模糊。关于这点，我们在后面还会具体讨论。

以人类社会形态为例。按照马克思关于国家源于社会又终将回归社会的历史观，人类社会形态实际分为两种：无国家社会或共产主义社会（X）与国家社会或资本主义社会（Y），其演进是一个"X—Y—

X′"的历史过程。如在旧石器阶段，即在工具通用化阶段，人类社会始终处于无国家状态，始终是以氏族群落而非国家为社会的基本组织形式，人们始终是在大自然提供的"现成筵席"上各尽所能，平等协作，按需分配，社会形态也因此被称为"原始共产主义"。新石器时期至工业化时期，即在工具专业化阶段，人类社会转而成为国家社会，人们始终是在统治与被统治、剥削与被剥削、奴役与被奴役的阶级对立框架中进行着不平等协作和按"资本"分配，社会形态也因此名副其实为"资本主义"——更为开阔地看，奴隶主义、封建主义与资本主义具有内在同一性，即它们不外都是国家社会中少数拥有了特殊资本的人以雇佣劳动形式对多数缺少这种资本的人进行统治、剥夺、奴役的主义。至当今信息时代，伴随工具通用化复归，国家回归社会的历史趋势不断彰显，人类社会形态也开启了共产主义复兴的历史大幕。近年，初步的按需分配在高福利国家不断推进（有从摇篮到坟墓之称），初步的自觉劳动（目前称义工）在发达国家蔚然成风并迅速向发展中国家延展，就是有力例证。英国社会学家理查德·巴尔卢克明确指出："一个幽灵，共产主义的幽灵，在网络中游荡。它正在以美国为首的网络中实践着数字共产主义。在美国，不管其所持政治信仰如何，网络用户均自觉不自觉地参与到了这种共产主义的复兴之中。他们中的一些人已经敏锐地意识到，数字共产主义将超越和取代资本主义。"[21]

以人类历史形态为例。人类历史分为"世界历史"与"地域（或民族国家）历史"两种形态。在旧石器阶段，人类工具具有鲜明的同质性——全人类使用的工具都是打制石器技术的产物，生产力发展亦具有鲜明的同质性——全人类都是依靠自然生产力维系生存，因而人类历史具有鲜明的世界性——氏族社会基本没有地域差异或先进与落后之分，全人类的历史可以用同样的文字来书写，即所谓"世界历史"。从新石器时期至工业化时期，工具出现并不断加深其异质性——正像世界各地的新石器工具、金属器工具、火药工具、机器工具、电气工具、机械化工具所表现出的质性差异和代际差异那样，因而世界上各个民族国家的生产力和文化发展也出现并不断加深地域性差异——正像欧洲文明与非洲文明所表现出的"先进"与"落后"那样。所以，这个时期的历史只能由各个民族国家用自己的语言来书写，只能叫作"地域历史"或"民族国家历史"。至当今信息时代，人类工具的同质化趋势日益彰显，全人类（除了那些也许是造化刻意留作"样板"的现存原始人）都在使用网络及其他信息工具来进行生产或战争活动。尽管在信息化进程中目前还存在先发国家与后发国家之差异，但正如中国的超级计算机运算速度一度超越美国的那样，信息技术本质上是一种去除一切质性差异的"平"的技术。因而，从基本意义上讲，各民族国家生产力和文化的发展已经跨上"同一趟列车"——全球化。这意味着，当今时代人类历史又将成为"世界历史"，未来史家可以用同样的文字来书写。

这方面的例子可以无限量列举下去。我们在后面多个章节还会涉及，这里不做赘述。

总之，时代的划分只能以人类工具的时代形态为参照标准，只能按照二元三阶段规律将之界定为三个母时代。其中，第一母时代的时间跨度与旧石器阶段重合，约为 250 万年；第二母时代的时间跨度是新石器时期至工业化时期的时间之和，约 1 万年；第三母时代以 20 世纪中期计算机网络的诞生为始点，迄今只有几十年的时间。

二、名正才能言顺

中国人写族谱讲究人名用字规则，如不同辈分的人名不能重字，同辈人的名字往往要通过共用某一个字来标志代际关系，否则会有"乱辈"之虞。时代的冠名也有这个问题。如果在概念上各个时代并没有一个合乎逻辑的名称，有关学说就会陷于名不正则言不顺的尴尬境地。

美国著名人类学家摩尔根，将人类社会三大时代名之为野蛮时代、开化时代、文明时代。[22] 这种直线上升式理念教育了一代又一代人，似乎已经"被真理"了。但现在看来，如果仍沿用这三个名词的话，它们至少在顺序上需要调整为开化时代、野蛮时代、文明时代。

其一，从战争史实来看。人类最野蛮的战争行为，并非出自第一时代——这个时期人类战争是以非致命的仪式化战斗为主导样式，而恰恰是发生在人类能够制造大规模杀伤武器的第二时代——这个时期人类战争是以致命的歼灭战为主导样式，战争者不仅以消灭有生力量为直接目的，而且在消灭之后还要极尽戏谑之能事。据说足球这种体育运动形式，就是由士兵把敌人的头颅砍下来在地上踢着玩耍而来[23]。而在当今第三时代，人类战争主导样式日趋"仪式化"——越来越多地通过军事演习、舰机对峙、网络对抗等方式来表达战争诉求，以至于出现"慈化战争"、"软性战争"等更具文明特征的战争名号。

其二，从人与自然的关系来看。在第一时代，人类的崇拜对象是自然物，人与自然的关系也因此始终是和谐的。如人们从不向大自然索取超出生存需求的东西，也从未给生态环境造成破坏。但在第二时代，人类的崇拜对象变成了人类自己——均是以想象出来的或在现实中存在过的某一人物为崇拜对象，人与自然的关系也因之成为根本对立的关系，就像无限度捕杀开采动、植、矿物资源已经把世界弄得足以威胁人类生存那样，自然这个人类的母腹反倒成了人类的对立物和"征服"对象。而在当今第三时代，人类"回归自然"、与自然和谐共生的意识不断增强，不仅在生产领域越来越重视生态文明，在"战场"上也注意讲究"自然保护"——如通过"精确打击"尽可能降低附带毁伤等。我们虽然不能据此断言人类信仰势将复归于旧石器阶段那样的"自然崇拜",但从"信仰真空"的出现和漫延来看,至少可以说,那种以人类自己为崇拜对象从而事实上把信仰这种主体对于客体的二元行为弄成同一个东西的现象,终将画上句号。

其三,从社会政体来看。在第一时代,社会政体是十分纯真的"民主"政体。不仅在氏族群落的最高权力机关——氏族会议,人人拥有平等的发言权、表决权、选举和被选举权,而且氏族首领也随时可以被罢免、更换。至第二时代,国家政体日益专制和有失公正——不仅"普天之下莫非王土",一切社会事务皆由"王者"说了算,而且"王权"还可以世袭,就连西方所谓民主国家首脑的产生也有变相"世袭"之嫌——总是由极少数权贵当选,甚至出现爷孙首相、父子总统、夫妻总统等现象。在当今第三时代,专制政体的生存空间迅猛萎缩,就连西式民主政体也因其有失整体公正而饱受诟病和抗议。这也就是说,摩尔根式的冠名法是不能成立的。

中国有学者以工具形态命名三大时代,叫作"手工工具时代"、"机器时代"、"社会基础设施时代"。这虽然有一定道理,但由于不能给出恰切的历史分界线而难以被接受。

有中国学者干脆以社会形态命名三大时代,称之为"原始共产主义时代"、"资本主义时代"、"共产主义时代"。这虽然在历史分界线和社会形态三阶段划分上与本书的冠名法吻合,但由于过于意识形态化而很难达成共识。

摩尔根在《古代社会》一书中正确地指出:每一时代代表一种截然不同的社会状态,并依其本身的特殊生活方式而相互区别。这个"特殊生活方式",也就是具有时代标志意义的人类生产方式。依此,我们主张以工具时代形态所派生的人类生产方式为参照,来冠名时代。在第一时代,即在工具通用化的旧石器阶段,人类经济的主导产业是狩猎(包括渔猎）和采集植物果实，所有氏族群落均是在频繁迁徙移动中猎取生活资料，故而人类生产方式可以概括为"游猎方式"，这个时代亦可名之为"游猎时代"。在第二时代，即在工具专业化的新石器时期至工业化时期，人类经济的主导产业是农业和工业，各国人们均是在特定地域永久定居下来，通过农业和工业方式生产所需生活资料，故而人类生产方式可以概括为"农工方式"，这个时代亦可名之为"农工

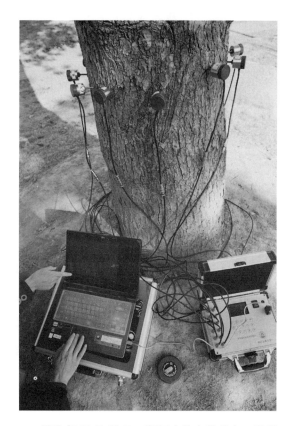

2013 年 11 月 30 日，浙江农林大学信息工程学院木材应力波断层成像仪研发小组的成员在给树木做"心电图"无损检测。（新华社记者胡剑欢摄）

时代"。在第三时代，即在工具日益通用化的当今时代，人类经济的主导产业是信息产业，人们越来越是通过信息方式获取生活资料，故而人类生产方式可以概括为"信息方式"[24]，这个时代亦应名之为"信息时代"。

显然，这样来划分和冠名"时代"，是合乎历史逻辑的；也只有基于这样的认知逻辑，我们对战争平台变革规律的探索与把握，才能符合历史真实。

第二章

技术革命革什么命

　　"技术"一词来自希腊语的"TeX / Jrl"，有工艺、技能之意。狄德罗最早对之作了严格定义：技术就是人类"为了某一目的而共同协作所组成的工具和规则体系"。[25]亚里士多德认为，"人类由经验得到知识与技术——从经验所得许多要点使人产生对一类事物的普遍判断，而技术就此兴起"。[26]互联网"百度百科"的诠释似乎更为完整：技术就是人在改造自然、改造社会以及改造自我的过程中所用到的一切手段、方法的总和，其形态包括物体形态、智能形态和社会形态。这里所谓技术革命，是指足以颠覆重塑整个人类能力形态和文明框架的科学技术整体飞跃现象。也就是说，科技史上那些不具有这种颠覆重塑意义的发明、创造，属于技术革新或技术创新，不能称之为"技术革命"。

　　每一次技术革命催生一个时代的战争平台，每一个时代的战争平台由足以表征一次技术革命的概念体系来支撑。在目前农工时代与信息时代交接过渡期，新旧概念体系交叉混杂。因此，探讨人类技术革命问题，须先弄清楚它的时代形态。

　　人类进行技术革命的一个基本目的，是寻求"行动替身"。即通过发明新技术、创造新的工具，使工具由部分而完全地成为人的"战争替身"和"生产替身"。工具对人类行动的替代，表现为两种形态：一是通用化替代，如同一工具既可替人打仗亦可替人生产；二是专业化替代，如同一工具要么只能替人打仗，要么只能替人生产。与此相应，人类能力形态也表现为通用化形态和专业化形态。历史表明，人类技术革命时代形态的演进，是一个从游猎时代通用化革命，到农工时代专业化革命，再到信息时代通用化革命的历史过程。

一、游猎时代：通用化革命

人类第一次技术革命与人类诞生同步发生。在旧石器阶段初期，即在游猎时代发端期，人类的前身古猿发明并运用旧石器技术（打制石器技术），创造了以石斧、木矛等为代表的最初的工具，从而完成了人类由猿到人的进化。这次技术革命具有科学整化、工具通用化、分工自然化等鲜明时代特征，贯穿其间的是通用化替代，故称通用化革命。

（一）科学整化

某种意义上讲，科学就是假说。人们对事物机理的认识，总是依据自己的感知判断先假定它是怎样的，然后再加以实证或留待后人实证。关于人类的起源，关于天体的形成和构造，关于人与自然的

古人类运用打制石器技术制造工具。

关系等，直到现在还在"假说"。所不同在于，最初的假说多以"神话"出之，除人的身心感受而外没有相应的技术手段加以实证，故而被后人称为"神话传说"；之后，随着科学仪器的出现，假说有了实证的扶手，便叫成了"科学"。说这些，无非是要强调人类早期科学的正当性，即不能因为它是神话式的假说而漠视甚或否定其科学属性。

世界是一个"整"与"分"的矛盾统一体，因而人类科学实践也表现为"整"与"分"的辩证运用。就其总体模式而言，人类科学发展就像莲藕一样，是一个由整化（藕结）、到分化（藕茎）、再到整化（藕结）的周期性发展过程；就其具体方法来说，二者则有如鸟之两翼，互为条件，彼此依赖，同时起作用。这里的"科学整化"，是就其发展模式而言。

科学发展模式是由它所处时代物质条件和社会需求决定的。在游猎时代，由于对于大自然的敬畏——准确地说即对于不知其所以然的诸如日月、雨雪、水火、冷暖、地震、飓风、海啸等自然现象的敬畏，人们需要有一个关于周围感性世界的整体认知；但由于缺乏实证技术手段，人们只能像中医看病那样直观地、思辨地、基于"天人灵性沟通"地把世界作为一个整体来认识。这便注定了早期科学的整化发展模式——社会科学与自然科学浑为一体，统一于无所不包的哲学。

游猎时代科学整化，可以从两个方面来看。一是知识整化。游猎时代人类知识基本上属于世界观层面的知识。有如在新生婴儿眼里别人和自己是一样的，游猎时代人类认识世界是以自己为参照比对世界，在比对中形成世界的答案。他们的世界观——人与万物同根同源，就是这样来的。氏族图腾之所以是以自然物为对象，原因亦在于此。这也就是说，在游猎时代，人类对于世界的认识等同于人类对于自己的认识，人类关于自己的知识亦等同于人类关于世界的知识。正是由于这种整化的缘故，游猎时代人类世界观才会如此富于科学的魅力，不断为现代科学所实证。

二是技术整化。技术不过是一种形态化的知识。游猎时代人类技术是人类整化世界观或整化知识在物体形态、智能形态和社会形态上的具体运用，因而其产物工具，亦相应地呈现为整化形态——所有工具都是单体结构。如，打（敲）制的石斧没有木质手柄，砍（削）制的木矛没有石质矛尖，它们始终保有着自然物固有的构造形态。而从实践环节来看，石斧、木矛等工具是完全依靠人的肢体传动产生能量，即通过人的挥动或投掷来砍刺动、植物。就是说，那时工具本身还没有动能机制，其能量与人的能量具有整体统一性。

整化科学是最接近真理的科学。尽管最初的哲学均以神话传说的形式流传于世，带有这样那样的所谓"迷信"色彩，但作为生发于"藕结"之上的认识成果，它在人类科学发展历程中始终不失其始基意义——此后一切假说，无不是作为它的成长材料而发芽、抽枝，又作为它的实证材料而开花、结果。例如，在早期人类的世界观里，人与动、植物同根同源。这一"假说"不仅作为一种文化形式——氏族图腾流传于今，而且正在为现代科学所证实。中国古代北方草原民族西蒙古四卫拉特之一的绰罗斯部族，流传着这样一个神话故事：从前，一位猎人在森林里发现一棵大树，树干上有个瘤洞，里面躺着一个婴儿，瘤洞上端有一形如漏管的枝杈，一端正好插在婴儿口中，树的汁液顺着漏管注入婴儿体内，成为他的乳汁；树上还有一只鸥鹈精心守护。猎人便把婴儿抱回抚养，称婴儿为"树婴为母，鸥鹈为父的天神（腾格里）的外甥"。婴儿成人后，因其智勇双全而被推为首领，其子孙便繁衍成为绰罗斯[27]部族。与这个"古代神话"遥相呼应，一个汇聚了英国利物浦大学和伯明翰大学著名科学家的科研小组，则在"复制"一个"现代神话"：他们研究发现，人类是在树上而非传统理论所说的陆地上学会直立行走的。[28]整整隔了一个时代（农工时代）的两种假说，之所以都认定树木是人类直立行走的摇篮，根本原因在于，这两个时代的科学都属于整化的科学。人类先贤的经典著述之所以能够历久弥新，就是由于它的创造者是立于人类知识体系的"藕结"（整化）之上，因而其知识可以是人类已有知识的全部，其思维成果可以做到放之四海而皆准。

与科学整化相一致，游猎时代人类社会实践模式也是整化的。这不光体现于人类世界观的整化形态——人与万物"同根同源"，不光体现于人类战争平台的整化形态——地球没有国家疆界分割（用现在的话说就是全球化，人们的生存行为不受地域局限），不光体现为人类社会实践活动的整化形态——战争与生产浑为一体（没有军与民、平时与战时等界限），还表现为人类战争的整化形态。在游猎时代，人类战争组织是整化的，如氏族群落被恩格斯称为"全民性军事组织"；人类战争对象——猛兽及其他一切对人类有杀伤能力的动物、植物、微生物、天体等，也是"整化"的。如地震、海啸、飓风、干旱、洪涝等，不像今天这样已经有了"天然"与"人为"之分别，而完全是自然行为。与此相一致，人类在战争实践中的力量运用也特别强调整体性。在人兽战争乃至缚获大型动物的狩猎作战中，人们总是以一种紧密而无隙可乘的作战队形应对（无论那是怎样的队形，它都不外是对"整体之力大于部分之和"原理的运用）。氏族群落之间进行的仪式化战斗，也是男女老少齐上阵——虽然双方直接交手的只有两个人，但分列两边的族群始终在发挥着整体力量支撑、整体威慑作用和整体控制功能。

（二）工具通用化

游猎时代工具通用化不仅体现于知识体系没有学科界限，也体现于石斧、木矛等工具之间没有专业壁垒，人们无论进行战争还是生产活动，均使用相同的工具。有学者认为，战争工具是从生产工具中分化出来的，这等于是把人类最初的工具定性为"生产工具"。有的学者则与此相反，认为人类最初的工具是战争工具。还有学者将这两种观点折中，认为人类最初的工具是战争工具与生产工具的统一体。我们倾向于后者，即游猎时代人类工具处于通用化形态，没有专业界限。因为在游猎时代，"战争"与"生产"还没有成为独立的部门或行业。如狩猎，特别是捕猎大型动物，说它是生产，它却是通过围攻等战争方式进行的；说它是战争，它又确实是作为生产活动进行的。这也就是说，人类最初的工具不能简单地分称为战争工具、生产工具，而是只能统称为工具或通用化工具。

游猎时代通用化工具的一个显著特点，是其制造、操作十分简便。说工具制造简便，一方面是因为它的原材料得来简便。石、木、竹等自然物遍布世界、俯拾皆是，人们随时可以从"自然货架"上信手拈来；另一方面是因为工具制造技术简便。石斧、木矛的制造，是通过石头撞击或砍削，使石块或木（竹）棍产生刃、尖。说工具操作简便，则是因为石斧、木矛等工具对人的行动替代还是一种简单替代——它们只是人的身体器官的某种延伸。正因此，在游猎时代，但凡具备正常行为能力的人，都能够依据需求随时随地制作出所需工具并将之应用于战争活动，而无需经过先于战争实践活动的专门训练。

（三）分工自然化

与工具通用相一致，游猎时代人也是通用的，即人是集"战争的人"与"生产的人"于一身。在游猎时代，物质生产是大自然的事——生命世界的一切食物均由大自然提供，人们要做的仅仅是在大自然备好的"现成筵席"上攫取所需。我们把这种以大自然为主体的生产力或经济叫作"自然生产力"或"攫取型经济"。正是这种生产力和经济形态的自然属性，注定了游猎时代人类分工的自然形态。

自然分工的实质，在于人的社会实践能力的完整性或全面性，亦即在于个体的人在社会实践活动中没有专业局限。在游猎时代，氏族群落的每一个人既可以是战争的人，又可以是生产的人；既是体力劳动者，又是脑力劳动者；人是作为战争的人还是生产的人，抑或是作为体力劳动者还是作为脑力劳动者与实践对象照面，没有固定的分工界限，而是人们完全依据当前需求自动进行角色转换。如在族群频繁迁徙过程中，当遭遇猛兽或其他敌人需要与之作战时，每个人都成了"战士"；当发现一片成熟果林需要采摘时，每个人都成了"农民"；当遇到可以猎获的动物时，每个人都成了"猎人"；当到达驻留地需要搭建临时居所时，每个人都成了"建筑工人"；当遭遇天灾、疫情等需要举行法术仪式时，人人都成了"术士"[29]。这也就是说，游猎时代通用化革命带给人类的能力形态，是一种全面的或曰"通才"的、必然导向自然分工的通用化形态。

游猎时代科学整化、工具通用化、分工自然化，为战争的无界化运行提供了技术平台。这一点，我们在后面结合相关问题具体探讨。

二、农工时代：专业化革命

在新石器时期，即在农工时代发端期，人类发明、运用新石器技术——磨制石器技术，创造了石矛[30]、弓箭等专门用于战争的工具，石铲、石镰等专门用于生产的工具，从而拉开了工具形态乃至人类能力形态专业化革命历史序幕。此后，伴随金属技术、火药技术、机器技术、电气技术、机械化技术等的相继发明与应用，工具和人的专业化程度不断提升。这次技术革命具有科学分化、工具专业化、分工社会化等鲜明时代特征，贯穿其中的是专业化替代，故称专业化革命。

磨制石器技术的出现拉开了人类工具专业化历史序幕。

（一）科学分化

农工时代科学分化的社会动因，在于人们有条件按照社会实践需求，从微观层面认识和改造世界。随着人类工具由旧石器工具向新石器工具、金属工具、火药工具、机器工具、电气工具、机械化工具的阶跃，随着文字这种可以记载人类科学经验的"软工具"的出现和发展，人类认识和改造世界的能力不断增强，"征服自然"的欲望也日益强烈，迫切需要像西医解剖人体那样把世界"打开"来看个究竟。于是，当磨制石器技术所提供的工具足以让人对自然进行"解剖"时，科学便以新石器技术的出现为始点，拉开了它解剖世界从而也分割自己的历史大幕。木器和陶器的出现，标志着人类开始对植物和土壤进行"解剖"并改变其固有结构形态，木器学、陶器学也随之从哲学中分离出来。此后，随着金属、火药、机器、电气乃至机械化器具等所提供的工具"锋刃"日益锋利和精密，人类认识世界的触角也便渐行渐"微"地深入于大到天体，小至细胞、原子等物质世界的五脏六腑之中，分门别类地探究各种疑问，科学从而是人类世界观的分化不断加深。

农工时代科学分化，可从两个方面来看。一方面是知识分化。科学分化导致人类知识不断分门立派，使人们关于自然或社会的某一方面知识作为独立的学科，一门一门地从哲学中分离出来，逐渐形成了自然科学与社会科学两大领域分庭抗礼、分支学科林立的格局。与此相一致，人类知识总量激增，以至于不能不用"知识爆炸"来喻说。知识分化的一个重大历史后果，是昔日人类的整化世界观随之碎片化为分化世界观。尼采所言人类"有一千个民族就有一千个目的"（详见后述），只是因为这一千个民族有一千种世界观。而一千个民族在世界观上的根本不同乃至根本对立，正是人类之间的战争非要拼出个你死我活结局的基本动因之一。

另一方面是技术分化。磨制石器技术的诞生，意味着人类工具制造技术开始了由整化而分化的历史性变革，人类工具的构造形态也随之由单体结构转变成为多体组合结构。从磨擦取火、磨擦钻空、磨擦出刃到磨擦起电，一个"磨"字，分化出多少门技术和学科，又由此分化出多少种多体组合的工具，已经不重要了。重要的是，它在改变自然物固有构造形态的同时，也彻底刷新了人类的社会实践模式，即人类社会实践模式由整化模式转变为分化模式。这不光体现于昔日的全球化战争平台——地球这个全人类的公共平台，被以国家形式分割为若干专属平台——我们称之为分球化战争平台，还表现为战争出现种种人为界限——人类与非人类生命体、兵与民、战时与平时之间的界限，以至于战争事实上成了"只有人类的战争"，甚至是"只有军队的战争"、"只有男士的战争"。

农工时代科学分化发展，在大大提升人类群体社会实践能力的同时，也使人类个体社会实践能力不断片面化、畸形化，以至于任何人离开他人的合作都难以有所发明创造。近代以后之所以出不了老子、孔子、柏拉图、亚里士多德那样的思想大家，一个根本原因就在于，人们始终是立基于人类知识的"藕茎"之上，其知识量越来越是人类已有知识的极小部分，其思维成果越来越是"管窥之见"。正如马克思在《资本论》中所指出：如果有一部批判的工艺史，就会证明，18 世纪的任何发明，很少是属于某一个人的。

（二）工具专业化

新石器时期，人们开始利用所发现的野生农作物生长规律以及所发明的新石器工具进行种植，出现了原始农业。原始农业的出现，标志着一部分器具从工具中独立出来，如石铲、石镰等，成为专门性生产工具。它们与石矛、弓箭等战争工具相对应，使人类工具第一次有了战争工具与生产工具之分。此后，伴随科学技术发展，工具的专业化程度不断提升，工具之间的专业界限日益严苛——不仅战争工具与生产工具通常不能跨领域使用，就连同一领域甚至是同一工种的不同工具之间也出现难以逾越的专业鸿沟。

农工时代工具专业化的一个显著特点是工具的制造技术与使用日益复杂和困难，以至于人们只有经过相应的专门训练才能够操作，才能成为合格的军人或工人、农民等。

随着内燃机乃至自动化生产线、自动化武器平台的面世，居于主导地位的生产工具和战争工具拥有可以自动运转的动能机制，其形态也有如拖拉机、坦克、大炮所表明的那样日益向着非驴非马更非人的"怪物"方向挺进。而当核、生、化武器面世时，世界——包括人类在内的世界，也随之成了一个随时可以被毁灭的对象。正是在这样一个工具异化发展进程中，人也异化了：人类这个生命世界的后起之秀，在改造世界的同时，也把自己"改造"成了世界的毁坏者。

（三）分工社会化

新石器时期原始农业和原始手工业的出现，使人们可以在某一适宜种植的地方永久定居下来，自己生产所需物质生活资料。这意味着，人类社会的生产力形态或经济形态发生了由自然生产力而社会生产力、由攫取型经济而生产型经济的根本转型。这一历史性转变，要求相应规模的人力协同，亦即要求人类分工进行由自然分工而社会分工的革命性转变。

人类最初的社会分工主要是战争与生产的粗放分工，即战争成为"军"的职业，生产（农、牧业和手工业）成为"民"的职业，人类社会成员出现军、民界限。此后，随着科学技术不断分化，战争和生产领域的内部分工日益精细、复杂，人也在越来越狭窄的维度作为专业的人或马克思所说的"片面的人"、"畸形的人"与世界照面。

社会分工在使人类群体社会实践能力不断提升的同时，也使人的异化日益加深。在社会分工条件下，每个人只有拿出他自身功能的某一部分去与他人或机器的部分功能拼接组合起来，才能作为战争活动或生产活动的一个完整主体运转起来，才能达成某种社会实践价值。这就使得个体人始终处于不断被社会分工机器肢解、重组的状态——要么只要你的脑袋，要么只要你的肢体；要么只要你的手，要么只要你的口……正如恩格斯指出的，人成了"分工的奴隶"。而它所带来的人的"能力条件"[31] 从而其社会地位、进而其"类"的差异，正是阶级诞生的基本动因所在。

农工时代科学分化、工具通用化、分工社会化、为战争的泛界化运行提供了技术平台。这一点，我们留待后面涉及相关问题时再作讨论。

三、信息时代：通用化革命

在 20 世纪中期，即在信息时代发端期，人类发明、运用信息技术，创造了以计算机网络、机器人等为代表的集战争功能与生产功能于一体的工具，从而拉开了工具形态和人类能力形态通用化历史大幕。这次技术革命，具有科学整化、工具通用化、分工自然化等鲜明时代特征，贯穿其中的是通用化替代，故称通用化革命。

（一）科学整化

"合久必分，分久必合"。在农工时代科学技术分化发展进程中，人类对微观世界的认识越来越深入、精细，以至于可以对肉眼看不到的分子进行结构分析和改变。然而，由于深陷微观世界的"此山中"，人类对宏观世界的认识却越来越粗疏、迷茫甚至是糊涂——往往不仅割裂了而且还无视了事物的整体关联，以至于人类在无度开采自然资源、满足物欲需求的同时，也把世界弄到了足以威胁人类自身生存的境地，终而陷于一种对于新的自然灾害即生态环境危机，以及新的猛兽即核生化等大规模杀伤性武器的畏惧之中。而应对和解决这样的问题及生存威胁，是任何单一学科都无能为力的。这便从发展模式上对科学提出一个时代

1969 年 10 月 29 日，互联网前身——军用"阿帕网"诞生。图为 2009 年 10 月 29 日在美国加州大学洛杉矶分校拍摄的一台最初实现数据交换测试的计算机。

性要求：整化。形象地说，就是把"中医"再请回来，吸纳"西医"的一些优长，从整体上"望、闻、问、切"，以进行整体施治。于是，自 20 世纪中期以来，以系统科学从而是系统哲学的出现为标志，人类科学整化从而是世界观整化发展的崭新时代降临了。

信息时代科学整化首先表现为知识整化。当下，自然科学与社会科学互相渗透、融合，新兴综合学科方兴未艾，系统科学或系统哲学日益居于科学的主导地位。这预示着，当科学整化发展到它的成熟形态时，人类的知识体系将不再有学科之分，即它再次表现为——就像游猎时代那样——"一门哲学包打天下"的格局。

有所不同的是，游猎时代人类知识整化是在知识总量极小的背景下形成的，信息时代人类知识整化则是在知识总量极大的基础上达成。有人估算，在知识高度分化（知识爆炸）的条件下，单是化学专业每天出现的新论文、新著述，让一个化学专家 24 小时不停地读，他需要 60 年才能读完。这也就是说，农工时代人类已经被自己创造的知识海洋淹没了。

所幸随着信息技术的发展，人类终于有办法来克服这样的知识困境。如今，一个小小芯片，足以将人类既有全部知识文本压缩其中[32]，而随着芯片的纳米化发展，它已可植入人体。"诞生于 20 世纪 80 年代的'赛博朋客'科幻小说中，经常会出现所谓的'神经植入装置'——一种把人脑和电脑直接相连的东西……他们描述的这些技术并非遥不可及，天才生物医学工程师们稍加努力便能做到。"[33]

这意味着，随着信息技术发展完善，一个人拥有人类全部知识成为可能，人类世界观从而是"人"的整化回归成为必然。与此相应，传统的学习、教育之类的概念面临变革：一切现成的知识将不再成为人的学习对象，一切以现成知识为教学内容的学校将被放入历史的博物馆，取而代之的是"做"。就像人重回游猎时代那样，没有学校，没有课本，没有专门的学习，有的只是在未知世界做着人类整化世界观所要求、人的想象力或"天人灵性沟通能力"所能及的各种探索。而这种探索的果实，也不再是过去那种囿于"藕茎"的管窥之见，而是立于"藕结"之上的因而可以是放之四海而皆准的全知之识。这已经涉及人类能力形态了，我们在后面再做探讨。

信息时代科学整化又表现为技术整化。其本质特征是技术的产物——工具，日益呈现为整化形态，即工具正在由昔日的多体组合结构转变为"新单体结构"。如今，日益居于人类工具主导地位的智能化工具，均是对自然物的模拟、复制。如，机器人之对自然人、无人机之对飞行动物的模拟、复制等。而它们在结构形态上所表征的，正是人造物向自然物整化形态的回归。

信息时代技术整化的代表作，被称为会聚技术（NBIC）。这一概念于 2001 年 12 月由美国科学界首次提出。"可以这么讲，会聚技术是'认知科学家的思想、纳米科学家的制造能力、生物科学家的使用能力、信息科学家的监控能力的全新组合'[34]。当前会聚技术的应用领域，主要是纳米技术和生物技术的结合，如表面修复、病理诊断、成像等；纳米技术、生物技术和信息技术的结合，如芯片植入技术，用于医院的自动识别和病人监护；信息技术和生物技术的结合，DNA 测序、模拟人脸部表情的机器人等。"[35] 随着会聚技术的发展，人类技术形态将呈现全新的整化形态。如 3D 打印技术，目前不仅可以打印工具，而且已成功利用干细胞打印出了活的、能够成长为其他人体组织的细胞。[36] 后者意味着，生命可以打印，而工具也将随之走向其整化的完美形态——生命形态，正像智能机器人的人化发展所表明的。

科学的整化发展必然导致人类社会实践模式整化发展。这不仅体现于人类战争平台的全球化演进和人类经济活动的一体化特征，还表现为人类进行的战争越来越是多元战争整化运行。后者不光是指人类之间的战争，还包括人类与非人类生命体（如天体、微生物、植物和其他动物），以及类人类（如机器人、人造人、未来外星人）生命体之间战争的整化运行。

（二）工具通用化

与科学整化相一致，信息时代人类工具日益通用化。信息时代人类工具通用化，是通过数字化达成的。数字化的基本功能在于它的社会重构功能。如生产力要素的数字化渗透，生产关系的数字化整合，经济活动的全面数字化，使得人类生存方式打上了日益深刻的数字化烙印：人们通过数字政务、数字商务、数字军务等活动，刻画出全新的数字化政治、数字化经济或数字化战争；通过网络学习、网聊、网络游戏、网络购物、网络就医等，刻画出另类的学习、交往、娱乐和生活方式——数字化生存。

在数字化生存环境中，人类的战争方式与生产方式，包括思维方式、话语方式、行为方式、情感方式等，本质地表现为数字方式，也就是我们在第一章中所说的信息方式。这种信息方式是相对于农工方式展开的，即前者是对后者的模拟、延伸与超越。正如尼葛洛·庞蒂在他的《数字化生存》一书中所指出："信息的DNA"正在迅速取代原子而成为人类生活中的基本交换物。信息技术的革命将把受制于键盘和显示器的计算机解放出来，使之成为我们能够与之交谈，与之一道旅行，能够抚摸甚至能够穿戴的对象，这些将变革我们的学习方式、工作方式、娱乐方式——一句话，我们的生活方式。正是在这种信息方式对农工方式的模拟、延伸与超越过程中，人类工具日益彰显着它的通用化时代形态。

尽管工具在技术层面目前还处于"半数字化"形态，即"数字"这个工具的灵魂还需要依附于一定的实物载体，需要借助农工时代专业化工具的躯壳来发挥其社会实践功能，因而还显现为"有界"形态，但由于"数字"本身不存在专业界限，即它在社会实践领域是放之四海而皆"通"的，因而，这种"半数字化工具"已经显现出其实践功能的通用性——无界性。正像当下电脑、互联网、GPS、智能机器人、无人机（车、船）等工具，既可用于战争活动亦可用于生产活动所表明的。

信息时代工具通用化的一个显著特点，是工具的制造和操作日益简便。说工具制造简便，首先是因为数字化工具的"原材料"得来简便。如在虚拟世界，各种可用来制造战争工具或生产工具的"软件"，"遍布世界，俯拾皆是"，人们随时可以像走进"超市"一样从"信息货架"上信手拈来。其次是因为数字化工具的"制造工艺"日益简便。譬如，存在于虚拟世界的那些软件，通常是已经"打制"好的工具，如果你不需要进一步改进，得来即可使用；若想有一件个性化的工具，"超市"里同样有相应的软件来帮你完成，你只要别像打制石器那样去撞击石头，而是点击几下鼠标就可以了。而在现实世界，随着 3D 打印技术的成熟，只要拥有一台 3D 打印机和相应的墨粉，任何具有正常操作能力的人都可以随心所欲地制造战争工具或生产工具。据报道，2013 年 5 月 8 日，美国分布式防御公司的创始人科迪·威尔森在得克萨斯州成功试射了世界上首支 3D 打印手枪。这支手枪是用一台价值 8000 美元的 3D 打印机"打制"的塑料手枪——可使用常规子弹射击。[37] 而在几个月后，3D 打印的金属手枪问世。[38] 说工具操作简便，是因为数字化工具的基本发展方向是智能化、"傻瓜化"乃至"类人化"。正像计算机和网络的使用由起初的"精英化"到现在的"草根化"（大众化）所表明的。如果说当下软件编成这类"复杂劳动"还处于精英化阶段的话，那么，在以意念直接驱动电脑的技术手段成熟以后，它不仅同样会"草根化"，甚至还会像人的大脑导调自己的举止那样自然而然。

信息时代工具通用化的一个基本走势，是工具日益"类人化"。这不光表现为机器人，还表现为其他不具有人形特征的事物。1998 年 5 月，新加坡在"98 亚洲家庭电器与电子消费品国际展览会"上推出了家居智能化系统。其系统功能包括三表抄送、安防报警、可视对讲、监控中心、家电控制、有线电视接入、电话接入、住户信息留言、家庭智能控制面板、智能布线箱、宽带网接入和系统软件配置等功能。不难想见，当智能家居植入意念控制系统、可以完全按照人的意念运行时，它将会有一个合适的名称——"类人屋"。而随着基因工程的发展，当老鼠的大脑在某些方面可以像人一样聪明，芜青可以像人控制毒素那样自主控制其茎、叶和果实的营养成分，甚至牛与人的基因也可以"杂交"的时候，人类的《辞海》里也将随之增加"类人鼠"、"类人芜青"、"类人牛"等新的词条。

正如计算机之从台式机到笔记本、从有形键盘到无形键盘、从手工操作到意念驱动——中国人于 2012 年发明用意念控制玩具飞机的方法，美国人于 2013 年成功用意念控制小直升机[39]——所彰显的变化趋势那样，信息时代人类工具发展是一个由大而小、由有形而无形不断递减虚化，直至最终以信息本身为其基本形态的过程。这意味着，至人类直接操作的工具递减虚化为信息本身，人可以通过思维与以机器人为代表的智能化工具体系进行交流，而后者已经"进化"到足以完全"承包"物质生产活动，其他动、植物在经过基因的类人化改造后也足以作为类人生命体而存在的时候，昔日的工具将不再是工具，而是作为人类思维——唯一由人类直接"操作"的工具——的作用对象而存在。我们把这种类人化的工具体系称为"类人化自然体系"，它将像游猎时代大自然置备"现成筵席"那样在新的层级为生命世界提供新的生存所需。就

浙江大学研究人员演示用意念控制四旋翼玩具直升机。（新华社记者韩传号摄）

是说，在这个新的"现成筵席"上，人类要满足自己的生活需求，无需再像过去那样亲手操作，而只是把需求"想"给类人化自然体系，就可以了。

这意味着，信息时代通用化革命的基本问题将集中表现为语言问题。

上述与人的思维完全贯通、人完全以"想"来使用的语言，不仅适用于人与机器人、类人屋、类人鼠、类人芜青、类人牛等，还将随着界域之墙的不断突破而适用于大千世界各种生命体，故而我们称之为"世界的通用语言"。信息时代工具通用化的最终要求，就是人类找到并自觉使用这种世界的通用语言。

世界的通用语言分为两种形态：符号语言和灵性语言。符号语言分为专用符号语言和通用符号语言。前者是指同一界域同一物种各自使用的符号语言，正像人类用文字、其他动物用尿液等来标记自己的领地疆界那样；后者是指不同界域不同物种共同使用的符号语言，正像人与机器人通过以"0"和"1"组成的计算机语言进行沟通互动所表明的。灵性语言亦分为专用灵性语言和通用灵性语言。前者是指同一界域同一物种各自使用的灵性语言，正像人与人之间所常有的"心灵感应"那样；后者是指不同界域不同物种共同使用的灵性语言，正像"天人灵性沟通"所使用的语言那样。信息时代人类所要寻找的世界的通用语言，就是这样的通用符号语言和通用灵性语言。

我们先讨论通用符号语言。

如前所述，终极的实在不是别的，而是大大小小、无所不在，互套、互联、互实验乃至互生互食的一个个生命体或信息体——超级计算机。而人类对计算机语言的发现，可谓是人类找到通用符号语言的一个里程碑性标志。对此，郝宁湘教授在《计算机病毒：一种可能的生命形式》一文中作了精辟论述。

计算机病毒是一种可能的生命形式，不仅因为它几乎具有所有的生物学特征，而且还因为生命本身就具有算法的特征。生命是一系列复杂的计算组成的，是按算法规则进化的。生命就是一个能够实现自我复制、自我构造和自我进化的算法。

长期以来，计算和算法一直是数学的专有概念，但如今由于电子计算机深刻而广泛的运用，人们对这两个基本概念有了更广泛的认识，把它们泛化到了整个自然界，认为自然界就是一台巨型的自然计算机，任何一种自然过程都是自然规律作用于一定条件下的物理或信息过程，其本质都体现了一种严格的算法和计算特征。在某种意义上，自然系统相当于计算机的硬件，自然规律相当于计算机的软件，而自然过程类似计算机的计算过程。

……DNA 计算机就是对生命这种自然计算机的一种表征。

DNA 是生命的信息库和程序库，既是一个自我复制的程序，同时又是一个以进化论为基础、不断发展的程序，它构成了遗传、发育、进化统一的物质基础。DNA 可以看作是由 A、G、C、T 四个字符组成的字符串。从数学上讲，意味着可以用一个字符集 $\Sigma = (A、G、C、T)$ 来为信息编码。DNA 代码与计算机代码的区别在于，它不是二进制码，而是一种四进制代码。有人指出：除了专业术语不同之外，分子生物学杂志中的每一页内容都可以转换成计算机技术杂志中相应的内容（基于生命的算法特征而言）。另外，DNA 还能够对信息载体进行一系列可控变换（即化学反应）。变换的具体方式是 DNA 的复制、剪切、连接和修复，变换的过程是一种生命过程，也就是生命的自构造特征。

DNA 作为一种自然语言，与计算机程序语言一样具有不同的层次，具有递归、并行、模块化的基本特征。现代生物学表明，一维线形分子在特定的环境中通过复杂而准确的信息处理可拓展为一个丰富的四维时空生命体，这种展现过程所获得的新信息反过来又不断地反映到一维线形分子中，导致生物物种的不断进化。这体现了 DNA 程序语言的层次性。

一维 DNA 序列是最低级的生命机器语言，所有的生物高级语言都必须编译成 DNA 序列语言才能执行。目前，虽然对 DNA 的词法和句法规则尚不清楚，但可以确定它是一种程序化语言。[40]

这也就是说，随着计算机语言的发展成熟，随着人类"计算"能力的提升，人类将找到一种更加简便、通用于一切生命体的符号语言。

现在，我们来讨论通用灵性语言。

信息科学的发展，正在为"万物有灵说"从而是通用灵性语言的实在性提供有力证据。法国植物学家兼音乐家斯特哈默把同等条件下种植的番茄分成两组：甲组每天弹奏 3 分钟特定曲目；乙组没有。结果表明，甲组植株生长速度比乙组提高了 2.5 倍，且长出的番茄既好吃又耐虫害。当然，曲目的选择大有讲究。斯特哈默把音乐中的每个乐章都对应植物体内蛋白质的某个氨基酸分子，一首曲子实际就是一个蛋白质完整的氨基酸排列顺序。这样，植物听到曲目时，体内的某些特殊酶素就更加活跃，从而促进其生化作用与快速生长。斯特哈默创作曲目时颇费心思。以植物细胞色素氧化酶来说，必须先通过精确的物理实验分析该酶素的氨基酸顺序，再利用量子物理学的一些专业知识计算每个氨基酸的振动频率，最后，再将这些振动转译成植物能听到的音乐频率。[41] 这意味着，随着信息技术发展进步，一种最简单因而也最通用的灵性语言将应运而生。

爱因斯坦曾精辟指出，所有的宗教、艺术和科学，都是同一棵树上的枝叶。正因此，在科学实证手段发展到足以解释一些神秘现象的今天，科学家们对民间的生死轮回说、鬼魂附体说等一直受到科学排斥的所谓"迷信"现象，开始予以热切关注。目前，科学家在这方面已有大量研究。有通过"濒死体验"（NDE）科学实验手段研究灵魂存在的[42]，有通过多种科技手段研究不同界域生命存在的，有通过案例调查对有前生记忆的人进行"转世"研究的，有运用催眠术对心理病人进行回忆前生经历研究的，还有进行人的"特异功能"实验研究的。据英国《每日邮报》报道[43]，美国心理学家斯图亚特·哈默罗夫与英国物理学家罗杰·彭罗斯，基于与意识有关的量子理论，提出了"调谐客观还原理论"（Orch-OR）。该理论认为，意识是人脑内一台量子计算机的程序，即使人死后，这个程序仍可以在宇宙中存在。当构成灵魂的量子物质离开人的神经系统时，人便会上演"濒死经历"。该理论指出，人类的灵魂存在于脑细胞内被称作"微管"的结构中，人类的意识活动是这些微管内量子引力效应的结果；人类的灵魂由宇宙内的基本物质构成，可能在时间诞生时就已经存在。就是说，意识也是宇宙的基本组成部分。这当然与现代系统哲学的观点——物质与意识的系统统一相一致。哈默罗夫解释说：在濒死经历中，微管失去了它们的量子态，但里面的信息并没有遭到破坏，也就是说，灵魂离开肉体，重回宇宙；如果患者苏醒过来，这种量子信息又会重新回到微管，于是，患者会说，"我体验了一次濒死经历"。

这也就是说，生命的永恒形式是一种灵性体（信息体），生命语言的永恒形式是一种灵性语言（信息语言）。正是这些无所不在的灵性体，通过灵性语言，"永不停止"地沟通、交换，构成、演化和启示着包括人类在内的大千世界。而人类能够在什么程度上操作和改造包括自己在内的大千世界，最终取决于人类在什么程度上找到并自觉使用不同生命体的共同语言——通用灵性语言。

　　人类技术革命其实也是人类通过技术创造活动革自己的命。人类每一次技术上的革命性进步，既是对人自身的某种延伸，又是对人自身的某种截除。在游猎时代，人类的天人灵性沟通能力是非常强的。他们之所以能够认识到人与动、植物同根同源，现存原始族民中的一些"愚昧"习俗之所以能够历久不衰，原因就在于，以情声语言和肢体语言为其基本语言的早期人类，都会"说"灵性语言，而事实又一再证明，那些基于灵性沟通的行为是有效的（否则就不可能传承下来）。只是，到了农工时代，随着各种通信工具的出现和发展，人的"灵性能力"逐渐退化，终而为"理性能力"取代，人类习以为常的灵性语言也随之被以口头语言和书面语言为其基本语言的"理性语言"取代了。人类灵性语言能力的退化，可以从人体器官退化窥知一斑。以如今已退化得被视为"人体十大无用部位"[44]中的动耳肌为例。研究人员认为，与所有灵长类动物一样，早期人类的动耳肌可以使耳朵旋动，其作用与甲壳虫头部的传感器官一样，可以使耳朵像雷达捕捉信号一样自动转向声源。但后来，随着烽火台、牛角号、铜锣、军号、电报、电话、雷达等通信工具的出现与应用，人类的这一与生俱来的信息能力逐渐在"用进废退"中丧失殆尽——目前只有极个别有"返祖现象"的人能使自己的耳朵微动。由此可见，人类灵性语言能力是在农工时代随着各种通信工具和科学仪器的"用进"而"废退"的；而在当今信息时代，随着世界的通用语言重新启用，这一能力必将在"用进"中得以"恢复"。

　　人类寻找使用世界的通用语言，是为了进行世界之从"不可能"到"可能"的实验。

　　世界是个"可能"与"不可能"的矛盾统一体。根据世界的信息本性或数字本性，"不可能"可以用"0"来表示，"可能"可以用"1"来表示（正像计算机语言中用"1"和"0"来表示"开"与"关"那样），世界演化不过是由"0"这种"不可能"和"1"这种"可能"构成的、一个从"不可能"到"可能"再到新的"不可能"的循环往复以至无穷的历史过程。

"可能"与"不可能"实质上是个"语言"问题。人所谓的"可能"，仅仅意味着人们找到了与"不可能"领域进行沟通的通用语言；人所谓的"不可能"，则仅仅意味着人们暂时还没有找到这样的语言。拿能源来说，世界其实是一个能源的自循环机制。如电能，对于人类生活而言，它是一个从游猎时代利用自然电能（当时，人类常常通过身体快速运动抵御寒冷，就是对生物电的利用。尽管他们可能并不像现代科学家那样明白人体每个细胞都是一台"微型发电机"，但经验告诉他们，只要加以运动刺激，身体就会产生可以御寒的热能），到农工时代利用人工电能，再到信息时代利用自然电能的历史过程。目前，在经历了发电机、蓄电池等人工电力，以及太阳能电池等半人工、半自然电力的艰辛探索过程之后，科学家们正在进行利用人体电能来驱动手表、手机、电脑甚至是照明器具等研发工作，并已取得多项成果。这表明，自然界是一个充满足以使一切物体自运行的自然电能的机制，一切与此相关的从"不可能"到"可能"，仅仅是一个人类发现和利用这种电能的能力或方法问题，即有没有找到那个隐藏于包括人类在内的一切生命体内部的电源"开关"。这意味着，随着人类找到更恰切的电源"开关"并熟练地使用它，人类将挥别人工电而以"纯绿色"且无丝毫浪费的自然电和生物电取代。因此，随着人类对于诸如此类的世界的通用语言——也可以理解为"世界的通用开关"——的发现、掌握与熟练使用，世间"不可能"之锁，都将逐步被打开。

人类对世界的通用语言的使用，是以20世纪中期世界第一台通用电子计算机"埃尼阿克"和军用计算机网阿帕网（ARPANET）[45]在美国的出现为始点。尽管目前它还处于"小学一年级"的水平，仅仅适用于人类之间乃至人机之间的沟通交流，但近年诸多科学实验表明，人类对这种通用语言的掌握与使用，距离突破生命世界所有界域之墙，从而像会说多国语言的学者与多国人们进行沟通交流那样，与大千世界进行沟通交流的目标，只是一个如同学生从字词、语法学习，到熟练使用母语、外语那样的时间问题。

这个话题我们在后面还会结合界域问题进一步探讨。

（三）分工自然化

信息时代通用化革命要做的，是把一切被农工时代专业化革命颠倒了的东西再颠倒过来。随着科学技术整化大潮的不断推进，那一分为二成战争工具与生产工具的专业化工具，又被整合到一起，复归为通用化工具；那一分为二成战争人与生产人的"专业人"，又被整合到一起，复归为"通用人"；那一分为二成战争与和平泾渭分明的社会平战样态，又被整合到一起，复归为新的平战混合态；那一分为二成战争与生产的人类社会实践活动，又被整合到一起，复归为战争化生产或生产化战争；那被分得支离破碎的社会分工，又被整合到一起，在新的历史层面复归于自然分工。

就人类能力形态而言，信息技术是一种让人全面发展、成为通才，可以像马克思所说的"今天干这个，明天干那个"而样样都能干得尽善尽美的技术。一个正在不断深化发展的事实是，在智能化工具日益完全地替代人类进行物质活动的信息时代，几乎所有在过去需要经过专门学习和训练之后才能做的事情，人们都可以委托其行动替身——智能化工具来完成。譬如，音乐这个往往被人的天赋垄断的行业，随着相关技术的出现和发展，不仅已是人皆可之，而且变得日益简易。如果你希望像歌星那样出一张自己的 CD，你已经无需像过去歌星所经历的那样，找词作家为你写歌词、作曲家为你谱曲、乐队为你伴奏、录音棚为你录音、音乐制作人为你进行后期制作等，而是只需把你想唱出来的东西打出来（到了以意念驱动电脑的技术成熟以后，只需要"想"出来）就可以了——网上相应的软件可以帮你完成其余所有环节；你有点五音不全也没关系，正在不断成熟的修音软件可以将你的歌声修正得完美无瑕；你不懂外语同样没关系，微软新近研发的自动翻译技术可以让你分别以26种语言（不久将是所有语种）唱出自己想唱的东西，并可通过其学习功能保持你本人的话语特色。再如，科学研究与技术发明这种向来令人仰望的职业，如今已不再高不可攀，你只要能够像科学家那样注意社会需求并提出问题，就可以试一把并有望获得成功。不必担心你的知识储备不够，网络这部活的"大百科全书"，可以随时提供你所需要的人类已有知识成果；不必顾虑你没有实验室，虚拟实验室同样可以进行科研工作；也不要苛求有多少合作者，美国少年泰勒·威尔逊就是独立完成小型核反应堆设计的[46]。这也就是说，信息技术这种革命性技术，已经从工具这个决定性环节为人类重回自然分工创造了必要条件。

工具形态决定经济形态，从而决定分工形态。在游猎时代工具通用化条件下，人类经济是攫取型经济——人类所需物质生活资料均由大自然提供，人们是在大自然备好的"现成筵席"上攫取所需，因而人类分工是自然分工。在农工时代工具专业化条件下，人类经济是生产型经济，人类所需物质生活资料须由人类自己生产，人们是在对自然原料进行相应规模的开发、提炼、加工中创造"人工筵席"，因而人类分工只能是社会分工。在当今信息时代，人类经济正在逐步转变为攫取型经济，人类分工也在发生革命性变化。正像"无人生产线"所表明的，作为人的生产替身或类人化自然体系的主导者，智能机器人正在由不完全而完全地"承包"物质生产活动。就是说，未来人类所需物质生活资料，将像游猎时代由大自然置备"现成筵席"那样，完全由类人化自然体系

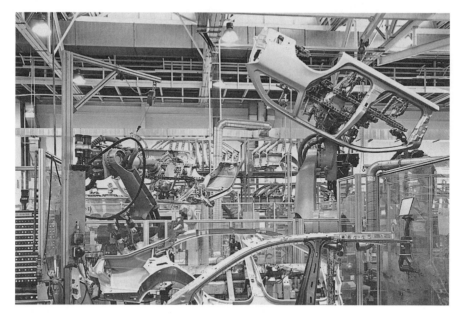

机器人在汽车自动化生产线上工作。

提供。其间，人类要做的仅仅是通过世界的通用语言，从新的"现成筵席"上攫取所需，而无需上面所说的人力协同。因而，人类分工必然随之"再自然化"。

信息时代分工自然化的根本要求，是把社会分工的必然差别——阶级的、脑体的诸方面差别化为乌有。如前所述，由于信息技术的革命性作用，一个人拥有人类已有全部知识成为可能。这意味着，马克思所预言的脑体差别、阶级差别的彻底消除，从而是国家这部社会分工机器的消亡成为可能。而伴随信息技术革命必然造成的国家这部社会分工机器的消亡，人类社会组织模式将在新的历史层面复归于"新氏族群落"——用马克思的话说即"自由人联合体"，用目前流行的说法即"网络社群"。而个人在这种"新自然分工"中的角色转换，也将完全依实时需求自主进行，就像游猎时代人们在迁徙过程中随着实践对象的变化而自动进行角色转换那样。

需要指出的是，当下"宅男宅女"们——他们足不出户即可生存并能够有所作为——所托举起的分工自然化现象，还只是信息时代初级阶段人类分工自然化的小荷才露尖尖角。至信息时代成熟期，即在人类手中工具递减虚化到只剩下信息而人也随之作为"信息人"而存在的时候，这种自然分工的自由度将达至"生命子"即信息的无局限境界。

美国著名物理学家约翰·惠勒指出，物理宇宙即以原子或亚原子微粒为代表的"万物"，既不是物质，也不是能量，而是信息比特。他所谓的"万物"，当然包括我们人类，包括人的基因编码这种永不泯灭的信息。目前，科学家已发现生命基因可以更长地存活数十万年。但这个发现可能还需要进一步发现，即：证明生命基因存活的时间与生命之水流经的时间相等。这将意味着，伴随界域之墙的被打通，或世界的通用语言的普及使用，"信息"、"信息技术革命"、"信息化"、"信息时代"、"信息社会"、"信息化条件下"、"信息时代战争"等概念的内涵与外延，比人们现在所能理解的要广阔、丰富而又不可思议得多。如"信息"，它除了"现在"的生命体无时不在交换的信息之外，还将包括这些生命体"过去的"和"未来的"信息，世界将在信息整化中面目全新——人将在感性层面返璞归真，重回分工的自由王国。

信息时代科学整化、工具通用化、分工自然化、为战争无界化运行提供了技术平台。这一点，我们还会在后面结合相关问题具体探讨。

这里需要提请人们注意的是，目前工业化国家出现的工作岗位日益减少的问题是一个时代性问题。当时代发展到物质生产活动乃至贸易、商业、医疗、教育、公共服务等行业都可由智能机器人"承包"时，它还会表现为所有人都没有传统概念中的"工作岗位"（那时人类将完全转向"精神生产"活动，我们在后面具体探讨）。应对这一"挑战"，唯一正确的选择，是进行上层建筑变革，即按照共产主义原则进行社会形态变革，使之与已经变革了的经济基础相适应，彻底解决分配不公等问题，而不是像目前一些国家所做的那样，逆时代大势而动，搞什么"再工业化"。人类文明的基本目的是美好生活，而不是更多的工作岗位。

　　2011 年 9 月 18 日，美国爆发震动世界的"占领华尔街"运动。这场以抗议社会不公正为主旨的运动后来发展为"一起占领"，蔓延至南美洲、欧洲、亚洲、非洲、大洋洲等主要城市。

第三章

全球化与分球化

"全球化"已经是一个妇孺皆知的热词。但由于历史原因，人们尚未注意到它还有一个对应项："分球化"。并且，对于全球化（更莫说分球化）的内涵外延、来龙去脉等，学界也还没有形成共识。我们认为，全球化与分球化同属平台概念，是就人类生存平台亦即人类战争平台阶段性变革而言的，而这种变革直接关系战争形态的时代性演进。因此，要真正认识我们正在进行的战争，不能不对之加以系统深入的考察。

人类生存平台或人类战争平台，是人类基于自己所处时代客观条件，以非国家或国家形式对自然平台（地球）进行社会化塑型而形成的文明框架，分为全球化平台和分球化平台两种形态。全球化平台之"全球"，属于空间概念，指超越地域性或国家性而囊括全世界的空间形态；全球化平台之"化"，属于时间概念，包含两种时态：一是进行时，即正在"化"；一是完成时，即已经"化"了。所谓全球化平台，就是人类以非国家形式对地球进行社会化塑型而形成的无中心联结的人类公共平台，其本质特征是社会主体互赖化，社会交往无界化，社会形态共产主义化。分球化平台之"分球"，亦属空间概念，指囿于地域性或国家性而分割全世界的空间形态；分球化平台之"化"亦属时间概念，同样分为进行时与完成时两种时态。所谓分球化平台，就是人类以国家形式对地球进行社会化塑型而形成的多中心彼此分隔的国家专属平台，其本

战争平台的三大时代形态。

质特征是社会主体互斥化，社会交往泛界化，社会形态资本主义化。历史表明，人类生存平台或战争平台（以下统称"战争平台"）的阶段性变革，是一个从游猎时代全球化平台，到农工时代分球化平台，再到信息时代全球化平台的历史过程。

一、游猎时代：全球化

在我们的概念中，"人类世界"并非"只有人类的世界"，而是在人类语境下以人类为主人公的包括一切生命体在内的世界。正如马克思所指出："人们自己创造自己的历史，但是他们并不是随心所欲地创造，并不是在他们自己选定的条件下创造，而是在直接碰到的、既定的、从过去承继下来的条件下创造。"[47]事实上，在人类诞生以前，世界是分球化的：动物群落以动物王国的形式将地球分割为一块块专属平台，各"国"之间形成其他动物不可逾越的领地疆界，各"国"内部等级森严，均按"资本"原则"分配"。但当人类作为生命世界的后起之秀面世时，它便立即按照人类社会文明的必然逻辑进行重塑，被全球化平台取代。

（一）游猎时代何以全球化

游猎时代全球化是前述通用化革命的产物，它是按照通用化工具的历史规定性及人类自身生产的客观需求进行的。

1. 游猎时代工具怎样雕塑全球化

工具是人类的"外骨骼"、社会的"骨骼"。一如人体形态取决于它的骨骼那样，人类战争平台的时代形态取决于人类工具的时代形态。就是说，工具形态对人类战争平台演进具有历史规定性。游猎时代通用化工具对人类战争平台全球化塑型所具有的历史规定性，主要表现为它的同质化规定性和柔性化规定性。

（1）游猎时代工具的同质化规定性

质，"就是一事物区别于他事物的内部所固有的规定性"[48]。同质

打制的石斧。

化就是质的同化过程，工具同质化就是全人类使用的工具没有质的不同。我们把这种不存在质性差异的工具称为同质化工具。同质化工具对人类与社会具有不可抗拒的同化功能。所谓工具同质化规定性，就是同质化工具的社会同化功能必然导致战争平台全球化塑型。

我们先来看看游猎时代工具同质化。

从工具材料看。在游猎时代，即在持续 250 万年的旧石器阶段，人类始终是用相同的材料——石、木（竹）等自然物制造工具。就是说，游猎时代人类工具材料具有同质性——无论非洲还是其他各洲，无论这个时代的早期还是晚期，人们用来制造工具的材料都是一样的，没有"先进"与"落后"差别。

从工具技术看。按照学界较为流行的认识，旧石器技术经历了五种技术模式的演进：奥杜韦技术；阿舍利技术；勒瓦娄哇技术，又称莫斯特工业；石叶技术；细石器技术。与此相应，旧石器工具的具体制作工艺被归纳为五种方法：碰砧法；摔击法或投击法；锤击法；砸击法或两极打击法；间接打击法。这五种技术模式及其工艺方法之间的关系是一种递进关系，标志着游猎时代人类工具制造技术的渐进发展；但它们又属于同质关系，即五种技术模式和工艺方法都没有超越打制石器技术范畴（木矛或竹矛等工具是用打制石器砍削而成）。

从工具功能看。总体而言，游猎时代人类工具分为石质工具和木（竹）质工具两大类。石质器具，分为砍砸器、刮削器、尖状器、雕刻器、斧形器、镞形器、刀形器、球状器等。其中，斧形器兼具砍砸、刮削、雕刻、投掷等功能，故为表述方便，我们把石斧视为石质工具的"代表作"。木（竹）质器具均为一端有锐尖的木（竹）棍，其功能与长矛、投枪类似，故统称为木矛。石斧、木矛的共同之处，是其实践效能完全统一于石之断裂刃、木（竹）之锐尖所能产生的那种战争效能和生产效能。在游猎时代，不同地域族群乃至个体人所用工具在具体形态上是千差万别的，但它们在实践功能上却是同一的，即它们都是以相同的能效方式作用于实践对象，没有"先进"与"落后"之分。

现在，我们来看看游猎时代工具同质化规定性。

首先，工具同质化必然导致人的社会实践能力整体均衡，我们称之为人类社会主体"等能化"。

工具材料、技术和功能同质化，必然把人类归置于同一能力水平线上，使之作为"等能个体"从而是"等能群体"而存在。以男女体能为例。劳动创造人。人类在体能上的性别差异，是在新石器时期以后随着工具异质化和社会分工的出现而出现的。而在游猎时代，由于男女都是在相同社会实践条件下运用相同的工具进行相同的劳动——在大自然备好的"现成筵席"上迁徙移动、攫取食物、进行各种战争活动，因而，她（他）们的体能大体上是一样的。这可以从后述成年男女以互相搏斗方式确定性爱对象的史实窥见一斑（如果当时男人与女人存在天然的体能强弱差别，那她与他就不会以战斗方式选择交合对象，而是只能像农工时代那样基于"弱女子"的从属地位而以其他方式来择偶了）。这也就是说，游猎时代工具对人的"等能化"，首先表现为个体人作为等能个体而存在。

游猎时代氏族群落通常为 25—50 人。这个数字一直被学界视为"神秘数字"。但把它看简单了，不外乎两个方面的原因：在那个由大自然置备的充满竞争与战争威胁、需要频繁迁徙移动的"现成筵席"上，少于 25 人，族群力量单薄，不足以作为一个基本而独立的战斗单位来遂行缚获巨型动物、抵御猛兽袭击等作战行动，难以维系生存；多于 50 人，族群负荷过重，影响游猎行动，必然要分组为两个族群。同时，"25"与"50"是两个极端数字，现实中一个族群的人数正好是另一个族群的两倍且正好相遇的情形基本不存在。从游猎生活的便捷性需求以及族群人数消涨变化规律来看，一个氏族群落的人员数量通常应该是其中间数——37.5，与正常消涨数之和，即：37.5±。而这种数量上的正常消涨差异，对于使用相同工具的族群整体力量而言，则是微不足道、可以忽略不计的。这就像现代军队中的排级单位之间可能存在人员编成数量上的微小差异，却并不影响它们都被计量为排级战斗单位一样。因此，游猎时代氏族群落总体上是作为等能群体而存在，即她们之间基本不存在谁强谁弱、谁征服谁的问题。而这种人的等能性，正是战争平台全球化塑型的基本动因所在。

其次，工具同质化必然要求人人享有同等社会权力，我们称之为人类社会关系"等权化"。

工具在通过其同质化把氏族群落归置于同一能力水平线上、使之作为等能群体而存在的同时，也自然地将它们归置于同一社会权力线上，使之作为"等权群体"而存在，正像游猎时代氏族群落之间不存在谁依附谁、谁统治谁的问题那样；在这个等权群体内部，每个成员都是作为"等权个体"而存在，即人与人之间完全平等，没有主与从、上与下、指挥与被指挥之等级差别。例如，在氏族最高权力机关氏族会议上，由于工具这个人们手中的"权杖"一般长，因而，人人享有平等的发言权、表决权、选举与被选举权。又如，在氏族群落与猛兽作战（这种战争是长期而频繁的，以至于被专称为"人兽战争时期"）过程中，由于大家手中武器能效同一，因而，人与人之间没有明确固定的指挥与被指挥界限，而只能是基于他们生存利益的整体关联性，呈现为一种地位平等的互动协作关系：当某个人提醒他人注意什么危险时，这个人就是指挥者；当他人呼喊这个人要怎样配合时，这个人又成了被指挥者；他们时而是指挥者时而是被指挥者，他们同时是指挥者又同时是被指挥者。

人的等权化，意味着人类社会"去等级化"。在人类诞生以前，动物王国内部组织系统均为等级森严的金字塔结构（详见后述）。但在人类面世以后，即当石斧、木矛等工具使人类作为等权群体和等权个体而存在的时候，昔日的等级世界即随之为一个"平的世界"取代——人与人之间完全平等。这个"平的世界"所表征的，正是全球化平台区别于动物分球化平台最基本的内在结构形态。

再次，工具同质化必然要求社会群体自治，我们称之为人类社会组织形式"非国家化"。

我们知道，在人类诞生以前，动物的牙、爪、角等"内化工具"是"差能化"的——正像后述猿王国首领的身体块头儿差不多是"雄2号"的两倍所表明的。正是这种"工具"的质性差异，把动物个体和群体归置于各不相同的力量水平线上，使之作为"差能个体"、"差能群体"而存在，从而使自然平台在弱肉强食、强者为王的规则之下被分割为一块块专属平台，形成分球化格局，正像猿王国、虎王国、狮王国、猎狗王国、野牛王国、蚂蚁王国……都有其不可侵犯的"国界"那样。但当石斧、木矛等"外化工具"的出现足以使工具同质化从而足以使人类群体作为等能群体进行社会建构的时候，这一格局随之被打破了：人类战争平台的塑型主体由昔日的"国家"性主体——古猿王国，转而成为非国家性主体——氏族群落；而在地球这个自然平台上，氏族群落是以游猎方式为基本生存方式、以全球范围为基本活动范围，非但人类自己之间没有任何国界可言，而且由于人类拥有独特的工具优势，昔日动物王国的国界也不再对人类有实际意义。这便注定了人类战争平台的非国家化形态。

在游猎时代，氏族群落之间会时常发生战斗，但起因不外是"爱情"需要和具体的生存利益纷争，而不是为了争夺"领土"。因为那时决定生产关系的生产力还处于自然生产力层面，人类只能在频繁迁徙移动中从"现成筵席"上攫取所需、维持生存，而不能在某一地域永久定居、坐吃山空；为了便于游猎式生存，氏族群落还必须控制和保持自己的群体规模——不能低于25人或超过50人，即通常维持在37人左右。这也就是说，在工具同质化格局被打破之前，氏族群落不具备产生土地所有关系从而形成国家的可能性，亦即她只能是以数十人为单位的族群形式为社会建构的基本形式，以人类共有的全球范围为其生存范围，以全人类共同的游猎方式为其生存方式。而这种人类的社会组织形式、交往范围、生存方式的非国家性，正是全球化平台最基本的社会特征。

最后，工具同质化必然导致民族文化整体同一，我们称之为人类文化"大同化"。

人类的"外骨骼"除了手中工具之外，还包括承载人类及其社会实践活动的空间工具，即人类活动空间或人占空间。就其模式而言，这种空间工具也会随着人类手中工具的同质化而同质化，并最终导致文化大同。我们可以把某个氏族群落最初出现的地方看成人类在自然空间里搭起的一个舞台，它最初的样子就是非洲大陆某个角落的样子。依此，各个氏族群落的发源地是独一无二、千差万别的。但由于人类手中工具能效方式同一、作用对象同一，因而，当各个族群为了生存拿起相同工具进行相同的社会实践活动——在"现成筵席"上频繁迁徙移动、攫取所需食物时，其空间模式的质性差异即随之化为乌有，取而代之的是同质化空间模式：可供迁徙移动者奔波的路径，可供工具制造者制造工具的场所，可供狩猎、采集者攫取食物的动、植物生长地，可供族群婚配繁衍的氏族驻留地，可供人们栖身睡眠的洞穴或茅棚等临时居所，特别还有语言这种软工具所创造的可供神话创造者们尽情想象、演绎和享用的神话空间。直到现在，澳大利亚土著人的生活仍是这样度过：每天狩猎回"家"（临时居所或驻留地）后，人们按照适当仪式准备晚饭；晚饭后开始讲故事，外出狩猎者把一天中的"奇遇"及由此产生的奇思妙想讲述给因故未能外出的人，大家就这样在亦真亦幻的故事声中进入梦乡。这种在人类社会实践活动中被同质化的空间模式，必然又反过来同化人类文化：人们在相同模式的活动空间，按照相同的游戏规则进行相同的社会实践活动，从而形成大同文化。正像游猎时代人类文化被统称为"旧石器文化"那样。而这种大同文化，是既作为媒介也作为内容，更加内在、深刻地在达成人类战争平台全球化塑型。

（2）游猎时代工具的柔性化规定性

游猎时代人类工具具有双重柔性特点。就"生产"而言，石斧、木矛等，与其说是生产工具，莫如说更像餐具——它们仅仅是在大自然提供的"现成筵席"上攫取食物，而不能从地球内部掘取生活资料。就是说，游猎时代生产力或经济形态属于"自然生产力"或"攫取型经济"，人类是典型的"靠天吃饭"。而由于"现成筵席"的地域有限性，人们攫取动、植物食物的活动，需要在广阔范围——理论上是全球范围——频繁迁徙移动中进行，没有地域"疆界"限定。正如罗伯特·L. 奥康奈尔在他的《兵器史》中所描述的：在游猎时代，"土地是供人们漂泊的，生存只不过意味着到处追踪四处漫游的群居动物，或者是根据植物果实成熟周期而到处迁徙。在这个世界中就等于是在一个移动的筵席中一样，人们基本上没有什么领土概念。"[49]

对于战争而言，游猎时代人类作战工具与其说是武器，不如说更像舞台上的道具——在人类之间的战争中，它只能遂行仪式化战斗，而不能遂行歼灭战并据以征服对手、圈地成国。

在18世纪以前，即在欧洲殖民主义者尚未将他们的"先进文明"张扬到现存原始部落之前，现代原始人群中发生的战争基本上都是仪式化的。约翰·基根在描述努尼人[50]的战争时写道：

> 战斗倾向于是仪式性的，在老少注视下进行，以彼此侮辱开始，造成伤亡时便告终。有着对暴力水平的限制，自然的和习俗的限制：因为金属稀缺，武器（指木矛——笔者注）便用经过火熏硬化的木头制造，投掷出去而非逼近对打；倘若一名

托阿（代表族群出战的"武士"——笔者注）碰巧杀死了一个
对手，他就必须立即离开战场，经受（灵魂）净化，因为否则
被害者的灵魂肯定会给他和他一家带来致命的疾病。[51]

显然，仪式化战斗的基本目的，是说理、讨公道或证明自己的力量
及捍卫其生存利益的决心，而不是消灭对方有生力量。但由于它常常以
造成某个人负伤甚至死亡而告终，而人员死亡还会带来没完没了的复仇
作战，所以，在那个人丁珍稀的时代，迁徙往往又成为人们应对战争的
惯常方式。

迁徙是人类和其他动物谋求生存的一种共同方式，但人类迁徙与动
物迁徙具有质的不同。动物迁徙是往返式迁徙——随季节变化呈周期性
往返，具有地域稳定性，正如印度象永远是印度象、中国的华南虎永远
是中国的华南虎那样。人类迁徙是放射性迁徙，是以全球范围为范围的
一去不复返式迁徙，正如人类的祖先走出非洲以后最终成为欧洲、亚
洲、美洲等各大洲人的祖先那样。而这种人员的全球性自由流动，正是
全球化平台区别于分球化平台的一个基本特征。

2. 游猎时代人类自身生产如何催生全球化

人类起源于非洲。世界其他各大洲的人类祖先，都是早期非洲人在
全球性迁徙中播种繁衍的，人类学称之为"迁播"。迁播之全球性，是
由自然法则注定的。大自然既然让人类成为生命世界的后起之秀，也就
有办法让他们将自己的种子播遍全球。其中一个最有效的办法，就是拒
绝近亲繁殖，鼓励远亲繁殖。

事实上，人类早在氏族组织诞生之前，就已经认识到近亲繁殖的危
害。这一点，可以从几乎所有所谓低等动物那里得到佐证。[52] 而在那个
地广人稀的世界，可供人们实现远亲繁殖的方式只有一个——迁徙，即

在频繁移动中寻求异族相遇，彼此结成"对偶族"。

在游猎时代初期，世界人丁稀少。但是，人类迁徙活动具有很强的规律性，即在气候变化、自然灾害等的驱使下，人们总是往更宜于生存的地方移动。因此，早期人类寻求异族相遇，并非想象中那样困难。在迁徙过程中随机收留因灾祸等原因而离散的族外人以增强族群繁衍能力，是氏族群落不会错过的天赐良机。但这并非人类迁徙所要寻找的。作为人类繁衍的"半边天"，氏族群落迁徙的一个重要目的，是寻找其另"半边天"，即奔赴其他氏族群落的驻留地，在那里实现远亲族群之间的对偶婚配：一个族群的全体成年男女成为另一个族群全体成年男女的交合对象，这两个族群结成对偶族关系。

在氏族驻留地，为了保持族群建制和规模，两个对偶族并不住在一起，而是就近分居两处，仅在劳作之余的合适时间进行两个"半边天"的自由对接。出于"种子"的优选法则，男女之间"对接"并不是一见钟情式的，也不是靠其他人牵线搭桥，而是通过男女间的战斗来确定。大卫·克瑞尔正确地指出："在原人类中战斗是时常发生的，但是他们战斗的起因很大程度上是为了表达爱情。我们研究发现，原人类中的男性喜欢女性的一个很重要的表达方式是与这个女性进行战斗，赢得战斗的同时也就赢得了爱情。"[53] 显然，这与古猿等动物通过雄性间的战斗决定交配权的方式，有着质的不同。

对偶族间的关系，一开始会由于迁徙的最初动机及新鲜感而和睦有加。但随着时间的推移，由于诸如"战斗"失手伤害了对方的人，情感驱使践踏了族规、禁忌等原因，对偶族逐渐变成了"对殴族"。于是，另一次迁徙，作为结束必须结束的战争和迎接必须迎接的战争的出征，开始了。这种一次接一次的迁徙，两个又两个"半边天"的自由对接的状况，直至人类把自己的种子播撒于全球各地并足以在各地永久定居、形成分球化世界格局的时候，才成为历史。

迄今许多少数民族男女择偶依然通过双方较量的方式进行，只是随着定居生活对男女体能变化的影响，它已演变为另一种仪式化战斗——男女对歌。图为中国四川省叙永县青年男女对歌。

（二）游猎时代全球化给人类带来什么

1. 社会主体互赖化

生产力决定生产关系。社会主体相互依赖，是人类战争平台全球化的必然产物。游猎时代全球化是在自然生产力基础上展开的。自然生产力的一个基本特征，是人类完全靠天吃饭。而"天"是以生物圈或食物链的形式表征，一如狼与羊与草的典故所表明的。换言之，自然生产力是一种"整体生产力"，它把包括人类在内的一切生命体措置于互为条件的整体联系之中，使之作为"互赖体"而存在。氏族群落的别称"半边天"，就形象地道出了人类之间的互赖关系形态。

氏族群落是由若干具有血缘关系的母系"家庭"结成的命运共同体。她们之所以联结到一起，是因为自然生产力在给人类提供"现成筵席"

的同时，也为人们获取其中的食物措置了种种艰难险阻，她们必须依靠群体力量才能在竞争中生存下去。但由于族群内部禁止近亲婚配，氏族群落事实上仅仅是作为人类繁衍主体的"一半"而存在，即她只有在与另一个"半边天"结成对偶族关系时，才能践行人类繁衍的天职。

这种一个群体成为另一个群体繁衍条件的互赖关系，同样由于"现成筵席"的整体性而表现在物质生活层面。澳大利亚土著人的"氏族联盟"迄今依然盛行的所谓生存资源"增殖仪式"，就是一个生动例证。

增殖仪式也可以算是虚拟的经济学……具体说，在若干个加盟群体的财产清单中，分别拥有人们日常食用的若干种主要的动、植物资源。每一种主要的食物资源，都需要由它的"产权"拥有者举行每年一度的"增殖"的仪式，才能生长繁殖，其他的氏族才能得到这种食物。比如袋鼠氏族如果在这一年不举行袋鼠的"增殖"仪式，袋鼠这个物种将因此灭绝，其他氏族将因此失去这种食物。这个氏族拥有对袋鼠施行这种法术的"专利"，其他氏族无权也没有能力替代。袋鼠氏族本身不吃袋鼠，或只在仪式中象征性吃一点点，这是所谓"图腾禁忌"。换言之，袋鼠氏族拥有包括每一只袋鼠的"袋鼠食品库"的钥匙，并每年一度打开库门将这种食物毫无保留（自己不吃）地馈赠给其他氏族。一个联盟内若干个加盟群体，分别以同样方式拥有这一地区人们日常食用的若干种主要食物。这就形成了一个非常奇特的供需关系，各加盟群体每年举行自己负责的"增殖"仪式，将各自"食品库"的大门打开，无保留地提供给其他加盟群体。所谓人人为我，我为人人。加盟者之间彼此依赖：我必须保护你的存在，否则就没人做仪式了，你负责的那个食物明年就没有了。我对你提供支持和保护，同时就是保护我自己的切身利益。由此构成一条文化的绳索，将联盟内每一个加盟者牢固地捆绑在一起。大家彼此端着对方的"饭碗"，一损俱损，一荣俱荣，造成诸盟员谁也离不开谁、谁也惹不起谁的依存关系。[54]

由此可见，我们的祖先在理解和处理社会主体互赖关系上，是十分智慧而自觉的。

2.社会交往无界化

工具是社会交往的中介和纽带，工具形态决定社会交往形态。在游猎时代工具通用化条件下，工具之间没有专业界限，因而人类社会交往也呈现为无界化形态。

这里的"界"，有"硬界"、"软界"之别。前者是有形的，主要指国家性疆界；后者是无形的，主要指语言、文化乃至界域上的界限。社会交往无界化，就是人类基于通用化革命而在社会交往领域去除"硬界"和"软界"的历史过程。

游猎时代人类社会交往无界化，是从去除"硬界"——国家性疆界开始的。前已述及，在人类成为人类之前，人类是作为古猿王国中的成员而存在，其社会交往无不受到权力的、等级的甚至是性的"国家"性疆界的限定（详见后述）。但当人类开始进行第一次技术革命，即古猿开始拿起工具进行不同于其他动物的社会实践，从而开始作为人类面世时，人类也便同时完成了一场人类社会交往的"去国家革命"——从那以后，人类在那个由他们创造的以氏族群落这种非国家形式结构的崭新社会中进行社会交往，不再有猿王国的种种疆界限定。

作为通用化革命的产物，作为去"硬界"的必然延伸，游猎时代人类社会交往无界化还表现为去"软界"，即去除语言、文化乃至界域上的界限。

从语言上看。语言是劳动的产物。游猎时代人类劳动，是人们用相同的工具进行没有分工差异的劳动，是在以全球范围为范围的频繁迁徙移动中进行。这便注定了早期人类语言无界化形态。正如我们所了解的，游猎时代人类语言是肢体语言与情声语言的混合体，是一种任何族群都能听（视、感）明白的"通用语言"。这就像现今世界各地语言不同的人们，都明白握手与怒吼的意思一样。

从文化上看。游猎时代人类文化具有整体同一性，因而人类社会交往领域不存在文化界限。尽管氏族群落各有其图腾，但图腾的不同非但不是隔绝族群交往的文化屏障，反倒是他们增进交往的文化动因。从现存原始族民的用语习惯可知，游猎时代人们相遇时，会首先询问对方的图腾是什么，如果并非同一图腾，彼此便会产生结成"对偶族"的动机；而如果彼此属于同一图腾，则反而要当心近亲繁殖了。

从界域上看。人类的界域境界与其世界观密不可分。游猎时代人类世界观是整化的。在她们的概念里，人与动、植物乃至神灵同根同源、整体关联，而世间万物都是有灵性、可沟通的。因而，总体而言，在游猎时代，人与动物、植物乃至神灵之间可以进行自由交往——甚至可以交合生育。只不过，这种超界域的社会交往主要是在"虚拟世界"进行。

更为开阔地看，游猎时代也有虚拟世界。它不是以技术的形式而是以神话文化的形式构建：所有氏族都有自己的图腾，所有氏族图腾都包含一个生动逼真并被不断传承演绎的神话故事，所有神话故事都有一个共同特征——比照现实世界的样子构筑神话世界，又以神话世界的无限自由来拓展现实世界的有限自由，从而达成"虚""实"两界的交互作用。

实际上，游猎时代人类是生活在"虚""实"交互、以"虚"主导、无界域阻隔的世界里。这除了大量关于女人与动物或与神灵交合受孕生了的神化传说，除了前已述及的人人都可以作为"术上"与神灵进行沟通而外，还表现为被现代人视为"愚昧"的生活习俗。这可从现存原始族民的某些习俗窥见一斑。在印度尼西亚的爪哇岛上，每逢水稻孕穗开花时节，人们要在田间地头做爱，以诱发作物生产能力。在印尼的安汶，当丁香园收成可能不好的时候，男人们就在夜里裸体到丁香园给那些果树授精，做法跟与女人交合类似。中非的乌干达人，也把夫妻生育能力同作物丰歉联系到一起：如果一对夫妻生了双胞胎，就要举行特别的仪式——让妻子在房屋附近的茂密草丛中仰卧，摘取园内一朵大芭蕉花放在她两腿之间，丈夫用阳具将花挑出，以便将他们旺盛的生育能力传导给果树。

值得注意的是，现代科学正在为先人们的"愚昧"行为提供科学依据。如果说植物对人类播放音乐行为的感知能力足以说明上述"愚昧"之举不致毫无作用的话，那么，科学家目前正在进行的实验——通过基因移植使人具备美西螈那样的肌体再生能力，则可谓是科学版人与动物"交合"。现代人的一个致命错误，就是习惯于居高临下而又坐井观天地看待自己的祖先，不仅把她们和她们所处阶段认定为"野蛮人"、"野蛮时代"，而且把她们习以为常而我们尚未认识的现象一概指称为"迷信"、"愚昧"。这正是先人们能够而我们不能够超越界域局限，与自然和谐相处的一个根本症结所在。

3.社会形态"共产主义化"

工具是社会的骨骼。正像"手推磨产生的是封建主的社会，蒸汽磨产生的是工业资本家的社会"[55]那样，人类有什么样的工具形态就会有什么样的社会形态。

游猎时代人类社会形态共产主义化，是在人类诞生之初，基于工具同质化历史规定性，通过对动物王国"去资本化"达成的。

人类社会的前身是猿类社会，因而探索人类社会形态变革的历史进程，必须以猿类社会为起点。自 20 世纪 60 年代英国姑娘珍妮·古道尔在野生动物园观察灵长类动物生活习性并获得诸多震惊学界的发现以来，越来越多的动物学家、人类学家开始注重灵长类动物的研究。这不仅催生了"动物社会学"、"动物心理学"等新兴学科，也为我们从过去那种以人类的出现甚至是以人类文字的出现为始点的研究窠臼中跳脱出来，客观地看待人类社会形态变革问题提供了可能。

事实上，猿类社会是典型的"资本主义"社会。这在著名动物学家弗朗斯·德瓦尔的《黑猩猩的政治——猿类社会中的权力与性》[56] 一书中得到充分反映。根据此书提供的大量第一手资料，我们不妨这样来定义猿类社会的"资本"：猿们在社会竞争中据以谋取更多生存利益的"能力条件"。正是由于能力条件的不同，即由于手、脚、牙、脑等内化工具的差能化，不同猿类个体在猿类社会中的等级地位被注定了。在阿纳姆动物园由 8 雄 9 雌共 17 只黑猩猩构成的猿类社会中，相继发生多次政权更迭。从中我们看到，在它们的权力争夺中，智慧固然十分重要，但这还不是决定性条件，真正决定谁能成为首领的，是猿类个体过人一筹的躯体块头及其手、脚、牙等所具有的强大作战能力。因为猿们也是按照强者为王的原则来选择和服从自己的首领，而猿类强者形象的基本标志首先就是其超凡的体魄。德瓦尔笔下的尼基与丹迪就是一个对比鲜明的例子：前者是群体中的雄 1 号（首领），身体块头差不多是后者的两倍；后者（雄 2 号）"是这个家庭中的知识分子。每一个人都相信丹迪是整个群落中最聪明的，它不仅会以高超的计谋愚弄其他的猿，而且还会愚弄人类"[57]；尼基依靠自己的强力资本长时间统治这个社会，丹迪则只能靠智谋弥补力量的不足而始终扮演着屡屡制造"逃离事件"之类的反抗者角色。从德瓦尔的描述中，我们看到"资本"对"性"或猿类自身生产的垄断。"它们仍然采用着初夜权的制度——一种已经被遗忘的西方文化的产物。耶罗恩身为雄 1 号时，群体内大约 3/4 的性交都是由它独享的。如果不将与年轻的雌黑猩猩们（由它们引起的性竞争较少）的性交计算在内的话，那么，它所占有的性交就几乎占了100%。"[58] 从书中还可以看到"资本"在经济领域的拿手好戏。德瓦尔指出："在黑猩猩们的群体生活中也可以看到具有互惠性交易和集中化特征的人类的经济系统。"[59] 他用大量实例证明并区分了在黑猩猩社会中存在的两种交换，即有形的物质利益交换与无形的社会利益交换。前者如以食物换取对方对自己进行毛皮护理、以毛皮护理换取首领的"性宽容"（对下级雄黑猩猩"偷情"行为的容忍）等，后者如首领以给予保护与维持秩序换取众猿的"尊敬与支持"等。德瓦尔的描述让我们看到，在"资本"这条万能的魔杖下，普通猿众是作为这个社会"会说话的工具"而存在。德瓦尔用很多实例证明了他的观点："黑猩猩是富于智谋的操纵者，它们的能力在它们使用工具中就表现得足够明显了，但在将其他个体作为社会生活的手段来使用上它们的能力表现得尤为明显。"[60] 在这种同类被作为工具使用的社会里，由于猿个体能力条件不同——它把猿类个体归置于各不相同的能力水平线上，使之作为差能个体从而是差权个体而存在。因而，"会说话的工具"也顺理成章地被分成了三六九等，以至于就连日常生活中谁应当先向谁问候也是了身份等级的象征。

　　"资本"是一个历史范畴。与过去有关研究的界域局限相一致，人们向来是立于自己所在的类即人类基础之上来界定"资本"和"资本主义"。不仅狭义地把"资本"视同为资金、厂房、设备、材料、商品等，而且往往是囿于自己所在的阶级或意识形态立场来界定"主义"。因而，它事实上成了一个只适用于"人类"社会，而不能同时适用于"猿类"社会乃至其他同样具有社会性的生命世界的概念。因此，着眼信息时代人类世界观整化回归的趋势和要求，我们不妨给"资本"和"资本主义"做一个广义的界定：资本是指社会主体据以为自己谋取利益的特殊能力条件总和；资本主义就是极少数拥有特殊能力条件的社会主体据以统治、剥削和奴役大多数缺少这种能力条件的社会主体的主义。

游猎时代人类社会形态"去资本化"，就是在这种由"资本"统治的猿类社会基础上发生的。人类通过工具同质化的历史规定性，亦即通过同质化工具之等能化从而是等权化社会功能的发挥，使自己的群体作为等能群体从而是等权群体而存在，使自己的社会得以蜕去猿类社会的"资本主义"躯壳，成为没有"资本"的从而是没有等级差别的人类社会——原始共产主义社会。

需要指出的是，尽管猿类能够使用甚至是制造工具，如运用经过加工（刮去其表皮）的树枝插入白蚁的巢穴，待有足够多的白蚁咬附于树枝上时将之抽出从而获食白蚁等。但应看到，这并非猿类使用工具的常态，真正被猿类经常而普遍地作为工具使用的，始终是内化于它们身体的手、足、牙、脑等。人类却不是这样。自从人类创造出石斧、木矛等工具以来，这些外在于人身的工具不仅是作为人类的常态工具被应用于广泛的社会实践活动，而且，正如前述由通用化而专业化乃至再通用化的人类工具形态变革历程所表明的，它们还随着人类创造能力的提升而发生工具形态从而是人类能力形态的阶段性变革。而这种工具形态和人类能力形态的阶段性变革，最终又落实为整个社会形态的周期性变革。一个对比鲜明的例子是，人类用于采集、狩猎、作战的木矛与猿类诱食白蚁的工具同样都是树枝，它在人类手上可以不断"进化"——由木矛而石矛、长矛、剑戟、弓箭、枪炮、导弹等，但在猿类手上它却永远改变不了树枝的基本形态。

去资本化的另一题中之义，是人类关系"去物化"。工具同质化从而是人的等能化、等权化，为游猎时代人类从昔日动物世界事实上的"物化关系"中解放出来，形成基于血缘亲情的"人的依赖关系"，提供了历史必然性。这种人类关系"去物化"，正是原始共产主义区别于资本主义的一个基本标志。

共产主义社会的前提是物质财富极大丰富，即人们有条件"各尽所能，按需分配"。在游猎时代，这个前提是由大自然创造的——所有人类可以直接食用的动物及植物果实遍布全球地表，人们要做的事情只有一件：在大自然备好的"现成筵席"上各尽所能地攫取、按需分配地共享。而由于多余的食物无法贮存，"各尽所能，按需分配"又必然地体现为一种自然法则："量需为入"，即人的"直接劳动"与"直接需求"相等。而作为原始共产主义生产关系的一个基本特征，这"两直"相等又反过来强化原始社会的共产主义关系。

在欧洲殖民主义者入侵之前，澳洲黑人社会大体上还处于旧石器阶段末期的样子。主要标志是，工具均为打制的石斧和砍削制的木矛等，人们尚未定居（临时居所大多是用树枝、树皮和茅草搭起的窝棚），农业还没有出现。到他们那里走一走，应可看到基本真实的原始共产主义社会。

> 1788 年前，澳洲黑人的社会制度概括起来说有这样一些特征：生产资料公有制，没有私有制；没有剥削，没有阶级，没有贫富分化；氏族、胞族和部落是社会的主要组织形式，联结社会组织的纽带是血缘关系……这里不仅土地是公有的，而且土地上所有……东西都是公有的。在澳洲黑人中，没有任何一个人私有一寸土地、一个池塘、一棵树木、一只飞鸟、一头野兽……

> 澳洲黑人分配方式的原始共产主义特点：

> 第一，平均分配食物，个人不能挑拣食物，也无人挑拣。例如，在澳大利亚的耶克拉米宁部落中间，所有的食物都是平均分配。由打猎的人或采集的人亲自分配，每人一份，分配人

亲自把食物分送到每一个人的手中，无一人擅自去拿一份，或对分配的那一份不满。在另外一些部落里，运气好的打猎者还会把自己的猎获物平均分给运气坏的狩猎者。

第二，先人后己的分配原则。……在维多利亚西南各部落中，猎人把猎获物带到住处就失去了他对猎获物的权力，分配时，猎人得最差的一份，其兄弟那份和猎人本人的那份一样，其他氏族成员分得最好的一份。

第三，优先照顾老人。……在大多数场合下，优先照顾老人成为一条原则……任何食品，每次分配时必须有特别的一份照顾老人。照顾老年人的这份食物，称之为"涅博拉克"。

第四，没有任何强制性的剥削他人劳动的现象。……澳洲黑人社会里的分配原则，都是自愿自觉地去执行，没有任

澳大利亚土著人展示他们的工具和狩猎技能。

何强制性的。而这些原则都是传统的、千百年来习以为常的风俗。[61]

需要指出的是，与前述全球化平台之全球性相一致，游猎时代社会形态的共产主义化也是全球性的。它不是氏族群落在她们联合起来推翻动物王国统治模式之后实现的——尽管人类确实经历了一个相当长的人兽战争时期，更不是某个氏族群落率先垂范又为其他氏族群落所效仿的结果——尽管氏族群落在全球性迁徙交往中不乏互相学习和交流，而是工具革命的产物，是"人"从拿起相同的工具从而足以作为相同的"类"面世的那一刻起，"一下子"实现的。

二、农工时代：分球化

现代人最为熟识的战争平台莫过于分球化平台。想想看，自有文字记载以来，在这5.1亿平方公里的地球表面上，人类制造了多少部落（准国家）和国家，上演了多少领土争夺战，留下了多少地理的、政治的、经济的乃至文化的分界线。倘若这些层叠繁复的分界线是像切西瓜那样一刀一刀不可逆地切割而成，那么，在碎片飞扬四散的分球化狂潮中，地球恐怕早已被"分"得片甲不留。

（一）农工时代何以分球化

农工时代人类战争平台分球化塑型，是按照专业化工具的历史规定性以及人类物质生产的客观需求进行的。

从木石、金属、火药直至核器具，农工时代工具异质化日益深刻。

1. 农工时代工具怎样颠倒历史走向

农工时代专业化工具是通过它所具有的历史规定性——异质化规定性和刚性化规定性，把全球化颠倒为分球化的。

（1）农工时代工具的异质化规定性

工具异质化就是工具质的异化过程，也就是人使用的工具出现种种质的变异。我们把这种工具称为异质化工具。异质化工具对人与社会具有不可抗拒的异化功能。所谓工具异质化规定性，就是异质化工具所具有的社会异化功能必然导致人类战争平台分球化塑型。

我们先来看看农工时代工具异质化。

从工具材料看。自新石器时期以后，随着陶土、金属、火药、铀等的相继发现、开发和利用，人类工具材料出现并不断加深质性差异。这种质性差异，由于人类以国家形式在不同地域定居，从而由于地理环境、民族文化、国家治理方式等方面的不同，往往又表现为代际差异。正像后来一些国家进入工业文明，另一些国家流连于农业文明，而一些现存原始族民还保持着游猎文明那样。

从工具技术看。与工具材料的发展状况相一致，新石器时期至工业化时期，各国各地区工具技术发展呈现为参差不齐的格局。其中，率先掀起工业化浪潮的欧美国家长期处于世界领先地位。而由于地域封闭、技术垄断等原因，这种差异持续加大。

从工具功能看。有如战争工具与生产工具、体力劳动工具与脑力劳动工具，鸦片战争中英国人的洋枪洋炮与中国人的土枪土炮所表明的，农工时代工具功能异质化日益鲜明而深刻。正是这种工具从而是生产方式的巨大差异，使不同国家的生产力乃至生产关系状况有了先进与落后之别。

现在，我们来看看农工时代工具的异质化规定性。

首先，工具异质化必然使人的社会实践能力参差不齐，我们称之为人类社会主体"差能化"。

农工时代工具通过其材料、技术乃至实践功能的异质化，事实上把人类社会主体归置于各不相同的能力水平线上，使之作为"差能个体"乃至"差能群体"而存在。一方面，是人类个体差能化。以男人与女人体能差异的出现为例。当工具足以使人们在某一地方永久定居、以农牧业为生，当某一对男女正式以固定夫妻关系组成家庭的时候，这个家庭的"男主外、女主内"格局便随之形成了。原因是，这个可以存储粮食并可以将生食变为熟食的"家"，需要有人留守，而家庭成员中最有资格留守的是婴儿和儿童，以及拥有哺乳能力的女人。正是在这一外一内的不同劳动过程当中，男强女弱的男女体能差异被注定了。另一方面，是人类群体差能化。新石器时期以后，由于工具异质化发展，部落乃至国家之间出现并不断拉大整体能力差异。典型的例子是，工业化国家长期作为殖民者统治和奴役农业国家，尽管后者人员数量往往多于前者。而这种社会主体整体力量的参差不齐，正是人类战争平台分球化塑型的基本动因所在。

其次，工具异质化必然使人们享有的社会权力各不相同，我们称之为人类社会关系"差权化"。

农工时代工具通过其材料、技术和功能的异质化，事实上把人类个体乃至群体措置于各不相同的社会权力线上，使之作为"差权个体"、"差权群体"而存在。当农业工具的出现与发展足以让人们在一个地方永久定居下来，通过农耕、养殖等为自己创造食物时，那里的土地就按照"先占原则"为定居的人们所拥有。于是，人类社会第一次有了私有土地亦即第一次有了"资本"，从而有了阶级或人的等级性。人类社会主体差权化的一个必然历史结果，是昔日"平的世界"为"塔式世界"取代，人与人之间的关系随之由无等级关系转而成为上与下、主与从、指挥与被指挥、统治与被统治的等级关系，整个人类生存逻辑成为弱肉强食的逻辑。而这种人的等级性，正是分球化平台区别于全球化平台最基本的内在结构形态。

再次，工具异质化使国家产生成为必然，我们称之为人类社会组织形式"国家化"。

从新石器时期开始，当工具的专业化发展足以使人类生产方式由游猎方式转变为农工方式的时候，国家的诞生即成必然。这两种生产方式的重要区别在于，前者从属于攫取型经济或自然生产力，无需大规模人力协同或社会分工，因而人类群体规模始终保持在三十多人左右，即它不具有产生国家的可能性；后者从属于生产型经济或社会生产力，须有相应规模的人力协同或社会分工，因而人类群体规模始终处于不断扩张变化的态势——由若干氏族群落聚集为共同拥有一块土地的部落（国家的雏形），即它必然导致国家的诞生。

国家是一个在人口数量、土地面积、科技能力、经济乃至军事实力诸方面富于差异弹性的概念。自国家出现以来，世界上没有任何两个国家是同样大小、强弱的。这也就是说，工具从而是人类社会组织形式异质化，使一个族群征服另一个族群成为可能，从而使国家的产生以及地球被以国家形式分割为若干专属平台成为可能。正像从新石器时期以后，非国家社会为国家社会取代那样。而这种国家化社会格局，正是分球化平台区别于全球化平台的一个基本特征。

最后，工具异质化使民族文化各有所异，我们称之为人类社会文化"大异化"。

人类文化大异化，是通过空间这种特殊工具的异质化达成的。在那个土地是供人们漂泊的游猎时代，空间工具随着人类"等能群体"（氏族群落）的频繁迁徙移动而同质化——世界性；反过来，在这个土地是供人们永久定居、彼此封闭的农工时代，空间工具则随着人类"差能群体"（国家）的封闭隔绝而异质化——地域性，就像非洲国家与欧洲国家所呈现的不同文明形态那样。正是在这种空间工具模式的异质化过程中，人类文化由于自然条件的、人员构成的、生活方式的、社会制度的种种不同而具有了日益深刻的大异性，正如世界各民族国家的人们在宗教、习俗上的不同乃至对立所表明的。而这种大异文化，是既作为媒介也作为内容，更加内在深刻地在达成人类战争平台分球化塑型。

（2）农工时代工具的刚性化规定性

农工时代专业化工具具有双重刚性特点。对于生产而言，石铲、石犁以至矿物、油气开采机械的问世，意味着工具不再像游猎时代那样仅仅是做"表面文章"，而是可以切入地球的"皮肤"，从大自然的"五脏六腑"中提取生活资料和生产资料。于是，人类社会生活发生了由漂泊而定居、由依靠自然生产力而依靠社会生产力、由女系制而男系制的历史性变化，终而使阶级、国家的产生从而是人类战争平台的分球化塑型成为必然。

对于战争而言，长矛、弓箭以至剑戟、枪炮的问世，意味着人类作战工具不再像游猎时代那样仅仅是遂行仪式化战斗，而是可以并主要的是用来遂行歼灭战。于是，那些被武装起来、力量更强大的族群，在消灭征服其他族群的战斗中，圈地成国，日益深刻地推进着人类战争平台分球化转型。

我们还是来看看英国历史学家约翰·基根对这一历史性转折所作的描述。

"突然，"约翰·基根在描述现存原始族民努尼人的"仪式化战斗"之后，接着写道：

> 在19世纪开头的几十年里，这一典型的"原始"风格的战争方式被颠覆了。夏卡，一个努尼人小部落祖鲁的首长，成了一支军队的统帅，它由各个被野蛮地规范了的队伍（又称"同龄团队"——笔者注）组成去打歼灭战……夏卡设计了一种新武器，一种戳矛（在新石器时期它是木棒一端装上了石质锐尖；此时则是指南非长矛。——笔者注），以此训练他手下人逼近并杀死对手……以利刃武器逼近对打需要密集队形战术。夏卡也发明了这些……他将他的各团队组成两翼和一个强有力的中央，还有一支在后面的预备兵力。交战时刻到来时，中央以密集队形冲上前去咬住敌人，与此同时两翼各自从侧面奔去包围之。（灵魂）净化仪式被放弃，直到战斗结束以后才搞。杀戮开始时，武士将其受害者开膛，以确保死亡，然后再杀一个。开膛是释放死者灵魂的传统手段，否则这灵魂据信将驱使杀人者发疯。夏卡不避讳杀害妇女和儿

童，那是他的努尼祖先厌恶的做法，然而总的来说他满足于杀死邻近部落的统治家族的男子，以及进行战斗的武士；幸存者被并入他的愈益增大的王国。他的目的在于建设一个出自努尼同族人的国家，这些人将接受他的权威，并且扩展他们占领的土地。祖鲁王国的崛起造成种种反响，从开普殖民地边境到噶尼喀湖，在整个近五分之一非洲大陆，每个共同体都深受影响，许多被完全破坏。……"同龄团队"成了常设实体，离开平民社会居住在军营。[62]

这也就是说，工具之由柔性化而刚性化的历史性转变，直接导致了人类战争方式从而是战争平台结构方式的根本转型——由仪式化战斗转变为歼灭战、由以非国家形式转而以国家形式结构战争平台。

2. 农工时代人类物质生产如何催生分球化

自新石器时期发生人类由漂泊而定居、由食物攫取者而食物生产者的生存方式变革之后，人类便被一种新的生存矛盾——生存资源有限性与人口增长无限性的矛盾，紧紧地攫住了。据联合国资料，世界人口在公元前 7000—前 6000 年时约为 500 万—1000 万，至公元 1 年为 2 亿—4 亿，1830 年为 10 亿，1930 年为 20 亿，1960 年为 30 亿，1975 年为 40 亿，1987 年达 50 亿。人口如此加速度增长，意味着各国生产力增长也必须是加速度的。而在一定的工具条件下，能够确保生产力加速度增长的唯一"捷径"，就是基于"损他主义"或"零和思维"的侵略扩张——战争。

区别于其他动物，人类在农工时代生存活动中彰显出这样一种类特性：人们在最大限度地占有、利用由大自然分配给自己的那份物质资源的同时，又最大限度地限制或侵蚀其他物种的生存资源（从而导致一些物种灭绝)。于是，有别于先前动物战争平台的分球化，人类战争平台的分球化陷于悖论：所有国家或部落的疆域必须是不被侵略的，所有国家或部落的疆域又必须是不断扩张的。于是，人类战争平台的分球化进程，除了滥杀、滥砍、滥采之外，更多地成了一个用战争这把西瓜刀对地球这个最大的西瓜进行反复切割的过程。

农工时代战争经历了一个由农业战争而工业战争的演进历程。新石器时期至 18 世纪的战争基本上属于农业战争，它们多以侵占土地、掠夺农产品和劳动力为直接目的。世界上的国界疆域，均在这个时期形成。之后，即在 19 世纪初叶英国基本实现工业化以后的 100 多年间，战争也被工业化。这种以打通贸易关卡、输出工业产品从而牟取暴利为直接目的的战争，被浓缩成一句西方谚语："当产品不能越过边界时，士兵就该移动了"。世界性的国界、疆域的重新洗牌，特别是西方列强对其他民族国家的殖民统治格局，多是在这个时期敲定。

较之其他动物，人类的一大"高级"之处在于，它具有理论能力并善于通过这种能力为自己瓜分世界提供道义支撑和行为向导。源自西方世界的"边疆理论"，实际就是分球化理论。从欧洲人的"欧洲生源论"到美国人的"天定使命论"、沙俄人的"浩罕继承论"、日本人的"东亚共荣论"等，无非是围绕如何更多、更加"名正言顺"地瓜分他国而提出和展开的。"从总体上看，西方边疆理论研究始终以'边疆'、'边界'为对象，但'边疆'、'边界'的范围、形态却不断发展，西方的边疆观也在不断变化，经历了从有形到无形、从地理的边疆到多形态'边疆'的历程。"[63]"多形态"边疆包括有形的"移动边疆"和无形的"经济边疆"、"利益边疆"、"意识形态边疆"等，不外是分球化理论"与时俱进"的产物。

（二）农工时代分球化给人类带来什么

1.社会主体互斥化

一方面，是人类与非人类社会主体互斥化。

在农工时代分球化大潮中，随着人类实现生产力之由自然生产力而社会生产力的历史性转型，从而足以不再靠天而是靠自己的劳动吃饭，人类的社会角色也发生了根本性扭曲——由昔日的自然之子变成了自然之主，甚至由自然乳汁的吮食者变成了自然主体的征服者，以至于在资源有限性与人口增长无限性的"死结"作用之下，无度攫取，一步步陷自然母亲于万劫不复境地。而自然则不能不按照自己的固有法则反过来对人类加以挞伐、报复。于是，人类主体与非人类主体互斥化成为农工时代社会主体关系形态的一个基本特征。

"在从工业文明时代开始至今短短两百多年间，人类征服自然的破坏行为使得大地千疮百孔，不堪入目，而且人类自身生存也受到由自己造成的坌球性危机的严重威胁。"[64] 这一点，我们在后面的讨论中还会谈到一些非人类生命体对人类进行"反征服"的例证。

另一方面，是人类主体——国家性主体、非国家性主体——之间互斥化。

在分球化平台上，社会的母腹只会孕生"互斥体"。它先是分娩了阶级，在阶级矛盾不可调和的时候它又分娩了国家。但当国家之间的矛盾同样不可调和的时候，它撒手不管了——它没有能力再分娩一个什么能够凌驾于国家之上的社会主体来调和国家之间不可调和的矛盾。世界因此而成了一个在国家外部是国家性互斥体、在国家内部是阶级性互斥体剧烈碰撞的世界。

国家行为体之间的互相排斥由国家自身的社会特性注定。

国家是自成体系的独立体。在分球化平台上，各个国家都可以"自力更生"。如果去除安全、资源和人口增长压力，国家甚至可以永远把自己封闭起来，而无需与他国发生任何关系。

国家是至高无上的权威体。世界上没有凌驾于国家之上的权威体（有人将国际社会称之为"无政府状态"），只要具备足够能力，只要国家需要，任何一个国家都可以为所欲为，不论对内还是对外。

国家是用强力说话的"攻防体"。每个国家都有一支它赖以存在的武装力量，这种力量既是用来进攻别国的，同时又是用来防范别国进攻的。从这个意义上说，国家只有两种存在形式：一是进攻，一如国家是通过前述夏卡的方式发展起来的那样；二是防御，一如国家总是利用天然的和人工的屏障把自己"圈"起来那样。国家之间发生的争端永远只有一种东西能够仲裁：国家力量。于是，国家不可避免地就像一个人身陷流沙那样陷入了由它的非凡能力设置的陷阱之中：国家越是利用它的力量，就越是需要更大的力量；国家越是创造更大的力量，它就越是陷得更深，直至弄出核武器这种足以毁灭所有国家的东西来。

国家是永不满足的扩张体。每个国家都有一个同样的目标：更好地生存。因此，每个国家都在追求更多的土地、更多的人口、更多的生存资源和更多的国际权力。每个国家都把别的国家视为满足自己欲望的对象，每个国家都试图成为一方霸主乃至整个世界的霸主。在成为或自以为已经成为地区或世界霸主之前，任何一个国家都不会安于现状。

国家是利益至上的多变体。国家之间"只有永恒的利益，没有永恒的朋友"。每个国家都会随着客观条件的变化而随时改变自己的国际战略和角色定位。因此，互相利用、互相猜疑、互相提防、互相掣肘，一句话，互相排斥，成为国家间关系的基本形态。

作为互斥体，国家行为体内部始终存在着阶级互斥。主要表现为：统治阶级与被统治阶级之间的相互排斥，正像世界上所有国家都无可避免阶级斗争以及由此不断发生政权更替所表明的；统治阶级内部的相互排斥，正像所有国家政权系统都存在党争那样；被统治阶级内部的相互排斥，正像所有被压迫阶级内部都难免发生内讧那样。"自由民和奴隶、贵族和平民、领主和农奴、行会师傅和帮工，一句话，压迫者和被压迫者，始终处于相互对立的地位，进行不断的、有时隐蔽有时公开的斗争，而每一次斗争的结局是整个社会受到革命改造或者斗争的各阶级同归于尽。在过去的各个历史时代，我们几乎到处都可以看到社会完全划分为各个不同的等级，看到社会地位分成的多种多样的层次。在古罗马，有贵族、骑士、农奴，在中世纪，有封建主、臣仆、行会师傅、帮工、农奴，而且几乎在每一个阶级内部又有一些特殊的阶层。从封建社会的灭亡中产生出来的现代资产阶级社会并没有消灭阶级对立。它只是用新的阶级、新的压迫条件、新的斗争形式代替了旧的。"[65]

阶级互斥在促使生产力发展的同时，也把阶级推向了与国家相似的"流沙定式"之中：它越是利用自己的生产能力，就越是需要更大的生产能力；它越是创造更大的生产能力，就越是形成更大更深的阶级对立，从而引发国家社会更大更深的经济和政治危机。

2. 社会交往泛界化

与工具专业化从而是社会国家化相一致，农工时代人类社会交往日益泛界化。

一方面，是"硬界"泛化。这里的硬界主要指地理的和人为的国家性疆界。随着工具刚性化发展，随着作战工具能够遂行歼灭战从而具有圈地成国的社会功能，人类开始以国家形式来结构社会，世界上横亘起日益泛化的国家性疆界。换言之，当人类有能力在各地永久定居、圈地成国，将地球分割成若干专属平台的时候，人类社会交往史也便翻开了以放弃人的交往自由为代价的另外一页。

国家性疆界包括国家之间的地理疆界、国家内部的行政区划疆界等。对于人类交往而言，它的社会管控功能主要体现为对外防止"进来"、对内防止"出去"。自从国家诞生以后，人类社会交往无不打上国家性疆界的烙印。

我们先来看几则"跨国趣闻"：

一厦跨两国。在美国与加拿大接壤的国境线上，有一座百货旅游大厦，属美国和加拿大两国共有。大厦内到处都有标着美国国旗和加拿大国旗的无人售货机。在美国境内买东西必须投进美国硬币，否则它根本不予理睬；加拿大境内的售货机也有同样的脾气。

一场跨两国。在法国和摩纳哥的国界上，有一个地跨两国的足球场。该球场本是摩纳哥修建的，后来在审定国界时，国境线正好从球场通过。经过谈判，双方达成协议，两国各占球场的一半和一个球门。由于无论哪国人来此踢球都有越境之虞，这个足球场一直形同虚设。

一院跨两国。在美国和加拿大边境线上（洛克岛的一个小镇上），有一家古老的戏剧院，国境线恰好从该院的舞台上穿过。一次，需要把一架钢琴从舞台的加拿大境内移到美国境内。这时，海关人员过来阻止说：除非有海关许可证，否则不能移过舞台上的边界线。

一家跨两国。在荷兰与比利时交界处居住着一户人家，厨房位于荷兰，卧室则在比利时境内。于是，这一家人吃在荷兰，睡在比利时。若此处边界线上各有边防人员把守，这家人每天吃饭、睡眠都得办理"过境"手续了。[66]

这些趣事看似凑巧而又微不足道，但作为分球化平台的缩影和人类

柏林墙一角。

泛界化社会交往的标志物，它说明国家性疆界对人类文明的影响是多么深重。

某种意义上讲，国家（就其空间形态而言）就是"画地为牢"。人类最初的国家是村寨式国家，它用村墙"画"一个圈子，把自己的国民圈起来；继之是城邦式国家，"圈子"改用城墙来"画"；之后是区域性国家，"圈子"变成了铁丝网或长城等。人类就是这样随其立国能力的提升而与时俱进地"画圈子"。孙悟空画一个圈可保唐僧免受妖害，但条件是唐僧不能出圈子。国家社会也是如此。在一个又一个或大或小的国家性"圈子"里，人们像唐僧那样得到生存安全，同时也像唐僧那样失去了与外部世界进行交往的人身自由。随便铺开一张地图，那用各色线条画成的奇形怪状的圈子，是圈圈相接而又壁垒分明。在这个"大圈子"套"小圈子"、"圈圈"相扣、壁垒层叠的平台上，人们终生不出"国圈"、"省圈"甚至"县圈"的现象，并不少见。

另一方面，是"软界"泛化。这里所谓软界，是指语言疆界、文化疆界乃至界域之墙。它们都是国家社会的必然产物。前两种软界，是从人类开始以国家形式塑型分球化平台那天起，就开始形成的一种国家统治工具。任何国家都会通过统一语言和文化从而形成交往疆界来加强其统治。

后一种软界，是从人类开始"自我信仰"，亦即开始信仰那个以"神"自居的国家统治者的时候，就开始形成的一种"神话"之墙。

事实上，农工时代人们在劳作之余也会构建并享用"神话空间"，但它已经与游猎时代人们创造的神话空间有了质的不同：后者崇奉的是无界之神——"自然神"，前者崇奉的是泛界之神——无数自成一方主宰的"人造神"。例如，自从农业出现以来，即自从人类不再"靠天"而是靠国家吃饭活命以后，人类的崇拜对象不再是大自然，而是人类自己了，正像从那以后所有"神"都由"非人形"（鸟、兽等）变成"人形"那样。这等于是把"人类世界"变成了"只有人类的世界"，并且是变成了拥有不同信仰的人群各成一"界"、互相封闭甚至互为敌人的"人类世界"。于是，人类陷于这样一种"文明怪圈"：人类只看重"人"之"类"，因而在彼此之间越来越轻看"人"之"类"；人类只介意人与人之间的沟通，因而越来越刻意地制造人与人之间的鸿沟。一个群体在社会上占据了优势地位，便要向它所界定的"下层"或不符合本群体要求的"外部人"关闭机会。任何疆界标志，如种族、阶级、社会背景、职位、权力、宗教乃至缺少一份特殊的学校文凭等，都可以被用来把竞争者宣布为"外部的人"。它通过限制机会和资源的获取，"内部的人"分享共同的文化和身份，并从而分享使社会疆界合法化，将"特殊报酬"最大化的规范。在这样的格局下，农村人往往只能和农村人交往，城里人往往只会和城里人交往；若是城里人娶了农村老婆或城里姑娘嫁了农村老公，那不仅要引来非议，还须迎接生活方式的鸿沟、子女入学就业壁垒等诸多挑战。

这意味着，与造物鼓励远亲繁殖的初衷背道而驰，在泛界化交往平台上，人们只能进行变相的"近亲繁殖"。其后果不仅体现于人类物质生产无度开采所带来的自然生态危机，还体现为人类自身生产"近亲化"所带来的社会生态危机——种族局限从而是种族歧视等。

当人类被形形色色的疆界分割开来的时候，每一个人自己又何尝不是如此呢？人们用财富不停地在"人我"与"物我"、"自我"与"非我"之间设立种种疆界，将彼此分裂开来、孤立起来，从而陷于不能自拔的人格分裂或内心冲突"流沙定式"之中：物质财富越多，越是需要攫取更多的物质财富；越是攫取更多的物质财富，越是没有幸福感。韩国学者许金声在《"没有疆界"的力量》一书中感慨地说：尽管这个时代物质财富日益丰富，但我们却一点也看不出人类有更加幸福、更加满意、更加安宁的倾向；实际情况恰恰相反，这个时代已经变成了所谓"冲突的时代"，"焦虑的时代"，"未来冲击"的时代，"挫折和异化盛行的时代"，拥有无数物质财富却感到生命缺乏意义的时代。

这也就是说，分球化平台把人"分"成了非健全的人，从而把社会"分"成了非健全的社会。而作为社会交往形式，战争也越来越不那么"健全"了，正像我们在后面讨论到的那样。

3. 社会形态"资本主义化"

农工时代社会形态资本主义化，是工具异质化历史规定性的产物。

如前所述，工具异质化的一个必然历史结果，是人类"能力条件"异质化。当工具异质化发展到足以使人类社会出现土地所有关系时，土地连同工具便作为人之"资本"而存在了。而随着工具异质化的不断加深，"资本"这个吃得越多、长得越快、胃口越大的超级耗子，也便有了一座人口越多、产量越高、储量越大的粮仓，直至它足以代表所有可以充当"资本"的东西主宰整个人类社会的经济、政治甚至是性。

农工时代社会形态"资本主义化"，经历了一个人的"能力条件"逐步从全民向极少数人转移的历史过程。这种转移要从人类最初定居后各个家庭向部落缴纳的那部分"公粮"说起。人类在学会农耕后经历了一个过渡期：由于初时农业生产力极低，土地所产粮食不足以糊口，人们还过着农耕、狩猎、养殖、采集并举的日子，因而在某些方面还程度

不同地保有着原始共产主义习惯。各家向部落交纳"公粮"，就是原始
共产主义的"遗物"之一。人们在所产粮食尚不能满足日常需求的情况
下将其一部分作为公粮集贮起来，是因为在当时条件下这样做最便于达
成公粮的安全价值：备战与备荒。它按平均原则筹集，也以同样的原则
使用。若是一个部落侥幸一年、两年没有打仗且未遭遇天灾，集中储备
的粮食还会按平均原则反馈于各个家庭。在此过渡期，职业军队尚未出
现，但战争已经作为暴力行为成为各家男人的事情：他们平时是"生产
的人"，战时自动作为"战争的人"出战。就是说，此时的公粮，与昔
日氏族成员猎获但尚未完成分配的巨型猎物一样，是部落全体成员的保
命粮，任何人都动不得贪占念想。然而，随着工具的异质化发展，专业
化工具在提升人类生产力的同时也程度不同地提升了人类群体的战争
力，它在生产足以解决温饱问题的粮食的同时也催生了专职的军队和
部落组织这种准国家机构。正是随着专职军队和部落权力机构的出现，
"公粮"质变成了事实上的"地租"，耕地也由"分种地"质变为"租种
地"。于是，世界上便有了属于资本主义的一系列"第一"：第一个剥削
阶级与被剥削阶级——出租土地、收取地租的人与租种土地、交纳地租
的人；第一个国家——由掌控军队、法庭、监狱等强力机构的统治阶级
与被统治阶级构成的部落；第一种货币——粮食，它可以收买包括人性
在内的一切用货币可以收买的东西；第一种交换——交粮者给收粮者以
粮食，收粮者给交粮者以安全或秩序；第一批纳税人——扛着粮袋子的
纳税人，与第一批收税人——扛着武器挨家挨户收缴粮食的人（先前基
于自愿的"集资"也变成了强制性的"征集"，且数量不断增大）；第一
种异化劳动——以人类自身管理或统治为对象的那部分人的劳动……总
之，从"公粮"变成"地租"那天起，"资本主义"已是五脏俱全。接
下来，直至20世纪初叶的事情，不过是它在量上和形式上的变化而已。
　　"资本主义化"的另一历史表现，是人类社会关系被"物化"。在农

工时代，工具从而是人能够直接创造"物"，并在"物"的创造过程中促成人与人关系的物化，使之成为完全意义上的"物的依赖关系"。当"资本"成为人类利益分配"公平秤"的时候，人类劳动即由按"直接需求"劳动蜕变为按"间接需求"劳动：各个人的劳动不是按照自己的需求而是按照别人即剥削者的需求来进行，其劳动产品的量超过且不断加码地超过直接需求的量。从而使得剩余劳动及其不平等占有的产生、发展成为必然，社会财富和社会权力向拥有特殊"能力条件"的人那里转移集聚成为必然，贫富分化、阶级分化以至整个人类社会关系的物化成为必然。正如马克思所指出："对对象的占有竟如此表现为异化，以致工人生产的对象越多，他能够占有的对象就越少，而且越受自己的产品即资本的统治。"[67]

三、信息时代：全球化

20 世纪 80 年代以来，首先是经济学家，然后是社会学家，再后来几乎是所有人使用起"全球化"概念，并由此衍生出"地球村"、"世界型城市"、"网络社会"、"非地点性"等新的提法。尽管目前理论界对全球化的概念、范畴、趋势、影响等几乎所有层面的认识都存在严重分歧和激烈争论，甚至在一些国家还出现反全球化激流，但这是两个时代或两种战争平台交接过渡期必然会有的现象，是一切新生事物都会享有的历史待遇，我们可以只关注我们应该关注的事情。

（一）信息时代何以全球化

1946 年，世界第一台真正意义上的数字电子计算机"埃尼阿克"

（"ENAC"）在美国研制成功；1969 年，在美国国防部资助下，名为 ARPANE（即阿帕网）的军用计算机网络——互联网的雏形或前身，正式面世。这两项发明有如历史的两只巨手翻云覆雨，拉开了信息时代人类工具通用化从而是人类战争平台全球化历史大幕。

1. 信息时代工具怎样再颠倒历史走向

信息时代通用化工具是通过它的同质化规定性和柔性化规定性，把分球化再颠倒为全球化的。

（1）信息时代工具的同质化规定性

我们先来看看信息时代工具同质化。

从工具材料看。

硅芯片（左）是过去 40 年技术的生命线，而今它正在为 DNA 芯片（右）取代。

信息时代通用化革命的一个重要使命，是为人类工具同质化提供理想材料。信息时代人类工具越来越是指具有仿生特征和拟人智能的智能化工具。智能化工具又称信息化工具，它不是由人力或机械力传动的物件，而是一个在信息能和智能主导下能够自主运行的行为体。在目前信息时代初级阶段，工具材料同质化已经显现其雏形，即它们均属"信息材料"——目前使用最多的是硅。如果说战争是打材料，如果说游猎时代战争是打"石头"，农工时代战争是打"杂货"（木石、青铜、钢铁、火药、生化、铀等所有可以致命的东西）的话，那么，在当下信息时代初级阶段，战争则已是硅的比拼。正如美国阿兰·坎彭将军在《第一场信息战争》中所指出的：海湾战争是一场"一盎司硅片比一吨铀还要有作用的战争"。然而，这还不是理想的同质化材料。如同计算机之从台式机到笔记本、从有形键盘到无形键盘、从手工操作到意念直接驱动变化趋势所表明的，信息时代工具材料的发展，是一个由大而小、由实而虚，不断递减虚化的过程。至信息时代成熟期，它将递减虚化为信息本身，从而使工具材料达成完美的同质化。

把信息认定为工具材料，必须首先明确一个基本概念：信息是什么。

目前，学界对信息的定义多达上百种，有的甚至相互冲突。[68] 之所以如此，是因为人们习惯基于其表象，亦即基于"人"的生命视角而把信息看成非生命的东西，在"物"的层面来定义信息。如果我们能够基于其本质，亦即换一个视角，例如从"非人"的角度来看世界和信息的话，情况会怎样？毫无疑问，我们将会看到一个无所不是生命的世界，并据此给信息一个合乎事实逻辑的定义：

信息就是大千世界赖以生成、消亡和演化的生命子。

所谓生命子，是指客观实在中既可以作为生命形式也可以作为一定生命形式的构成材料而存在的世界基本存在体。生命子之与世界，就如同细胞和由细胞构成的人体一样。这已经涉及"什么是生命"这个生命科学的尖端命题了，我们不妨多花些工夫来看看这方面的进展。

与科学技术的扩张相一致，人类对生命的定义也在扩张。15 世纪以前，人类确认的生命形式始终是 40 亿年前在地球上出现的碳化物生命。此后，伴随科技发展，生命的定义与时俱进：十六七世纪钟表机械很时髦，有人认为生物无非是像钟表那样的机器；19 世纪蒸汽机出现后，有人认为生物不过是个热机；20 世纪中期计算机问世，有人认为每个生物都是一台超级计算机，正像 DNA 计算机的问世[69]所表明的。近年，随着人们对计算机病毒的认识进步，随着智能机器人的人化发展，随着"人工生命"的面世，随着人—机对话实验（BCI）的深度拓展，随着人们对数字生命的发现与认识，科学界断识生命的标尺不约而同地指向信息。"生命的起源，生命能维持的本质是什么？只有在信息的基础上，在复杂系统概念的基础上才能回答，"李衍达在前已述及的一次演讲中说，"因此，薛定谔从量子物理学概念出发探索生命是什么，最后的回答却是'生命的本质是信息。'"

尽管"生命的本质是信息"并不等同于"信息就是生命"，但生命科学的发展正在对后者作出有力诠释。

假如有人告诉你，枯燥的数字也能像动物、植物、细菌、病毒一样具有"生命"，也能复制进化，你一定认为这是天方夜谭。但是，目前很多科学家认识到，数字是没有 DNA 的生命，是动物、植物和微生物之外的第 4 种生命体。

我们知道，地球上的生命都有同一起源。但由于尚未找到外星生命来加以比较，所以难以对地球上生命的必然属性和偶然属性加以区分。为此，特拉华大学教授、博物学家托马斯·雷提出了在计算机上创建不同于自然界生命的数字生命的构想。

1990 年 1 月 9 日，世界上第一例数字生命诞生在托马斯·雷的计算机中……

此后，美国加州大学计算机系教授克吉斯·阿亚米，则实现了数字生物的进化……

数字生物的进化和计算机病毒一样，是靠一系列的命令来实现的。它们由二进制数字构成，能以和 DNA 突变相同的方式产生突变。每一个数字生物都能在几秒钟之内复制出几万个。阿亚米设计了"阿威塔"软件程序，借助这一程序，可以清楚地观察这些数字生物从生到死的生命过程。经过近十年的发展，"阿威塔"数字生物差不多已经是真正意义上的生物了。这些小东西进化速度惊人，具备的本领越来越多。最让人兴奋不已的是，它们的进化方式完全符合进化论的观点。它们复制、突变、竞争，自然选择的过程一样也不少。总之，与自然界生物进化规则几乎毫无二致，只是速度奇快，有时候简直让人应接不暇。

奥地利著名物理学家薛定谔曾在他的《什么是生命？》一书中提出，生命不过就是一组编码，而编码背后的基因则以"非周期结晶体"形态呈现。也就是说，为了将遗传信息往下代相传，基因必须以某种稳定的晶体状存在。薛定谔认为生命编码是稳定且相对简单的，这很重要。大部分人今天都没有意识到计算机中出来的一切都来自于 0 和 1 这种简单编码。

科学家设想，当人们真正读懂这些生命编码时，21 世纪的新能源、医药、粮食和营养物、干净水源等各种问题都可以得到解决。[70]

2010 年 5 月 20 日，美国科学家宣布世界首例人造生命——完全由人造基因控制的单细胞细菌——诞生，命名为"人造儿"[71]。由于这位"人造儿"的"父母"是电脑，人们在称谓上遇到从未遇到过的概念性难题：不知称之为"他"、"她"还是"它"。而另一种"人造儿"——计算机病毒（实际就是前一种人造儿的"哥哥"或"姐姐"了，因为"他"、"她"或"它"是早在 20 世纪 60 年代初期就由电脑"分娩"出来了），却还面临着是不是"生命"这个本来不是问题的问题。

　　承认生命形式的多样性，无疑是人类生命观的一次飞跃。但要完整认识这一点，还必须引入"界域"的概念。现代科学表明，世界是一个无限多而又无限可分的界域复合体——类似相互挤压的肥皂泡[72]。每一个界域都是其上一级界域的子界域和下一级界域的母界域，以构成生命的复杂系统；每一个界域都有着例如明物质与暗物质或"阳极"与"阴极"、"实界"与"虚界"等相反相对的构成，以达成全界域的整体平衡；每个界域的生命都有其独特的存在和表现方式，以相互区别。[73]其中，两个界域的相似性或差异性，与其间生命形态的相似性或差异性成正相关。但正像人类用符号（姓名）标示自己、区别他人却并不因此而改变其生命形式是人那样，每个界域的生命存在和表现方式的不同并不因此而改变一切生命体的基本属性——信息。

　　　　爱因斯坦说过，如果你在一束光上看物体现象，那么与你只是静止地从地上看着这束光的掠过，其景象确实不同。由于光速而引发的时空收缩现象只有从你在光以外的观测点上观测得到，而从光内部却看不到。如果能够以内在论的视角进入计算机内部来观察计算机病毒、人工生命，那么无疑可以获得一些有别于外在视角下的结论。最关键之处是，内在论视角可以使人们"设身处地"地体会到计算机病毒、人工生命的真实性。[74]

　　1827年，英国植物学家布朗用显微镜观察水中的花粉时发现，悬浮于液体或气体中的微粒，是在进行永不停止的无规则运动——微粒的前后、左右、上下运动或互相撞击呈现为无定[75]形态，但其运动速度会随着温度的升降而升降。由于它代表的是一种"随机涨落现象"，在许多技术领域具有重要应用价值，这一发现被科学界命名为"布朗运动"。与此相应,人们后来进一步发现:当微粒在相互撞击中与其他微粒聚合,其质量超过一定限度时,"微粒"即转而作为"颗粒"下沉,进行"颗粒运动",它所代表的也即"随率涨落现象"(具有周期性);而随着物质形态的斗转星移,那些"颗粒"又会分解为"微粒",重新进行布朗运动。

这一规律性现象,正可用来说明生命世界的两大演化形态:一是离散态,正像"微粒运动"那样,整个客观实在浑若一派微粒的海洋;二是聚合态,正像微粒聚合为颗粒那样——大自天体,中到建筑物,小至动植物等。其整体演化过程,是一个从离散态,到聚合态,再到离散态的历史过程。也就是说,传统概念中"生命"与"非生命"之区别,关键在于其所处界域以及所聚合或离散的形态不同,但其生命本性并不因此而改变,即任何存在体都不外是"生命海洋"中的一个"颗粒"或"微粒"。而作为"生命海洋"中一种会制造工具的"粒子",我们人类在其间所做和所能做的,不过是按照生命子的"聚"、"散"可能性,将一定的生命材料"制造"成相应的工具形态——要么是"聚合"为肉眼可见的工具(物件),如台式计算机、机器人等,要么是"离散"为肉眼看不见的工具(信息)。正如意大利政治经济学家彼得罗·维里所说:"宇宙的一切现象,不论是由人手创造的,还是由自然的一般规律引起的,都不是真正的新创造,而只是物质形态变化。结合和分离是人的智慧在分析再生产的观念时一再发现的唯一要素;价值和财富的再生产,如土地、空气和水在田地上变成谷物,或者昆虫的分泌物经过人的手变成丝绸,或者一些金属片被装成钟表,也是这样。"[76]

人类目前较为熟识的界域是物质界。尽管关于物质这个界域的科学理论在其他界域不一定完全适用,尽管人们一直是囿于这个界域,随着其认知能力的提升而像剥洋葱一样进行生命世界的断识,但这并未影响认知科学一步步向生命真相逼近:我们剥开一层,说,这是物质,那是

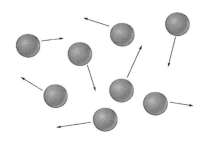

离散态与聚合态示意图。

能量；这是空间，那是时间；这是生命，那是非生命……我们再剥开一层，说——就像古希腊科学鼻祖泰勒斯所指出——万物的本原是水；我们又剥开一层，说——就像泰勒斯的学生毕达哥拉斯所修正的——万物的本原是数；我们复又剥开一层，说——就像约翰·惠勒所指出的——万物源于比特（bit）……直至有朝一日剥开最后一层（伴随科学对界域之墙的突破，目前正在逼近这一层），认知的触角足以超越"人"的界域来定义生命时，我们便会说，噢，原来生命就是信息，他的名字就叫生命子；而所谓物质与能量、空间与时间、生命与非生命，是只有人类在人类所处的界域才可以分开来说。

　　事实上，当科学家对生命的基本特征——可自我繁衍、进化、死亡的能力——达成共识时，同样具备这三个特征的信息，也正在科学的视野顺理成章地归于生命的行列。"信息科学的出现与三大命题有关，即生命、智能与复杂系统。三者在信息意义上统一，这统一也达到生物世界与物理世界的统一，意义重大。"[77] 而所谓生与死，不过是生命子之由一种形态而另一种形态、由此界域而彼界域的变换而已。这也就是说，"人工生命"之所以能够被"造"出来，并非人类有多么神奇的能力，而是由于那些被用来制造这种生命体的"材料"本身就是生命子，本来就具有聚合成为"人工生命"的特性。正像 3D 打印机之能够打印出活

2013 年 10 月 17 日，世界首例仿生人在美国国家航空航天博物馆亮相。这个仿生人具有六七成真人功能。（新华社记者方喆摄）

的细胞[78] 乃至人体器官，与它所用的"墨粉"是干细胞所表明的。

如果我们能够把包括计算机病毒在内的一切"人工生命"之"人工"看得更开阔一些，抑或干脆让机器人、人造人、克隆人、外星人来为我们人类这种生命形式做一个定义的话，那么，人类是否也会被界定为"人工生命"呢？

答案是肯定的。因为人类不过是劳动的产物，是古猿在拿起工具之后才成为人类。而如今，人类已经能够用 3D 打印机打印颅骨、肝脏、心脏等人体组织，且能够打印可以进化的细胞。这预示着，当大脑这个人体最复杂的组织有"图纸"（科学家目前已成功绘制"人脑地图"）时，"打印人"将成为现实，而人的存在形态也将随之发生革命性变化。

2014 年 6 月，荷兰科学家证明在两个距离 3 米的点之

间传输编入亚原子粒子的信息具有可行性，可靠性可达到
100%。在研制类似互联网的超快量子计算机网络的道路上，
这一研究突破具有非常重要的意义。量子计算机的运算能力远
远超过当前最快的超级计算机。

实验负责人、荷兰代尔夫特理工大学的罗纳德—汉森教授
表示："我们传输的是一个粒子态。如果你相信人体是无数原
子以一种特定方式聚合在一起的产物，那你就会相信在将来的
某一天，我们便可将人员从一个地方传送到另一个地方。虽然
在实践中很难做到这一点，但这并不意味着不可能，因为这种
传输并不违反任何基本的物理学定律。不过，远距离人员传送
将在非常遥远的未来才能成为现实。"[79]

这意味着，随着人类科技能力的提升，随着信息材料最终递减虚
化为信息本身，人类用来制造工具的材料，将发生由"物质"而"生命
子"的同质化革命。而在这一革命进程中，人也将随之信息化并把自身
作为工具材料来"使用"和"制造"。换言之，信息不光是生命，它还
在不同的界域统一着生命及其"材料"的属性。只有到了信息时代通用
化革命的成熟期，即在一切材料虚化为信息本身，信息成为人类工具唯
一"原材料"的时候，信息时代通用化革命才可以说，它已经完成工具
材料同质化的历史使命。

从工具技术看。

信息时代人类工具技术，越来越是指用来制造智能工具的信息技
术。在目前信息时代初级阶段，人类工具技术已经初步实现同质化，即
所有智能工具都是信息技术的产儿。尽管在技术应用方面眼下还有着
"先发国家"与"后发国家"之分别，但正像美国人与中国人都是运用
信息技术研发智能机器人、无人机（车、船）乃至人工生命那样，这种

"先""后"差异并没有影响工具技术的同质性。然而，这样的同质性还不是理想的工具技术同质化。

正如技术有智能形态和物化形态之分别一样，信息技术有"虚"的和"实"的两种形态：前者表现为信息的自构造、自组织或自编程行为，就像细胞所具有的自繁衍生命功能那样；后者表现为信息聚合为物体形态时这种聚合体所具有的外观结构或整体形态，就像各种有形工具表现为具体的物件那样。目前，电脑、手机、智能机器人（车、船）等的制造，还是机械技术与信息技术在"实物"上的"化合"，离不开人的手工操作。因此，这样的工具技术只能叫作"半信息化"技术。随着人类信息能力的提升，当人类工具递减虚化为信息本身，而人自身也作为信息体而存在的时候，工具技术将实现"完全信息化"，即它将随之升级为另一代次的技术——信息（生命子）的自重构技术，就像细胞及由细胞构成的一切生命体（信息体）所进行的生命繁衍活动一样。王江火在《在之演化》一书中提出的"人类自我置换技术（THSP）"[80]，就属于这类技术的一种形态。

THSP 是指人类通过一定的信息方法，将人体中规定自我的以主体程序为主要内容的信息进行整体转移，以实现将人类自我置换到新载体的技术。在这项技术完善后，人类将能够随意更换自我载体，彻底摆脱肉体的固有局限，人类工具技术也将转而同时成为人类自身形态变化的技术——就像孙悟空七十二般变化那样。

会聚技术的出现，正在为"人类自我置换技术"提供有力支持。"就会聚技术对提升人类自身这个向度而言，可以归结为：从内、外两个方面对个体进行改善。外部技术包括新产品（如物质、设备和系统、农业与食品）、新的存在方式（如机器人、聊天机器人、动物）、新的社会交往方式（如改进了的群体互动和创新力、统一科学教育与学习）、新中介（固定工具和人造物）、新的场景（包括真实的、虚拟的与混合的场景）；内部技术指可替换的新器官、人的感知和反馈上的新技能以及新基因。如此分析，不论是从外部为人类生存提供新境遇，还是从内部改善人自身的机理，会聚技术都是支撑未来'超'人类存在的关键技术。"[81] 尝试突破人机界域之墙、入选《吉尼斯世界纪录大全》的世界第一位"电子人"——英国雷丁大学教授凯文·沃里克，是一个初步例证[82]；后述俄罗斯媒体大亨正在组织进行的"人脑移植"工程，则可以看成是这一进程的升级版。

这也就是说，"人类在采用会聚技术增强自身的过程中，实现了其预设目标，但自身也势必会被置换为另一种样态的人"。[83] 而"人类社会信息进化的自为过程，是通过信息技术这个中介环节（系统）进行和发展的。信息和信息进化是社会固有的本性，人类社会的信息进化则主要表现为技术生发和加速进步的历程。作为信息进化高阶的信息技术，可能逐渐成为人类社会信息进化的自在形式和自为形式的统一体——信息"。[84] 换言之，人类在推进工具信息化过程中，也同时推进着人自身的信息化——人来自于自然（信息），又终将回归于自然（信息）。而完全信息化的人，必然是掌握了能够打开一切实在体"开关"的钥匙[85]——世界的通用语言——的信息体，其所使用的"工具技术"已经是一种纯信息运行的因而完全同质化的技术。那将是一种任何人都可据以制造任何"工具"的、完全按其意愿自由飞翔的"信息游戏"。

关于实在体的"开关"，电子人类学家、美国环境系统研究所研发中心负责人安柏·凯斯提出并简单描述了"看不见按钮"的概念：移动电话最初是有按键的，现在则是一个触摸屏，按钮可以是从象形图到照片的任何形态。基于此例类推，她将物理按钮的概念大胆扩展，提出液体数字按钮、空气中的按钮等崭新概念。

我们还是来看看近年来科学领域发生的一些"新鲜事"：

"脑对脑接口"。美国华盛顿大学科学家首次进行了一项人类之间非

"看不见按钮"。

侵入式脑对脑接口实验：一个研究员能通过互联网发送脑信号，控制远在校园另一边的同伴的手部运动。[86]

　　"脑对脑交流"。英国科学家宣称，他们已经研制出一套可以让人进行"脑对脑交流"的系统，人类实现脑脑交流不久将成为可能。有人把这项技术称作是互联网的未来，是一种不需要键盘、电话甚至嘴巴的新交流方式。[87]

　　"脑移植"。俄罗斯媒体大亨德米特里·伊茨科夫在莫斯科举行的"全球未来2045年国际会议"上宣布，他的科研团队将首先创造一种人脑控制的机器人，然后把人脑移植给一种类人机器人，最终把人的意识上载给一种代理机器人以取代手术移植。他认为，只用10年就能做到把一个有功能的大脑移植给一个机器人，从而使之步入在 30 年内实现其最终目标的征程，即人类意识完全与躯体脱离，并被置于一个全息躯体内。[88]

从工具功能看。

当下，诸如机器人、无人机（车、船）等智能化工具，已经实现其功能同质化，即它们都是既可用于战争亦可用于生产。但正如目前的机器人与无人机主要还是以物理能来表达其战争功能所表明的，这还不是理想的工具功能同质化。

"宇宙间的一切变化只是细胞之间的信号传递"[89]，"人类认识世界和改造世界的全部活动可以归结为一种有目的的信息获取、传递、认知、再生、输出的过程"[90]。同理，人类借以认识和改造世界的工具的全部功能也可以归结为信息的获取、传递、认知、再生、输出的功能。也就是说，随着工具不断递减虚化直至递减虚化为信息本身，人类工具功能将完全摆脱物理能而表现为纯粹的信息能——从界域的角度来说，这种信息能也就是世界的通用语言所具有的那种功能。那才是信息时代工具功能同质化的完美形态。

随着信息化发展，人将在新的历史起点再次达成主体性与工具性的完美统一：人自身所具有的信息能既是人的又同时是工具的功能，即工具功能与人的功能浑为一体、质性同一。据美国《连线》杂志 2007 年 12 月 21 日报道，日本大阪大学教授兼智能机器人安定主任的西罗思-石黑浩向公众展示了他的"机器替身"——"杰米诺德 HI—1"号。其相貌、神态、动作、声音都酷似石黑浩本人，以至于很多人都把它当成了一个真人。石黑浩的最终目的是通过机器人替身和他的学生进行交流。石黑浩教授希望机器人替身能替自己到大学教书，到实验室上班，因为一切教学工作都可以在家中远程遥控机器人进行。他说："如果我有一台机器人替身在大学，有另一台机器人替身在实验室工作，那么我所有的工作都可以在家中完成了。"[91]

这也就是说，随着机器人的类人化发展，机器人越来越多地具有人的生理和情感功能，人类必须学会与机器人这种目前还是作为工具而存在的社会主体平等相待，和谐相处。

现在，我们来看看信息时代工具的同质化规定性。

首先，工具同质化必然导致人类社会主体"等能化"。

信息时代工具正在通过其材料、技术和功能同质化演进，重新把人类归置于同一能力水平线上，使之作为"等能个体"从而是"等能群体"而存在。如果说在目前信息时代初级阶段人类还由于其信息力的载体基础——工业化工具所存在的技术差异而无可避免地会有信息能的差异的话，那么，至信息时代成熟期，即在人类直接操作的工具只剩下信息，而所有信息又可以为每个人所拥有的时候，这种差异即化为乌有：工具从而是人随之在完全意义上等能化，人类群体——马克思所说的"自由人联合体"——也即像游猎时代氏族群落那样重新作为"等能群体"而存在。而这种人的等能化回归，正是信息时代人类战争平台全球化塑型的基本动因所在。

其次，工具同质化必然导致人类社会关系"等权化"。

信息时代同质化工具正在把人类归置于同一社会权力线上，使之最终重新作为"等权个体"从而是"等权群体"而存在。以战争为例，在农工时代战争中，由于战争工具存在质性差异——突出表现为作战工具与指挥工具界限分明且不能双向互动，因而士兵与将军的价值差十分悬殊而清晰：前者往往被限定在单兵战术层面，后者则关乎整个战役、战略上的胜负。但是，当战争工具信息化发展到相应程度，即到了作战工具与指挥工具高度信息化的时候，一个单兵不仅可以完成过去可以完成的战术任务，而且可以完成过去无法完成的战役乃至战略任务，从而使一个士兵与一个总司令所能创造的战争价值相等。这样的历史走势，在目前条件下已经露出冰山一角："在网络中心战情况下，出现指挥员参与攻击、战士参与指挥控制的新局面，从而打破了指挥与被指挥、主动与被动的二元对立，在指挥员与战斗员之间形成一个'地位平等'的中间地带。在这个中间地带里，作战者与指挥者的身份处于不确定状态：作战者是指挥者，指挥者是作战者；作战者时而是指挥者，指挥者时而是作战者；他们同时是作战者，又同时是指挥者。"[92] 这也就是说，工具同质化必然导致人类个体从而是人类群体再次等权化——这个等权化的一个直接历史结果，就是昔日的"等级世界"为"平的世界"取代，即人类社会最终在新的起点上复归于游猎时代那样真正平等的文明形态。而这种人的"平等性"，正是全球化平台区别于分球化平台最基本的社会关系形态。

再次，工具同质化必然导致人类社会组织形式"非国家化"——人类社会逐步以马克思所说的"自由人联合体"的形式来结构。

信息时代工具同质化从而人类群体等能化的一个必然历史结果，是国家日益丧失其作为社会基本组织形式而存在的必然性——正像农工时代工具异质化从而人类群体差能化使国家日益获得其作为社会基本组织形式而存在的必然性那样。经济基础决定上层建筑。当人类逐步把自己的物质生产能力全部外移给以机器人为代表的"类人化自然体系"，人类经济形态由"生产型经济"复归于"攫取型经济"，从而使人类社会不再需要"社会分工"，不再有剥削与被剥削，不再有阶级的时候，人类必然再次以非国家形式——马克思所说的"自由人联合体"——来结构社会。在全球化如火如荼的今天，国家疆界概念日益模糊——虚拟世界更是如此，非国家组织在世界事务中地位、作用不断提升，就是这一历史大势的前奏（这一点，我们在后面还会具体讨论）。而这种人类社会组织形式的非国家化，正是全球化平台区别于分球化平台最基本的社会结构形态。

最后，工具同质化必然导致人类社会文化"大同化"。

　　与游猎时代一样，信息时代人类文明也有个空间工具同质化过程。所不同在于，今天的空间同质化，除了现实空间——市场所具有的同质性而外，更深刻地表现为虚拟空间——网络世界的同质化。正如我们已经感受到的，网络所提供的是一种同质化空间、同质化交往方式、同质化语言，从而是一种抹平差异的同质化文化。它以激烈而根本的方式，消融着不同的文化疆界，使文化差异消融于信息的云流动之中，并在这样的消融过程中类型化人们的生活经验和文化记忆。换言之，网络赋予人一种强迫性，使人们如此看、如此听、如此想，从而将不同文化、不同习俗、不同品位、不同阶层的人的思想、体验、价值认同和心理欲望配置为同一观念模式和同一价值认同，形成相近、相似进而是大同的文化。

　　大同文化的当前形态，即所谓"网络文化"。联合国教科文组织在2002 年《世界文化报告》中指出：全球范围的受众正在学着成为非本土化信息的受众，特别是生活在新文化实践中的年轻一代；不同社会都接收着性质相同的信息和风格，这些信息和风格与本土政治、宗教或民族环境相脱离。这种"脱离"用一句话来说，就是把被颠倒的历史再颠倒过来。主要标志是：人类在信仰对象上，由"自我崇拜"复归于"自然崇拜"，正像时下"敬畏自然"、"保护自然"、"回归自然"、"信仰自然"社会呼声所表明的；在思维方式上，由分化思维复归于整化思维，正像如今系统科学日益居于科学的主导地位、地域观念日益让位于全球观念所表明的；在社会机制上，由基于"物的依赖关系"向基于"人的依赖关系"复归，正像初步的按需分配在高福利国家不断推进所表明的。而这种以共产主义社会为其根本指向的大同文化，最终又是既作为载体也作为内容来达成人类战争平台全球化塑型。

　　（2）信息时代工具的柔性化规定性

　　信息时代通用化工具——其成熟形态是信息——具有双重柔性特

点。对于"生产"而言，它与其说是工具还不如说更像"餐具"。信息作为生产工具，它既不能直接从土地中攫取食物，也不能直接从矿藏中攫取燃料，而是作为人与"类人化自然体系"的中介，协调供需关系、组织生产活动。换言之，在信息时代成熟期，人类面对的是一个完全由"类人化自然"备好的"现成筵席"，信息之作为工具就像自助餐厅的电子菜单一样成为餐具的一部分。在这个无限丰富的自助餐厅——网络世界或生命世界（生命世界本身就是超级网络），人们同样需要到处"迁徙"、"移动"并在这种迁徙移动中随机选取自己所需的"食物"。套用前述罗伯特·L.奥康耐尔对游猎时代人类生存状况的描述，我们可以这样描述信息时代人类生存情形：网络是供人们漂泊的，生存只不过意味着到处追踪四处漫游的有用信息，或者是根据个人嗜好到处迁徙，在这个世界就等于是在移动的筵席中一样，人们越来越没有"领土"概念。

　　对于战争而言，信息时代作战工具与其说是武器，不如说更像舞台上的道具。信息作为作战工具，它并不能直接造成人员伤亡，而是只能用来进行仪式化战斗。尽管它通过"病毒攻击"等方式能够造成诸如信息系统从而是整个作战体系的瘫痪，尽管在它的主导下火力作战工具可以更精准地毁伤硬目标和有生力量，但正如目前各主要国家越来越热衷于比经济、比军备、比军演、比影响力那样，战争正在悄然走向"仪式化"——有学者称之为战争"慈化"或"软性化"。退一步来说，即使在目前信息时代初级阶段，包括大规模杀伤性武器在内的所谓机械化作战工具也已显现出这样的"道具"特性：它们越来越多地被用来进行军备威慑、军事演习、舰机对峙等仪式化战斗。而随着技术进步，随着人类生存利益由昔日"你中无我，我中无你"而"你中有我，我中有你"直至"你中融我，我中融你"[93]的"一体化"融合，信息时代战争还会沿着它的"柔性化"轨道不断深化发展，最终将像游猎时代仪式化战斗那样富于理性。

战争柔性化的一个必然历史结果，是世界越来越没有"刚性界限"，即人们在以全球为平台的广阔市场不再有来去过往的"雷池"，人员世界性自由流动成为时代特征。譬如，在动辄兵戎相加、战火此起彼伏的农工时代，你想到外国去做生意，不能不考虑军事性安全因素；但在今天，一如中国周边海域包括军事演习、舰机对峙在内的仪式化战斗持续不断，而经济往来照常进行那样，无论旅游、做生意还是探亲访友，你该去哪去就是了，大可不必听信"战争"一触即发之类的警告。因为这种警告同样是信息时代战争的一种仪式化表达。尽管这种仪式化战争有时可能会在传统战争与非传统战争的临界点冒起意外的"火星子"（如2001年中美战机相撞事件等），但它毕竟是一种"代表"现象，就像游猎时代族群之间进行仪式化战斗会造成"代表"伤亡而整个族群始终是安全的那样。而人们越是不理会这类"警告"，越是照常进行经济、文化往来，传统的火力冲突就越是动弹不得。这也就是说，信息时代人类工具之双重柔性特点，必然导致人占空间无界化。而这种人类生存空间无界化，正是全球化平台区别于分球化平台最基本的空间形态。

2. 信息时代人类精神生产怎样催生全球化

精神生产属于人类自身生产范畴。有如游猎时代人类繁衍需求必然催生那个时代的全球化一样，信息时代人类精神生产需求也必然催生这个时代的全球化。

按照传统诠释，精神生产是指思想、观念、意识、艺术、制度、法律、道德、宗教等的生产。但在这里，它特别强调信仰——全人类共同信仰——的生产。

信息时代人类从农工时代人类手上接过的，是一个物质发达而信仰迷失的世界。

在游猎时代，工具从而是人不能直接创造"物"，人类始终依赖自然生产力维系生存。因而，"人"始终谦卑地视自己为自然之子，人的信仰始终指向自然，表现为自然崇拜。但在农工时代，工具从而是人能够直接创造"物"，人类依靠自己创造的社会生产力维系生存。因而，"人"日益自负地视自己为自然之主，人类的信仰不再指向大自然，而是转向人类自己，即人们按照自己的样子弄出个"上帝"来"自我崇拜"，就像世界三大宗教都是以虚构的"神人"（人形）为崇拜偶像所表明的。正是因为囿于这样的"世界主宰"意识，处于与整体生命世界相割裂的行为惯势之中，因而，人与自然始终处于对立状态，人与人之间的关系也始终体现为"物的依赖关系"，人的精神家园逐渐花果飘零。

　　自从人类把"自然信仰"变成"自我信仰"，而尼采又把"上帝"从人类精神文化中剔除之后，抑或说，当所谓现代主义把笛卡尔的"我思故我在"的"我思"剔除而只留下"我在"，所谓后现代主义又把"我在"的本质和基础剔除而使"我在"成为一个无根由的存在时，"人"还剩下什么？只剩下所谓"虚无主义"。虚无主义的实质不是什么都没有了，而是"人"被他自己对"物"的追求弄成了"拜物教徒"，弄成了一个除"物"而外一无所有的物欲黑洞。明代学者朱载堉的一首"山诗"是这样给农工时代人类"画像"的：终日奔忙为肚皮，待得饱时又思衣；穿上绫罗与绸缎，抬头已嫌房屋低；住进高楼大厦内，顿觉床前无娇妻；娇妻美妾陪左右，又虑出门无马骑；揽缰跨上高头马，马前身后无随役；家丁招来十数个，有钱无权被人欺；坐上七品知县位，到得京城无人理；终于爬上宰相座，每日思虑要登基；一朝君临天下时，又想神仙来下棋；洞宾陪他把棋下，却问何以上天基；天梯尚未置备好，催命小鬼叫他去；若非此人大限到，做了神仙亦嫌低。

　　正是在这样的物欲黑洞无限膨胀之中，人类把自己推向了"人"的"大限"：当人们为了"物"而大打出手直至弄出一世界尸骨和废墟，当人们为了"物"而战天斗地直至弄出一世界环境和生态危机，当人们为了"物"而坑蒙拐骗直至弄出一世界道德和情感滑坡，当享乐主义或消费主义大行其道直至把人们弄得不知享乐消费的理由时，"人"战栗了——"我"的"家"呀，你在哪里？正是在这个意义上，近年越来越多的有识之士把重建人类"精神家园"的问题，作为一个时代命题提了出来（在网上搜索"重建精神家园"，会看到大量有关著述，这里不作赘述）。

信息时代人类从农工时代人类手上接过的，又是一个为人类转向精神生产奠定物质基础的世界。

一方面，农工时代科技成就使生产力形态"无人化"，从而使人类物质生产"精神化"变革成为可能。在工业化程度较高的国家和地区，物质生产活动"去人化"——一个生产流程由过去需要成百上千工人递减至只需要一两个"监工"——早已在现实中滚动；随着信息时代智能机器人的面世，"监工"也正在被替换下来。当智能机器人的数量和质量发展到足以引发生产力主体质变的程度，即到了一切物质领域的产业均由智能机器人"承包"的时候，人类的劳动对象就不再是土地和厂矿，而是以智能机器人为代表的"类人化自然体系"——人类以意念控制它，使之按照人的意愿进行物质生产。看一看前已述及的《人类首次用意念控制小直升机》的报道，你会对此深信不疑。这一转变本身就是一种精神生产力的伟大解放，意味着人类将作为物质生活的"甩手掌柜"而专注于精神生产。

另一方面，农工时代取得的科技成就，使物质生产"无害化"从而使精神生产"可持续化"成为可能。事实上，从马克思所指出的第二个阶段为第三个阶段创造条件的意义上来说，人类物质生产这把"双刃剑"在制造"异化"、破坏生态、污染环境、滋生疫病的同时，也在孕育着无害化生产能力。当代"会聚技术"的发展，甚至已经使一向严谨的美国国家科学基金会科学家沃勒滋发出这样的豪言壮语：如果认知科学家能够想到它，纳米科学家就能够制造它，生物科学家就能够使用它，信息科学家就能够监控它。而"基因工程"、"生物工程"的迅速发展，正在从根本上改变人类的生产方式。

基因工程要进行的"生产"，是通过基因移植培育"新动植物"。目前，我们所知的只是前已述及的芜青、牛人胚胎，以及正在实验室里"成长"的牛肉味土豆和"叶绿体猪"、"叶绿体牛"、"叶绿体鸡"等，在其后，它会"生产"出怎样的"新动植物"，取决于人的想象力。但有一点已经很明确，即随着生命技术的发展，一切生命体都可以按照最优原则进行"再生产"（进化），一切"生产"的无害化变革都有着无限广阔的发展前景。

生物工程要进行的则是另一种"生产"，即通过对人类可食的天然物、基因合成物、生物生成物等"原料"进行改良加工，制成可用分子式表示并可根据人的寿命与健康需求进行不同配方的分子级食物。其发展前景是，人类食物的存在形式不再是我们现在一日三餐所进食物，而是在"弃害取益"原则基础上以最便于人体吸收和最利于人体健康的形式存在，如纳米级微胶囊等；甚至于随着人类"基因工程"的优化推进，人体皮肤可以像植物进行光合作用那样直接从大自然吸收营养。这样的前景，在新兴科技变加速发展的今天，并非遥不可及。如有学者预言，目前60岁以下的人再活几十年，极有可能领略未来食品的美妙体验：人们只要接收日光和呼吸空气，再涂敷一些分子食品，就可以健康生存，甚至于最终实现长生不老的千古梦想。[94] 这意味着，一种无须对地球"开膛破肚"、也无须对自然物"伤筋动骨"即可生产所需物质生活资料的"无害化"生产方式，将成为信息时代物质生产的主体方式，人类物质生产活动"有史以来第一次可以建立在一种不仅可再生且能自生的重要资源上，再也不会发生资源枯竭的问题了"。[95]

生产方式变革必然带来消费方式变革。这种变革的一个基本走向，

　　2011 年 1 月 28 日，哈佛大学专攻气溶胶产品的教授大卫·爱德华兹公开了他发明的"吸入式食物机"。该机器利用超声波将特制的食物精华液转化成袅袅烟气，人们只要用一根玻璃管吸这些烟气，就能"吃"到食物。

是彻底解开自然资源有限性与人口增长无限性的"死结"，最终实现"新供需平衡"。如在"吃"的方面，由于"新自然食物"无须贮存，人们可以随时随地从"人化自然"获取所需养料，因而游猎时代那种"量需为入"的原则重新成为人们消费的"习俗"，无度开采和无度消费的现象成为历史；在"住"的方面，传统的住房也将随着一种新材料技术的面世而为"新自然居所"取代，即它很可能是一种可以随时在森林、草原、海洋甚或空气中搭起的"海市蜃楼"般的、可以隐形遁迹的"人走房无"式临时居所；在"行"的方面，随着人类自身的最优化"再生产"，随着人的行动机体能够在新的层级上充分利用质、能转换机理，随着空气动力原理的再发现，人可以飞行甚至是像"神仙"一样自由出没的千古梦想终将成为现实。有科学家预计，到 2100 年，"天使翅膀"将像现在的自行车一样成为人类普通代步工具。[96] 而到了信息时代成熟期，即在人可以进行"自我置换"、脱离肉身而存在的时候，天使翅膀也将一无用处。到那时，包括炊具、住宅、厂房、交通在内的一切传统设施和工具，都将重新化为自然成分而回到它应该回归的地方，人类精神生产将在一个可持续、无"物化"的环境基础、生态基础和人文基础之上展开。

信仰是一种主体对客体的精神行为。农工时代一个根本性谬误就在于，在国家这部物质生产的搅拌机里，在无情而又无休止的神权或王权争斗中，人类把信仰的主、客体二元形态弄成了同一个东西——人类自己。而自从由"信仰自然"转而"信仰自我"以后，人类便在"异化"的轨道上朝着"非人"的方向渐行渐远了：世界上有多少个不同的文明共同体——以国家或国家集团或准国家形式存在的民族，人类就有多少种对世界的"终极解释"，也就有多少个"上帝"；人类信仰的"上帝"越多，就越不是同一个"类"；人类越不是同一个"类"，就越是互相残杀；人类越是互相残杀，就越是弄不懂人的"类目的"何在。

> 直到如今，我们曾有一千个目的，因为有一千个民族。但是套在一千个颈项上的链索与那个独一无二的目的还没有：人类还没有目的呢。
>
> 但是，告诉我，兄弟们：如果人类没有目的，那也就没有——人类吧？[97]

尼采认为，要使人类真正成为"人"之"类"，必须建立统一信仰。为了以同一个"人类的目的"取代一千个"民族的目的"，栽种人类的"最高希望之芽"，他曾不幸地试图用"超人"替换包括所有"上帝"在内的诸神。结果，由于历史的局限，由于仍然未能超越人的"自我信仰"，由于残存着过多的等级意识和争斗逻辑，"超人"非但未能承担起建立

"人类的目的"的使命，反倒成了希特勒之流宣扬种族主义、进行种族灭绝的理论依据。

在 20 世纪的大思想家中，海德格尔是少数对上述问题有深刻领悟的人。他超越西方文明中心主义，认为"基督教的上帝像古希腊神明一样属于过去的众神"，并把为人类乃至整个世界（海德格尔所说的世界不是仅仅属于人的，而是所有生命体的）寻找共同的神当作他有生之年的根本使命。然而遗憾的是，在经过漫长的思索之后，海德格尔也同样是仅仅留下一句警世遗言：只有一个上帝能够拯救我们。

世界上最复杂的问题，答案往往是最简单的，就像谬误与真理仅隔一层窗户纸那样。尼采和海德格尔们所提出的问题之所以一直复杂着，只是因为能够捅破窗户纸的第三时代（信息时代）还没有面世，即人们还不具备从三大时代层面以"二元三阶段"眼光来审视问题并得出正确答案的客观条件。随着信息时代的展开，上述仿佛"无解"的问题昭然若揭。这在当下已经表现为，越来越多的学者鼓呼重建人类精神家园，而在"重建"的理论指向上又是前所未有地一致："回归自然"。

回归自然绝不是目前一些发达国家出现的那种简单重复意义上的"回到旧石器时代"，去"吃生肉"，去模仿原始人的行为方式，而是本质地体现为人类信仰的自然回归，即人类摒弃"自我信仰"，重新"信仰他者"——全人类都信仰自然这个唯一的"上帝"。而这种人类信仰的自然化回归或精神生产的全人类性，正是信息时代全球化的根本动因和方向所在。

（二）信息时代全球化给人类带来什么

1. 社会主体互赖化

一方面，是人类主体与非人类主体互赖关系日益紧密。

信息时代全球化是伴随如前所述的科学整化从而是人类世界观的整化而展开的。这两个"整化"的实质之点，是人类转而以整体联系的眼光和观念来看待人类与非人类生命体的互赖关系。20世纪90年代以来，由英国科学家拉伍洛克提出的"盖亚"假说[98]（该假说认为，地球是有机生命体，是其间所有其他生命体的母亲；人类并非地球之主，而是地球儿女中的一员；人类只有善待地球，并与其他一切非人类生命体平等相待、和谐相处，才能生存下去，才有美好的未来），之所以能够得到天体科学和生命科学的实证支持，得到科学家、政治家乃至民众的广泛认同和响应，正像各国倡导推进"生态经济"、"绿色经济"、"信息经济"所表明的，原因就在于此。可以相信，随着"两个整化"的回归和发展，人类与非人类主体之间的互赖关系将日益紧密。

另一方面，是人类主体——包括国家主体和非国家主体之间的互赖关系日益紧密。

全球化把所有人类社会主体卷入以国际分工为基础的全球网络之中，使整个人类世界变得越来越具有"地球村"概念属性，国与国之间的经济、政治联系越来越被赋予"一村人"概念意义，以至于任何国家行为乃至非国家行为都可能引发"一人患感冒、全'村'打喷嚏"效应。

在人类社会主体互赖化进程中，非国家主体有着独特地位和作用。按照历史发展阶段，非国家主体主要有两种：一是在国家消亡前作为社会新生力量登上历史舞台的多种非国家实体；二是在国家消亡以后作为人类社会主导性主体而存在的"自由人联合体"。后者在目前阶段主要表现为基于网络、出于非营利目的而结成的社会自治组织，如各种网络社群等。非国家主体在人类社会主体互赖化进程中所起作用具有复合性特征：它既与国家性主体相互依赖，又与非国家性主体相互依赖；它既参与国家决策，又监督国家决策；它既帮助国家克服其自身无法克服的社会难题，又在这种帮助中促使国家功能不断弱化；它既是国际体系的"黏合剂",又是传统国家体系的"碎纸机"。但在信息时代发达阶段,即在马克思所说的"自由人联合体"成为人类社会主导性主体的历史阶段,社会主体互赖化将复归为一种自然形态——就像游猎时代氏族群落之间那种"半边天"与"半边天"的关系那样。正因此,在目前这个农工时代与信息时代交接过渡期,社会主体结构呈现为国家性主体与非国家性主体共存、后者地位作用不断提升的格局,社会主体之间的关系也呈现出"互赖"与"互斥"相夹杂、"互斥性"逐步将其主导地位归还于"互赖性"的时代特征。

值得注意的是,作为农工时代与信息时代交接过渡期的特有现象,当下国家间的相互依赖表现出很强的"敏感性"和"脆弱性"[99]。这里的敏感性和脆弱性并非这个术语的本意,而是指国家行为体面对其传统功能日益弱化又不甘于这种弱化而对于国际相互依赖所具有的那种本能反应,那种随时准备为捍卫自己的历史地位和社会影响力而放弃乃至破坏其互赖性——不管这种放弃和破坏会给本国民众乃至全人类带来何等恶果——的历史现象。近年来,一些国家和地区涌动"反全球化"逆流,甚至下出"新冷战"险棋,一些深陷经济危机的发达国家呼吁和鼓励跨国公司把工厂搬回国内,并以各种借口提高贸易保护门槛等,就是这种敏感性和脆弱性的反映。

2. 社会交往无界化

与工具通用化演进相一致,信息时代人类社会交往日益无界化。这在目前信息时代初级阶段,被称为"去界革命"。

一方面,是去"硬界",即去除国家性疆界。这在现实世界,主要表现为自贸区、免签证等去国界举措的不断扩展,各种国际组织、非国家组织、民间组织以及全球性企业等跨国界行为的不断深化,气候、环境、生态、资源、社会安全等全球性问题的不断凸显,"地球村"、"全

　　"无国界医生"是全球最大的独立医疗救援组织，曾获 1999 年诺贝尔和平奖。图为其成员在塞拉利昂凯拉洪埃博拉疫区第一线作战。

球公民"等无国界理念的不断增强。

　　一个有趣的现象是，过去，各国交界地带往往是最贫瘠的地方；但现在，它越来越成为经济乃至文化繁荣兴旺的地区。因为在分球化条件下，那里是国家最敏感的神经所在，必然成为战乱、饥荒的先发地带；而在全球化进程中，国家性疆界模糊化或淡化趋势已经为各国所接受，各国政府的职能也随之由过去的"国家守护者"转变为"国民福利创造者"，那里便在无界化交往中随之成为"近水楼台先得月"的地带。这也就是说，在信息时代全球化大潮中，昔日的国家性疆界非但不再是阻碍社会交往的鸿沟，反倒越来越成为增进社会交往与繁荣的桥梁纽带。

　　去硬界在虚拟世界已经滚动起不可抗拒的非国家化浪潮。如果说伴随虚拟世界的出现人类已经为自己创造了一种新的社会生活模式的话，那就是：一切源于现实世界，一切发酵于虚拟世界，一切又回馈于现实世界，正像一些所谓"网络事件"源自于某一社会角落、爆炸于整个网络世界、促使着现行社会治理机制和政策进行相应改变所表明的。正是在这样一种"现实世界—虚拟世界—现实世界"的运动模式中，现实世界作为虚拟世界的作用对象被改造了。这种改造，在目前阶段表现为国家权力向非国家行为体分散、转移；至信息时代发达期，它将表现为国家完全回归社会，人类社会重新成为无国家社会即共产主义社会。需要指出的是，虚拟世界超越国家及其疆界，正在将所有人归置于同一张"网"上，使他们成为同一种人——网民；而在与虚拟世界的交互作用中，现实世界的国家性疆界正日渐失去其本来意义。近年国内政治国际化、国际政治国内化的现象，就很说明问题。

去疆界革命还有一个很重要的方面，就是"去阶级疆界"。虚拟世界是一种扁平结构，这种结构特性必然使现实世界的金字塔结构受到持续冲蚀并最终被扁平化。在目前信息时代初级阶段，由于信息工具精英化格局尚未彻底打破，因而社会交往中还横亘着由人的能力条件大小、物质财富多寡堆砌的阶级疆界。但是，随着人类手中工具不断递减虚化，直至递减虚化为信息本身，即当全人类手中工具完全趋于"等能"、"等权"的时候，阶级疆界将荡然无存，社会交往也随之成为完全平等的交往。

另一方面，是去"软界"，即去除文化乃至界域壁垒。去文化疆界在目前阶段主要表现为去除语言屏障。微软于 2012 年推出的适用于 26 种语言的"通用翻译机"，可以使语言不通的人们进行实时交流，且通过学习功能它还可以保留使用者的话语特色。而随着语言屏障的消融，文化的所有疆界都将被拆除。这意味着，人类文化正在迎来一场整化革命——由农工时代的所谓"树根型文化"转而成为信息时代的所谓"星云型文化"。这两个词形象地道出了"民族文化"与"世界文化"的本质区别：前者植根一处，具有鲜明的国家性或地域性；后者则"拔根"

而起、星云般涌动融合于整个人类文化的天空，具有鲜明的非国家性或世界性。

去界域屏障主要表现为人类对界域之墙的突破。随着信息科学对世界的通用语言的不断发现和掌握使用，人类将不仅在空间维度逐步打通横亘于物种之间的界域之墙，而且也将在时间维度打通横亘于"生"与"死"乃至"过去"、"现在"和"未来"之间的界域屏障，使社会交往真正达至无界域阻隔的自由境界。如人的"起死回生"，一直是神话或科幻小说中的事情。但1996年7月5日"出生"的克隆羊多利告诉人们，要让这个神话成为现实，人类只需要做一件事：从人类的辞海中删除"科技伦理"这个人类作茧自缚的概念。近年3D打印技术在生命科学中的成功应用则从另一侧面预示着，人体器官从而人的生命的"起死回生"，终会像打印一份文件并把它们装订起来一样简便。

人类去除交往"软界"，是为了进行世界之"可能"与"不可能"的实验。尽管客观世界由于界域的不同而有着"语言"上的"不通"并从而充满"不可能"，但随着信息革命的不断发展，一切界域之墙都将被打"通"，一切"不可能"都将随之成为"可能"。"50年后"，美国麻省理工学院人工智能实验室前主任罗德尼·布鲁克斯说，"我们有望看到人体通过转基因的方式发生彻底的改变。人类种群将以我们今天无法想象的方式扩张。我们将发现自己不再受达尔文进化论的局限。"[100]这一点，我们还可以这样来表述：如果说游猎时代人类社会交往是"用神话诠释一切"的话，那么，信息时代人类社会交往将是"用一切诠释神话"。

3. 社会形态"共产主义化"

信息时代社会形态共产主义化，是工具同质化历史规定性的必然延伸和最终要求，其核心内容是"去资本化"。

　　这个"去资本化"的基本逻辑与游猎时代相通。由于信息时代人类创造了以机器人为代表的"类人化自然体系"从而创造了"新自然生产力"或"新攫取型经济"，由于新的工具即信息这种新的社会"骨骼"是"等能化"、"等权化"的，因而，人将像最初成为人那样重新成为"人"，人类社会也将像最初成为共产主义社会那样在新的层级复归于没有"资本"从而没有等级差别的共产主义社会。

　　"去资本化"的关键环节是去所有制。一个社会，抽去所有制，也就抽去了阶级、国家赖以形成和存在的根源和条件，从而抽动社会形态的无阶级化、无国家化或共产主义化。正如马克思恩格斯所指出的：一旦由整个社会直接占有全部生产资料，使劳动者与物的生产条件在整个社会的范围内直接结合，社会性质就会发生根本的变化，就会出现一个全新的社会形态，即共产主义社会形态。

　　人类社会所有制形态分为两种：一是无所有制，或公有制，即全人类共同拥有世界上的全部物质资料；一是有所有制，或私有制，即少数个人或由少数个人控制的国家占有部分或全部物质资料。总体而言，人类社会所有制的演进，是一个从游猎时代公有制，到农工时代私有制，再到信息时代公有制的历史过程。但由于工具形态从而社会形态的演进存在着一个交接过渡期，因而所有制的演变无可避免地要经历一种过渡形式：公有制与私有制并存的双重所有制形式。

　　在由游猎时代而农工时代的过渡期，即在所谓"父系公社"时期（有史家称之为"古代过渡社会"），人类物质资料双重所有制经历了三种形式的消涨变化：（1）父系公社前期，土地、园圃和房屋等不动产由公社成员共同占有、共同使用；牲畜、农产品、手工制品等动产由私人占有和支配。（2）父系公社中期，土地尽管被分给私人使用并定期在他们之间进行重新分配，但其在本质上仍属公社成员共同占有；而园圃、房屋和动产则由私人占有和支配。（3）父系公社后期，部分土地即"公有地"

或"国家土地财产"由公社成员共同占有；另一部分土地即"私人土地财产"，与园圃、房屋、动产一样，由私人占有。直至父系公社末期，即在"资本主义"的私欲胃口足以吃天吞地的时候，它才转变为单一私有制。正如马克思所指出："当以农为业证明地球整个表面都能成为单个人财产的对象和家长成为财富蓄积的自然中心时，人类便走上了新的为私有制所神圣化的道路。"[101]

在由农工时代而信息时代的过渡期，即在股份制产生以来的所谓"社会资本主义"阶段（可以套称为"现代过渡社会"），各个民族国家和地区的所有制形式都是"公有制"和"私有制"并存的双重所有制。但其发展走向正好与上一个过渡期相反：前者是由单一公有制向单一私有制过渡，后者是由单一私有制向单一公有制过渡。

社会资本主义是私人资本主义发展到一定阶段的必然产物。从新石器时期末期个人第一次独立地拥有"资本"（专业化工具、土地、粮食等）那天起，"资本主义"经历了一个漫长的私人资本主义阶段。在这个阶段，在当时工具条件下，"资本"表现为私人资本，企业表现为私人企业，生产的社会性基本囿于小农业和手工业狭窄而孤立的范围。

然而，资本主义无限扩张的本性使它一开始快跑便踏上变革的不归路。正如马克思恩格斯在《共产党宣言》中所指出："资产阶级对生产工具，从而对生产关系，从而对全部社会关系不断地进行革命，否则就不能生存下去。"[102]随着以蒸汽机、电气和电脑为主要标志的科技革命相继发生发展，人类生产方式从手工劳动方式相继转变为机械化、信息化方式，资本市场由地方化相继扩展为国家化、跨国化直至全球化，私人资本越来越不能满足其生产扩张的现实需求。于是，股份资本取代私人资本，亦即社会资本主义取代私人资本主义，作为马克思所说的"导向共产主义的最完善的形式"应运而生。

社会资本主义与私人资本主义的本质区别在于，前者以共有性为基石，后者以私有性为基石。"资本积累的需要和资本集中的可能的历史发展把股份制这种共有制作为资本的占有形式演绎出来，单一的私人资本所有者自愿放弃自己原来独立的所有者地位，而成为股份形式的集体资本的共有者。简言之，个人所有权演变为共同所有权，这才是问题的实质。"[103] 例如，20 世纪 50 年代，美国掀起一场发行小额股票和企业推行"职工持股"（ESOP）风潮，并基于此宣称在美国已经"人人都是资本家"，把美国的现代资本主义称作"人民资本主义"。为此，美国人还于 1956 年在华盛顿火车站举办"人民资本主义展览"，艾森豪威尔总统出席展览会并为开幕剪彩。1958 年，克尔索和阿德勒还推出了宣传"人民资本主义"的作品，书名叫《资本家宣言》，意在要以此对抗 110 年前出版的《共产党宣言》。"人人都是资本家"之说、"人民资本主义展览"以及《资本家宣言》一书的出版，虽然是冷战时期"资""社"两大阵营对抗的产物，但它却从客观上印证了马克思当年的天才预言：资本主义"本身已经创造出一种新的经济制度的因素"，"实际上已经以一种集体生产方式为基础的资本主义所有制只能转变为社会所有制"。[104]

社会资本主义的一个突出特点，是资本的使用权集中而所有权发散。据有关专家研究，股份资本分为五种形式：简单私人股份资本、集团私人股份资本、法人社团股份资本、国有股份资本、国际股份资本。这五种股份资本形式之间的关系是由先而后、由低而高的阶梯式递进关系，即每一种新形式的出现，都使资本的使用权集中而所有权发散的程度大大提升一步。这个发展大势——资本的使用权越来越集中而所有权越来越分散——的最终落脚点，就是整个人类社会"去资本化"。

套用列宁的名言——使所有人都暂时变成"官僚"而使任何人都不能成为官僚，我们可以说，现代股份制要做的，就是使所有人都暂时拥有资本而使任何人都不能拥有资本；套用美国人的豪言壮语——"人人都是资本家"，我们则可以说，社会资本主义要做的，就是使人人都暂时变成资本家而使任何人都不能成为资本家。因此，"尽管私人股份资本和国有股份资本还保持着资本的形式，但它们已经是向将废除私有制的未来社会的新的所有制——社会所有制转变的过渡形式。这就是一百多年前马克思关于股份资本是'导向共产主义的最完善的形式'论述的真谛"。[105]

应看到，随着生产资料的信息化发展，"资本"日益知识化、智力化从而无形化，这本身也在加速着"资本"之"去"。以信息革命的标志性产物——虚拟世界为例。虚拟世界或网络空间具有一种天然的公共性，即它是信息时代人类社会的公共基础设施，不论国家还是个人、统治阶级还是被统治阶级，都无法将它据为己有——你拥有的同时我也可以拥有，你使用的同时我也可以使用；你我都使用非但不会让它有丝毫减少或损失，反而只会使它增值（使用的人越多，社会经济效益越高）。互联网核心技术的发明者之所以从一开始就放弃这项划时代的专利权，使之全部成为共享资源，是因为如果不这样做，互联网就无法实现它的公共化社会功能，就会失去它的发明和存在意义。虚拟世界这种与生俱来的"公有性"，无时不在涵化着现实世界的"私有性"。目前的经济危机之所以会不同以往地在发达资本主义国家愈演愈烈——其中一些国家已濒临"国家破产"，已经逼使越来越多的国家迈出私有银行"国有化"的历史性步伐，根本原因只有一个，就是在目前这种生产资料越来越"虚化"从而越来越走向公有化的全新时代大势下，只有那些已经把私有制推向绝境的发达国家有资格享受这一"历史待遇"。

"去资本化"的另一实质之义，是人类社会关系再"人化"。如前所述，在信息时代发达阶段，工具即信息不能直接创造"物"——世界上的物质生产活动完全由"类人化自然体系"承担，且它不必具有贮存"物"的能力——一切生活资料就"贮存"在人们可以随时"猎取"、"采集"

的"新动植物"体内乃至水、空气、光的分子中。因而，人类社会生活中没有剩余劳动及其不平等占有现象，亦即没有私有制的存在空间，人与人之间的关系也不再是阶级社会那种基于物质利益的"物的依赖关系"，而是转而成为无阶级社会的基于共同志趣的"人的依赖关系"。这是共产主义区别于资本主义的一个本质特征。

信息时代人类社会"去资本化"的另一面，是"去国家化"。当下，信息革命的"去国家化"社会功能日益彰显：它通过自己的开放化社会功能，不断把一切"外部因素"吸纳进来，使国家的"封闭"依据日趋瓦解；它通过自己的透明化社会功能，不断把一切"内部因素"晾晒出来，使国家的"暗箱"依据日趋瓦解；它通过自己的平等化社会功能，不断把一切阶级支点抽掉，使国家的"等级"依据日趋瓦解；它通过自己的互动化社会功能，不断把一切权威支点抽掉，使国家的"威权"依据日趋瓦解；它通过自己的公共化社会功能，不断把一切所有权支点抽掉，使国家的"私有"依据日趋瓦解。"去国家化"还可以在全球统一大市场中窥见一斑：例如欧盟、东盟、阿盟等国际组织所表明的国家主权让渡现象，各国网民参与和监督政府决策所表明的国家权力分散化现象，跨国公司无界化经营模式所表明的"去国家疆界"现象，虚拟世界所表明的"无国籍交往"现象等。"去国家化"虽然是一个十分漫长的历史进程，但它已经开始，已经让我们很自然地想到恩格斯的名言："以生产者自由平等的联合体为基础的、按新方式来组织社会生产的社会，将把全部国家机器放到它应该去的地方，即放到古物陈列馆去，同纺车和青铜斧陈列在一起。"[106]

共产主义的前提是物质财富极大丰富，即人们有条件"各尽所能，按需分配"。在游猎时代，这个前提是由大自然提供。至信息时代发达阶段，这个前提则是由以机器人为主导的"类人化自然体系"创造，所有人类可以直接享用的"新动植物"乃至分子级食物应有尽有，人们要做的事情只有一件：在"类人化自然体系"备好的"现成筵席"上各尽所能地攫取、按需分配地共享。由于人类无须贮存物质生活资料，"各尽所能，按需分配"又必然地体现为一种自然法则："量需为人"，即人的"直接劳动"与"直接需求"相等。而作为共产主义的特质，这种"两直"相等必然又反过来不断强化人类社会的共产主义关系。

走进发达资本主义国家，留意社会形态层面的变化，会越来越明晰地看到共产主义的萌芽。

"按需分配"苗头。主要表现于所谓"福利社会"。福利社会的分配原则，本质上是按"需"而不是按"资"分配。福利社会的"榜样国家"芬兰在其宪法中明确规定：政府和社会对每个居住在芬兰的人（包括外国人）都负有满足其基本生活需要的义务。如全民享受公费医疗、免费义务教育、养老金、失业救济、妇女生育补贴等等，是对一个人从生到死（所谓"从摇篮到坟墓"）全程负责，其基本依据即人的生存需要而不是别的。

"自觉劳动"苗头。随着生产力、生活水平的提高和人重新成为人历史过程的推进，一种不要报酬、自觉为他人和社会提供帮助的劳动，即初步的共产主义自觉劳动——人们习惯地称之为"义工"或"志愿者行动"，作为社会资本主义这个过渡阶段的必然产物应运而生，并日益在世界范围蔚然成风。

"舍私为公"苗头。物极必反，私极必公。发达国家越来越多的富人通过各种方式把绝大部分私有财产回馈社会，美国的这一比例目前已达50%。因为在他们看来，自己手中的财富并非都是自己挣来的，而是"上帝"的赐予，属于社会，自己只是在为整个社会管理财富。有的甚至认为"在巨富中死去，是一种耻辱"。[107]

"公民自治"苗头。近年来，"小政府"、"大社会"理念为各国政府所接受，"公民自治"作为社会治理的一种新生形式蓬勃发展。这除了

自媒体的发展使公民社会话语权迅速提升，让每个人都可能成为"公民记者"。图为美国市民用手机拍摄"占领波特兰"现场。

具有法人资格、在国际和地区事务中拥有巨大影响力的各种非政府组织之外，还表现为基于网络平台和共同志趣而自行结合起来的各种公民自管、自助、自卫等民间组织。而这一苗头的终极指向，正是共产主义社会的基本组织形态——"自由人联合体"。

需要指出的是，一直以来，对于全球化的社会形态意义，"悲观派"与"乐观派"各执一端，争论不休：前者认为全球化就是世界资本主义化或"西方资本主义化"，后者则认为全球化就是人类社会共产主义化。而在我们看来，两者其实是一致的：前者强调社会形态变革的现实性，即全球化正在使社会资本主义模式成为世界通行模式；后者强调社会形态变革的必然趋势，即全球化正在使社会资本主义模式向共产主义模式转变。

无界战
War Without Boundary

什么是战争

第四章
克劳塞维茨说对了三分之一

当我们追问什么是战争时，很多人会随口说出《战争论》的定义。但它只说对了三分之一，即它只适用于农工时代战争，而不适用于游猎时代和信息时代的战争。就是说，我们面临重新定义战争的问题。

一、传统战争定义的两个代表作错在哪里

人类与猛兽的较量是战争吗？答案是肯定的。因为学界公认，在人类早期即我们所说的游猎时代，人类经历了一个漫长的"人兽战争时期"。

人类对自然的滥砍滥伐滥采滥烧与自然对人类的系统报复，是战争吗？这是不容置疑的。因为它所反映的，与当年纳粹德国军队攻至莫斯科、苏联军队反攻至柏林所反映的，是同一个逻辑。

人体内细菌与白细胞之间的搏击、计算机中病毒与其他信息之间的搏击是战争吗？答案也是肯定的。因为它们的行为与人类军事体系之间的搏击行为没有任何本质区别，即双方都是以入侵与反入侵、掠夺与反掠夺、消灭与反消灭、瘫痪与反瘫痪的方式，扩展和捍卫己方的生存利益。

……

但是，这些与人类生存利益息息相关的战争活动，却一直被排除在人类的战争定义之外。这是极不科学、十分有害、必须加以纠正的。

人类是生命世界的后起之秀。人类的战争概念是自人类作为人类出现时开始形成的。但是，人类战争概念的形成并不是随心所欲的，并不是在他们自己选定的条件下形成，而是在他们直接碰到的、既定的、从过去承继下来的条件下形成。换言之，人类的战争概念是在他们还是作为猿类而存在的时候即已奠定的战争概念基础上形成的。

那么，那个奠定战争概念基础的又是一个怎样的概念呢？爱看"动物世界"电视节目的人会不假思索地说，那不就是动物战争吗？这个回答没有错，但还不够。因为在人类还是作为猿类而存在的时候，其要应对的战争除了与其他动物的战争而外，还包括与植物、微生物（疫病）乃至天体（自然火、洪水、地震等）的战争。尽管这些生命体不具有动物式的行动能力，但这并不意味着它们不具有捍卫和扩展自己生存利益的能力。近年关于捕人藤、食人花、食人树以及百慕大魔鬼三角区的报道，就从一个侧面说明着问题。因此，那个在人类诞生之前的战争概念，可以表述为动物与一切足以威胁动物生存的生命体之间的战争。而在古猿转而作为人类面世之时，其与其他动物的本质区别，不过是人类能够而其他动物不能够制造并使用"工具"。但石斧、木矛等战争工具并不足以像后来出现的枪炮那样具有大规模杀伤力，可以从根本上改写原有的战争概念。

然而，这里所谓人类的战争定义，已经是指见诸文字的定义。

文字是从新石器时期以后出现的，因而，所谓见诸文字的战争定义，也就是农工时代人们以著作形式流传下来的定义。

农工时代迄今仍很权威的战争定义有两个代表作。一个是东方的，即中国春秋时期"兵圣"孙武在他的《孙子兵法》中给出的定义：兵者，诡道也。另一个是西方的，即近代德国军事理论家克劳塞维茨在他的《战争论》中给出的定义：战争是迫使敌人服从我们意志的一种暴力行为。这两部世界名著的不同之处主要是，前者重"智"，主张伐谋、伐交，虽然只有 5000 字，却把人类战争说"透"了，因而迄今它不仅依然是兵家必读，而且被广泛运用于政治、经济等其他社会实践领域；后者重"力"，主张最大限度使用暴力，洋洋 70 万言，却是把战争从头到脚说"死"了，就像时下东海、南海诸国之间进行的多样化战争打得不可开交，一些囿于克氏定义的专家却在警告"战争一触即发"所表明的。二者的共同之处则在于，它们所论说的战争都是"只有人类的战争"。尽管农工时代人类之间的战争日益暴烈残酷，以至于思想家们在定义战争时不能不撇开其他生命体，而把目光全部聚焦于人类。但是，这并不足以成为我们可以不指出传统战争定义固有缺陷的理由。因为人类正在挥别农工时代，而战争在人们的概念中从而在实践中却还难以割舍地戴着农工时代战争的獠牙，就像近年一些国家掀起新传统军备竞赛所表明的。

二、"界"这个关键词

战争定义是人类世界观的反映。人类世界观因时代的不同而不同。进入信息时代，随着科学整化、工具通用化发展，随着战争平台全球化变革，人类的世界观迅速整化，战争概念也开始整化。如近年一些走在前沿的战争著述提出"整体战争"、"混合战争"等概念，还有人指出战争正在"生物化"。尽管人们的战争思维还自觉不自觉地流连于克氏定义之中，但这表明，重新定义战争的问题已经提上历史日程。

重新定义战争，只能在"界"的问题上寻求突破。因为传统理论说

谁是实验者？

对和没能说对的战争定义，都写在"界"上。而要在"界"上有所突破，我们得先回答两个问题：什么是社会？战争的主体或对象有哪些？

什么是社会的问题，看似有点"明知故问"，但它却是重新进行战争定义必须明确的一个基本概念。因为人们一直是囿于前已述及的界域浅视和偏见，事实上把"社会"扭曲成了"只有人类的社会"。而其他生命体，包括天体、动物、植物、微生物等在内的所有生命体，皆被作为"人类社会"的外在物、附属品从而是争夺和征服的对象来对待，人类可以名正言顺而又不顾一切地去扩展自己对它们的争夺征服能力和强度，最终把战争乃至生产弄成了足以吞噬一切的恶魔或潘多拉盒子，致使其他生命体不能不以其所能有的方式讨伐人类。如今，在许多污染严重的国家，就连"空气"也成了人们最无可奈何的"恐怖分子"。因此，我们必须以人类和其他一切生命体生存需求的名义，给"社会"一个符合事实逻辑的定义。

如前所述，世界是一个无所不是生命的界域复合体。而任何两个界域的差异性或相似性，与其间生命体的差异性或相似性，都是正相关的。随着信息科学技术迅猛发展，随着人类打破界域能力不断提升，随着人类对世界的通用语言的逐步发现、掌握和充分使用，人类这种生命海洋中的"微粒"会日益明确地被告知，他们只能以平等的姿态与其他所有"微粒"进行沟通、交换，共竞共生，也就是与其他一切生命体进行合乎生命逻辑的交往或战争。这也就是说，作为生命世界的"后"起之秀，我们人类没有理由再像过去那样将"社会"捆定为"只有人类的社会"，而是应当将之界定为"包括人类的社会"。换言之，人类必须打破界域局限，把整个客观实在作为一个"社会整体"，把其间的每一类生命体都作为"社会成员"，把各种生命体的行为都作为"社会行为"来看待。只有这样，人类才会有一个科学的世界观、战争观，才能有一个适应现代文明要求的社会和战争概念。

战争主体或战争对象问题，可谓是也可谓不是新问题。说它并非新问题，是因为早在游猎时代，战争主体或战争对象就是多元的——除氏族群落之外，还有猛兽、其他对人类有杀伤力的动植物、微生物乃至天体等。说它是个新问题，是因为在当今信息时代，需要人类面对的战争主体或战争对象，除在游猎时代就有的以外，还有未来可能会与人类竞争的机器人、人造人、外星人等"类人类"生命体。对此，只要我们留意一下始终引领人类科技发展的科幻作品，以及人类在制造机器人、人造人和寻找外星人进程中取得的进展，就会深信不疑。尽管我们在前面强调人类战争史是一部在人类语境下、以人类为主人公、由人类书写的史诗，但这并不意味着这部由人类执笔的"战争连续剧"，从头到尾只能有"主人公"出场。就是说，我们的战争思维必须与时俱进，必须与当今科学整化、战争平台整化大势相一致地整化起来。只有这样，我们才能给战争一个既有现实性又有未来性，既适用于此界域又适用于彼界域的定义，并据以在多元化、多样化、多界域化战争平台上始终立于属于人类的站立点，做属于人类应该做的事，使战争按照"社会"的法则逐步文明起来。

这意味着，战争定义——就其主体和对象而言——必须是普适的，即无界的。

战争改变世界，雾霾改变战争。

三、战争定义

如果我们必须基于前面各章节所述来重新定义战争的话，那么，我们只能这样说：

战争就是生命世界永无休止的利益再分配活动。

因为只有这样来说，战争定义才能真正实现"界"的突破，彻底摆脱传统理论的历史局限。

以现在我们所能有的整化世界观来看，这样定义战争有几个好处。首先，它可以避免传统战争定义的主体局限。在传统定义中，战争主体是指阶级、国家及其武装集团等人类政治性实体，其局限性显而易见。而这里用"生命世界"来界定战争主体范围，就不再有这样的问题。它既可以涵盖游猎时代氏族群落这种非阶级、非国家的没有政治性的战争主体，也可以涵盖农工时代阶级、国家及其武装集团等基于政治性的战争主体，还可以涵盖当今信息时代出现的出于套取金钱乃至某种"实验"动机的黑客等非政治性战争主体；既包括人类战争主体——无论国家还是非国家的，也包括非人类战争主体——天体、微生物、植物、其他动物等，还包括"类人类"战争主体——机器人、人造人乃至外星人等未来新兴战争主体。一句话，任何人类生存利益的攸关方——一切生命体，都适用于此定义。

其次，用"永无休止"来表述战争的存在形态，可以避免传统战争定义的时间局限。在传统定义中，战争有时间界限，是有断点的，即战争与和平交替出现，具有明确的阶段性。这对农工时代战争是说得通的，但对信息时代战争来说就不然了。因为前者的能量形式是物理能和化学能，是点式运动，总是有断点的；后者的能量形式是信息能和智能，是链式运动，没有断点。就是说，只要"世界末日"的预言还没有变成现实，只要生命世界的利益交往还没有中断，战争就不会有终止的时候。退一步讲，即便是仅就农工时代人类之间的战争而言，其休止时间也是极其短暂的。有统计表明，自有文字记载以来，全人类享有和平——世界各国都未发生武装冲突——的时间累计只有300多年。[108]这在持续约1万年的农工时代战争长河上，可谓是过隙之驹。而严格来讲，这300多年时间，又与冷战之持续时间和"热战"之战争准备时间有重合——用现在的眼光来看，战争准备也属于战争过程的一部分，就像传统战场上士兵的接敌运动是为打响第一枪做准备那样。由此可见，从时间维度描述战争存在形态，只有一个词是适切的：永无休止。

最后，用"利益再分配活动"来表述战争行为，可以避免克氏定义中战争的性质局限。生命世界也是个利益机制。仔细琢磨你会发现，大千世界，无论天体、植物体、动物体还是微生物体，任何其他生命体都有着与人类相通或类同的生存利益问题，当其生存利益受到侵犯时，它们都会作出相应的反侵犯反应——就连石头也会反弹砸它的铁锤并震痛人的手臂。但长期以来，由于受到界域局限及由此而来的对其他生命体的无知、偏见的影响，传统战争定义始终是比照人类战争的"葫芦"来"画瓢"，且除了刀枪相向而外，其他一切战争活动都被排除在其视野之外。显然，这对于包括人类在内的整个生命世界而言，既不符合实际，也是有百害而无一利的，正像人类已经因此把生态世界弄得危机四伏所表明的。

人类战争概念总是随着人类利益关系时代形态的变化而变化。在农工时代分球化平台上，人类利益关系形态具有可分割性，其本质特征是

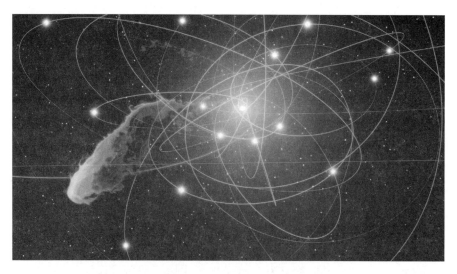

2011 年 12 月 15 日，天文学家首次观测到黑洞"捕捉"星云的过程。这是黑洞"捕捉"星云（鱼状）的模拟图。

国家之间利益界限分明——基本上是"你中无我，我中无你"，世界上的生存资源多由强者"分享"，正像当年西方列强在多国进行掠夺和殖民统治，以及国家内部诸阶级之间进行利益剥夺与被剥夺那样。因而，战争得失具有可分割性——它总是表现为有一得必有一失、得失不成比例，就像历史上那些不平等条约所表明的。因而，战争目的具有无限膨胀性——由攻城略地、抢夺物质财富直至吞并一个国家，并依此由一国而多国、由多国而全球、由地球而太空地争雄称霸，就像当年希特勒之流和后来美国人与苏联人所书写的历史那样。因而，战争本身具有"你死我活性"，就像那句格言"消灭敌人，保存自己"所表明的。因而，战争概念泛界性突出。

在游猎时代和信息时代全球化平台上，人类利益关系形态具有不可分割性，其本质特征是社会主体利益界限模糊——总体上表现为"你中有我，我中有你"或"你中融我、我中融你"，生存利益整体关联，就像游猎时代各个氏族群落之间、当今信息时代各个国家以及非国家行为体之间形成的互赖关系那样。因而，战争得失具有不可分割性——总体上表现为一荣俱荣、一损俱损，就像近年美国人发动的几场战争在搞乱别国、殃及世界的同时，也使自己债台高筑、国势趋衰、社会不安全感加深所表明的。因而，战争目的具有相机伸缩性——通常是在危机起"火"之前以某种方式达成妥协，正像游猎时代各个氏族群落之间、当今信息时代各个国家以及非国家战争主体之间在整体对抗中作出的各种妥协所表明的。因而，战争概念无界性突出。

咬文嚼字地说，"战争"无非是以"战""争"利的社会行为。"战斗"是现象，"争利"是实质。在某种意义上，"战争"还可以倒说成"争战"，就像"资源争夺战"、"拳王争霸战"等说法和行为所表明的。换言之，战争无不是围绕战争主体之间生存利益的再分配而展开。但这里的"再分配"并非指"二次分配"，可以"一次完成"。而是说，它作为一种通常的交往形式具有无限持续性，即它是一个在既有分配基础之上由无数次"再分配"构成的利益分配链。随着信息成为最宝贵而又无限量的社会资源，随着信息的链式运动成为战争运动的主导形式，随着世界的通用语言广为人类所用，这种利益再分配活动的链性特征——就像生命世界普遍存在的食物链现象那样——会更加明确，任何试图以一劳永逸方式完成利益分割的战争行为，都将被证明是有违社会法则而必然导致灾难的。

这也就是说，我们在定义乃至进行战争时，必须注意到利益再分配活动的可持续性或无界限性，必须确立与包括人类在内的所有生命体共竞共生的整体战争观，始终把战争作为一种生态链的运动形式来看待。唯其如此，战争才能摘掉恶魔之冠，转而以文明的方式"左顾右盼"、"瞻前顾后"，造福而不是祸害包括人类在内的生命世界。

四、暴力行为与暴力游戏

把战争界定为利益再分配活动，并不意味着战争可以完全剔除其暴力属性。世间一切生命体，无论天体、植物体、动物体还是微生物体，都具有互生而又互食的双重性，即所谓相生相克。如果可以简单地将它们的"互食现象"理解为"暴力行为"的话，那么其"互生现象"则可以看成是"暴力游戏"。而它们在不同历史阶段又有着不同的表现形态——用二元三阶段规律的语言来说，即从互生——暴力游戏，到互食——暴力行为，再到互生——暴力游戏。以人类之间的战争为例。它包括我们在后面所喻说的暴力游戏——"扩大了的拳击运动员之间的拳击"，和《战争论》所喻说的暴力行为——"扩大了的人与人之间的搏斗"这样两种暴力形式；其总体演进过程，是一个从游猎时代"暴力游戏"（以仪式化战斗为主导样式），到农工时代"暴力行为"（以歼灭战为主导样式），再到信息时代"暴力游戏"（以"仪式化"战斗为主导样式）的历史过程。

"搏斗"与"拳击"的共通之处有三：二者都以改变既有利益再分配格局从而使己方利益最大化为目的；它们都会最大限度地调动和运用自己的能量以赢得胜利；搏击者都可能付出包括流血甚至牺牲生命在内的相应代价。尽管后者被定性为"竞技运动"，有严格的比赛规则，但在拳击台上一击见血的现象十分常见，甚至多次发生一击致人非命的事情。这也就是说，暴力行为与暴力游戏都具有暴力性。

它们的重要区别则在于：在暴力行为中，双方按"零和规则"行事，最终往往是只有赢的一方能够得到自己想要的东西；在暴力游戏中，大家按"正和规则"行事，战争各方都会拿到一定的"出场费"或"奖金"。前者表达方式单一——集中表现为武力对抗，后者表达方式多种多样——越来越常见地表现为经济、政治、外交、科技、文化、舆论、心理、法律、军备竞赛、军事演习等多种方式的对抗博弈，传统意义上的暴力方式即火力对抗方式日益退居"底线"，直至最终消逝于地平线之下。显然，较之暴力行为，暴力游戏是一种更富于文明特质的对抗模式。它既符合生命世界共竞共生法则，又顺应信息时代战争与和平同行并存大势；既能够锤炼"军队"实战能力，又能够避免暴力行为无可避免的社会恶果；既利于经济发展，又利于社会文明。

在当今这样一个社会主体生存利益全球化捆绑、信息化处置的时代，战争越来越作为暴力游戏而存在。以人类之间的战争为例。对于非对称战争而言，它有如"斗牛"，正像发生在巴勒斯坦、阿富汗、伊拉克、利比亚、乌克兰等地的战争所表明的；对于具有特定"对称"意义的战争而言，它则像"拳击"，一如世界各主要国家之间发生的政治、经济、军事、外交、科技、舆论、文化等整体博弈所表明的。但应看到，"斗牛"式战争毕竟是农工时代工具"差能化"的遗物，属于人类社会群体作为"差能群体"而存在的必然现象。随着信息时代人类工具从而是人类群体"等能化"发展，它将完全为拳击式对称战争所取代。

还应看到，随着信息时代工具"等能化"社会功能的充分释放和深度作用，人类战争主体必然转变为以"自由人联合体"为基本主体的非国家化形态。那时，仪式化战斗，即暴力性最小的战争，将作为人类战争的基本形态而存在。

与游猎时代仪式化战斗有所不同的是，信息时代仪式化战斗不必是两个群体分列两边、各派一名"代表"在其间进行战斗，而是越来越多地以彼此不照面的虚拟方式进行，如兵棋推演、军事演习等。克劳塞维茨在他的名著《战争论》中警告那些对技术革命给战争概念造成的影响持乐观看法的人们说："如果把文明民族的战争说成是政府之间的理智的行为，认为战争越来越摆脱一切激情的影响，以致最后实际上不再需要使用军队这种物质力量，只需要计算双方的兵力对比，对行动进行代数演算就可以了，那是莫大的错误。"[109] 但现在，这个"莫大的错误"正被越来越多的事实证明是"莫大的睿智"。叙利亚化武危机之所以能够转而以"和平方式"进行解决，乌克兰危机之所以没有演变为俄乌甚或是俄罗斯与北约之间的火力战争，南海诸国海上领土争端之所以没能升级为武力冲突，就是因为各有关方进行了足以影响其战略抉择的"对比"和"演算"，他们都可以据以做到"两害相权取其轻，两利相衡取其重"。

与游猎时代战争相通的是，信息时代战争越来越讲究最小限度地使用暴力。这又与《战争论》的基本概念之一——"暴力最大限度的使用"[110] 正好相反。"仁慈的人容易认为，"克劳塞维茨在他的《战争论》中批评说，"一定有一种巧妙的方法，不必造成大量的伤亡就能解除敌人的武装或者打垮敌人，并且认为这是军事艺术真正的发展方向。这种看法不管多么美妙，却是一种必须消除的错误思想。因为在像战争这样危险的事情中，由仁慈而产生的这种错误思想是最为有害的。物质暴力的充分使用绝不排斥智慧同时发挥作用，所以不顾一切、不惜流血地使用暴力的一方，在对方不同样做的时候，必然会取得优势。这样一来，他就使得对方也不得不这样做，于是双方就会趋向于极端，这种趋向除了受内在的牵制力量的限制以外，不受其他任何限制。"[111] 但是现在，历史真真实实地向着"仁慈的人"所认为的方向走来了——那种"巧妙的方法"的确作为"军事艺术真正的发展方向"，正在战争实践中绽放异彩，正像中美两国在博弈中都在讲究"巧实力"、"巧外交"，努力管控分歧、加强合作，谨防重蹈大国对抗老路，积极构建新型国际关系所表明的。

　　我们知道，在国家出现以前的游猎时代以及在国家消亡以后的信息时代，人类社会是没有"武装"或军队，从而没有"大量伤亡"，没有"极端"和"内在的牵制力量"的。也就是说，"敌人"这个在农工时代主要是指一个国家或国家集团的战争对象概念，在广阔的历史视野中，对于"仁慈的人"而言，仅仅是指利益竞争者。这意味着，那种"巧妙的方法"——信息革命所能派生的一切足以"不战"而"共赢"的方法，已经开启"解除'敌人'的武装或者打垮'敌人'"的历史进程。在这个进程中，我们已经看到，那尚未完全被解除的"武装"，正在通过它所能有的精确打击或特种作战方式，使自己最小限度地使用暴力；正在采取虚拟作战的方式，把暴力行为变成暴力游戏——以军备竞赛、兵棋推演、实兵演习、舰机对峙，以及信息的、心理的、舆论的、经济的、外交的、民间的种种不流血的手段来达成战争目的。中日钓鱼岛争端在发展到双方军机军舰相见之时之所以会出现转机——包括美国斡旋、日使访华、中方善意回应、双方商定"原则共识"和对话机制等，原因只有一个：在各国经济利益一体化捆绑、武器威力足以毁灭整个世界的今

天，具有某种对称意义的武力战争，谁都打不得、打不起了。

因此，在当今全球化平台上，对于任何国家性战争主体而言，真正"危险"和"最为有害的"，不是"仁慈的人"的"错误思想"，而是只会死记硬背农工时代战争理论教条却又能够左右兵权指向的脑袋。

中国空军已实现对防空识别区内空中目标的常态化有效管控。图为日本 F-15 战斗机抵近跟踪监视中国军机。（新华社记者孔飞摄）

总之，战争的暴力性问题——就其发展趋向而言，在目前信息时代初级阶段，可以用这样一句话来概括：最大限度地准备暴力，最低限度地使用暴力；接下来，即到了信息时代成熟期，它将被改写为这样的表述：最大限度地销毁暴力，最低限度地保有暴力。

第五章

战神对"传统"摇头

农工时代战争是以物理能、化学能为主要能量形式，信息时代战争是以信息能、智能为主要能量形式。这种能量形式的时代性变化，使传统战争概念面临根本性挑战。

一、战争变"大"了，大得无边无界、无法用传统战争概念来表述其形态

物理能、化学能的运动能量是有限的，即无论战争规模有多大，它总是有边有界的。信息能、智能的运动能量是无限的，即无论战争规模多小——哪怕是"一个人的战争"，它都是无边无界的。正是在这个意义上我们说，战争变大了，大得无边无界、无法用传统战争概念来表述其形态。

（一）战争空间之"大"

信息能和智能的一个基本特性，是它没有空间屏障，可以简单表述为"无孔不能入"。这一特性，使得信息社会的任何空间都可以兼容战

争与和平。即在信息化条件下，信息技术的革命性作用能够对地理空间、电磁空间、网络空间、心理空间、不同界域空间等战争与和平空间进行拆分编辑、有机组合，从而创造出新的战争空间形态：平战一体空间。随着人类信息力——包括使用世界的通用语言能力的不断提高，随着太空、网络、心理、界域等无形空间日益成为信息时代人类战争的主导性、决定性空间，信息社会这种平战空间一体化程度会越来越高。以至于在这个"一网包天下"——就像生命世界的网络性质那样——的平台上，人们将很难辨别哪里属于战争、哪里属于和平。以人类寻找外星人为例。如果外星人是存在的，那么，他们会不会将人类这种寻找行为视为战争行为，而像 A 国军队对付 B 国军队的侦察兵那样来对待呢？而人类在这个过程中所采取的各种措施和行为，会不会因为人类还没有掌握这个界域或那个界域的世界的通用语言，而在后果上被认为是动了其他生命体的"奶酪"，从而引发它们对人类的报复呢？这也就是说，

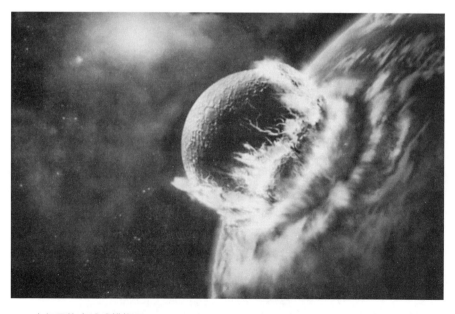

小行星撞击地球模拟图。

信息时代人类战争空间已变得无限之"大",其空间结构由昔日的"局域化结构"转变为"全域化结构",没有哪类空间或场域能够超然于外。

(二)战争主体之"大"

信息能和智能的第二个基本特性,是它没有主体屏障,可以简单表述为"无主体不能用"。这一特性,使得信息社会任何利益主体都可能成为战争的发起者或参与者。即在信息化条件下,信息技术的革命性作用能够对人类战争主体和非人类战争主体进行拆分编辑与有机组合,从而创造出新的战争主体形态:人类与非人类混合主体。随着制信息权乃至制界域权日益成为信息时代战争的主导性、决定性制权,信息社会这种人类与非人类主体混合化程度会越来越高,以至于在这个"万物皆主体"的平台上,人们很难弄清楚孰为"战争者"、孰为"旁观者"。网络攻击之所以能够引致国家之间战略猜疑,很重要的是因为它的主体身份捉摸不定。地震、疫病等"天灾",之所以会引发"阴谋论"(有网民将 H7N9 病毒在中国境内出现臆断为美国所为),则是因为,如今这种非常规毁伤力,天有人亦有,天和人都有自己的理由使用。这也就是说,由于信息技术的革命性作用,信息时代人类战争主体已变得无限之"大",其主体已由昔日的武装集团转变为一切利益主体。如果战争主体一定要用"军队"来表述的话,那它已不再仅仅是"穿军装"的"小军队",而是军装与便装、人装与非人装混穿的"大军队"。

(三)战争对象之"大"

信息能与智能的第三个基本特性,是它没有对象屏障,可以简单表述为"无对象不能受"。这一特性,使得信息社会任何利益主体都可能成为战争对象或战争承受者。就是说，在信息化条件下，信息技术的革命性作用能够对敌、友对象进行拆分编辑与有机组合，从而创造出新的战争对象形态：敌友兼容形态。随着全球化之"你中有我，我中有你"利益格局拓展和深化，这种敌友兼容程度会越来越高，以至于在这个"亦敌亦友"的平台上，人们很难区分孰为敌人，孰为朋友。以空气为例，它本来是人类永远的朋友，但当人类在工业化中把它弄成"雾霾"的时候，它要比传统概念中的"敌人"还要凶残而又难以对付。这意味着，人类战争对象结构发生了由"单向化"而"全向化"的历史性转变，即信息时代任何战争对象都不再只是某一个社会主体，而是构成世界的所有社会主体。

就人类之间的战争而言，信息时代战争对象"全向化"，除了国际领域所有国家或利益集团——我们称之为"外向型战争"对象——之外，还有国家内部的包括法人和非法人在内的各种利益主体——我们称之为"内向型战争"对象（这两个概念我们在后面探讨）。对于一个国家政权而言，应对后一类战争对象的重要性有时要高于前者。

正是在这样一个战争对象全向化变革的历史进程中，战争别无选择地走向了"全球化"。

因此，如何从理论和实践上实现由"小战争"而"大战争"的历史性转变，成了我们进行战争不能回避的一个时代命题。

二、战争变"长"了，长得无始无终、无法以传统战争概念统揽其流程

农工时代战争主要以物理能和化学能为能量形式，其运动属于"点"式运动（包括"面"式运动，即"点"的放大），因而战争活动是一种"间

断性"运动，即整个战争流程是一种可以毕其功于一役的阶段性过程。信息时代战争主要以信息能和智能为能量形式，其运动属于"链"式运动，因而战争活动是"持续性"的，即战争流程越来越是一种由多种作战样式转换、接续的没有断点的过程。正是在这个意义上，我们说战争变"长"了，长得无始无终、无法以传统战争概念统揽其流程。

（一）战争工具之"长"

信息能和智能的第四个基本特性，是它没有工具屏障，可以简单表述为"无器不能容"。这一特性，使得信息时代任何工具都可以兼容战

"掌握"无限。

争与和平。即在信息化条件下，信息技术的革命性作用能够对物理工具、电磁工具、网络工具、心理工具等战争工具与生产工具进行拆分编辑与有机组合，从而创造出新的战争工具形态：平战兼容工具。随着人类信息力不断提升，信息化工具的平战兼容性会越来越高。以至于在这个"草木皆可兵"的平台上，人们将很难辨别何为战争工具、何为生产工具。比如网络，你已经很难将之严格界定为战争工具或生产工具，而无论承载战争还是生产活动，它都是 24 小时不停运行和发挥作用。再如传统的枪炮等武器，在农工时代，它们的战争效能往往随着战争的结束而中断；但在信息时代，它们即便仅仅是在某一地方存在着，也会持续发挥战争效能——正像美国在中国周边增加军事存在所发挥的战争效能那样。这意味着，人类战争工具效能结构发生了从有断点而无断点的历史性变化，即信息时代战争工具不再是过去那样的间断性作用，而是不间断持续作用。

（二）战争时间之"长"

信息能和智能的第五个基本特性，是它没有时间屏障，可以简单表述为"无时不能有"。这一特性，使得信息社会任何时段都可以兼容战争与和平。即在信息化条件下，信息技术能够对时钟时间、心理时间、电磁时间、网络时间等战争时间与和平时间进行拆分编辑和有机组合，从而创造出新的战争时间形态，即平战混合时间。随着信息技术不断进步，信息社会这种"战时"与"平时"无界限的程度会越来越高，以至于在这个"秒杀贯长空"的平台上，人们将很难区分何为"战争时期"，何为"和平时期"。这意味着，在信息技术的革命性作用下，信息时代战争在时间维度已变得无限之"长"，"长"得足以贯通整个信息时代，作为人类社会矛盾运动的一种新常态而存在，就像生态战争、反恐战争、经济战争、网络战争、"人民中间的战争"年年月月天天时时都在运行所表明的。也就是说,信息时代战争的时间结构,已经由昔日的"间断性结构"转变为"持续性结构"。

战争时间结构之由间断性结构转变为持续性结构,又表现为"时间替代",即战争时间流程中的某些时间段由人的"战争替身"(无人机、机器人、虚拟战士、网络病毒等)来承载和运行——社会的信息化程度越高,这种被替代的时间越长。这一点之所以需要指出,是因为这种"时间替代"容易造成战争时间中断的假象,使人误将"战争"当成"和平"。

"Have we done something to upset the neighbors?"

"我们做了什么让人感到不安的事呢?"

（三）战争流程之"长"

信息能和智能的第六个基本特性，是它没有流程屏障——可以简单表述为"无所不能通"。信息化的基本含义有二：一是信息"化"入工具系统，信息按照人的操作流动；二是工具系统"化"为信息本身，信息按照人的意愿流动。在目前信息时代初级阶段，它尚是前者。但无论是何者，信息都是在进行没有流程屏障的流动，即它既可以是战争的流动，又可以是生产的流动，还可以是战争与生产的一体化流动。如全球定位系统（GPS），其信息能既可"化"入兵力机动、目标打击等战争工具，亦可"化"入资源探测、交通管理等生产工具；而随着它在通信、交通等工具上的普及，人们既可由以提高生产效能，亦可借以遂行恐怖袭击。又如，各国马不停蹄的军工生产活动，在当今信息通透的社会背景下，你已经不能再像过去那样仅仅把它看成"生产"，而是必须同时注意到它通过向对手宣示其战争能力提升所发挥的战争功能和作用。这意味着，信息技术的革命性作用能够对传统概念中的战争流程和生产流程进行拆分编辑与有机组合，从而创造出新的战争流程形态：战争与生产一体化流动。随着人类信息能力的提升，这种战争与生产一体化流动的程度会越来越高，以至于在这个"战建无界限"的平台上，人们将很难区分何为战争流程、何为生产流程。这也就是说，在信息技术的革命性作用下，战争流程正在"无断点化"：某一战争样式的隐退不等于战争结束，而只是不同战争样式的转换与接续。巴勒斯坦、阿富汗、伊拉克、利比亚、叙利亚、乌克兰等地可见硝烟的战争是这样，其他地方没有硝烟的战争——金融战、货币战、生态战、"人民中间的战争"等更是如此。这恐怕也是美国人提出"长期战争"、"混合战争"学说，中国人提出"超限战"、"整体战"学说的基本动因所在。

需要指出的是，美国人的长期战争概念更多的是基于美国人眼中的

"不稳定之弧"来说的,因而它所说的战争之"长"只有50年到80年。倘若这些已经很了不起的美国人能够进一步从"信息之弧"来看待战争之变"长",他们的结论就会是:信息时代战争之"长"等于信息时代历史全程——只有当人类技术革命足以催生出一个可以取代信息时代的时代时,人们才能谈论信息时代战争的"终点"。

因此,如何从理论和实践上实现由"短战争"而"长战争"的历史性转变,已成为我们进行战争不能回避的另一时代命题。

三、战争变"虚"了,虚得无声无形、无法按传统战争概念来驾驭其艺术

物理能、化学能是一种有形能量,"实"的特性突出,故而农工时代战争模式总体上属于"实实对抗"模式。信息能、智能是一种无形能量,"虚"的特性突出,故而信息时代战争总体上正在发生由"实"而"虚"、"虚""实"交织、最终将是"虚虚对抗"模式的历史性转变。

信息能和智能的第七个基本特性,在于它的虚拟性,可以简单表述为"无不可虚拟"。这一特性,使得信息社会的任何对抗活动都可以运用虚拟方式进行"预实践"或"准实践"。即在信息化条件下,信息技术能够对实的对抗形式和虚的对抗形式进行拆分编辑与有机组合,从而创造出新的战争形式:虚实交互的战争。美国等国家在对伊朗不断进行外交战、经济制裁战的同时,频繁进行军演战、网络战(对其核设施发动病毒攻击)等,就是典型例证。随着信息技术发展进步,这种"实的战争"与"虚的战争"交互作用的程度会越来越高,直至"实的战争"完全沉浸于"虚的战争","虚的战争"完全取代"实的战争"。以至于在这个"似实还虚"的平台上,人们将很难区分何为"实"的战争、何

图为模拟飞机驾驶舱。

为"虚"的战争。正是在这个意义上，我们说战争变"虚"了，虚得
足以无声无形、已经无法以传统战争概念驾驭其艺术。

（一）战争工具之"虚"

信息革命在创造虚拟世界的同时，也为人类创造了"虚体兵器"，
从而拉开了人类兵器家族历史性变革大幕：由昔日"实体兵器"一统天

下，演进为目前的实体兵器与虚体兵器共主沉浮，直至最终由虚体兵器一统天下。

实体兵器是指基于物理能、化学能而以可见实物的形式存在于现实世界的兵器，包括木石器具、金属器具、火药器具、机械化器具、核器具等。虚体兵器是指基于信息能、智能而以数字形式存在于虚拟世界的兵器，如虚拟战机（舰、车）、虚拟弹药、虚拟发射器具等。由于具有技术可靠、可重复利用、效费比高等优越性，后者日益受到重视，正在引发人类兵器模式的深刻变革。

首先是，兵器研发模式由"实研"模式向"虚研"模式转变。传统兵器研发模式总体上属于"实研"模式，即：兵器研发过程基本上是一个"实体兵器—实战检验—实体兵器"的循环流程。随着虚拟仿真技术的问世和发展，这一模式正在让位于"虚研"模式，即：兵器研发过程开始按照"虚体兵器—虚拟战场检验—实体兵器"的循环流程运行。据报道，美国空军已建成虚拟实验室，目的是为武器系统试验工作提供可再用环境，并设计新一代战机。美军空军部部长建模与仿真问题高级顾问希曼认为，鉴于虚拟模型试验的结果与实际硬件上得到的数据一样可靠，它将成为新武器研发的基本方式。用虚拟方式进行兵器研发的一大诱人之处，是它在确保与实体方式同等技术效果的前提下，可以大大提升效费比，甚至还能大大缩短兵器研发时间。美国空军仿真与建模处前处长沃迪卡曾不无遗憾地指出：假如F–22猛禽战机是采用虚拟方式设计的话，不仅能为空军节省数十亿美元的投入，还会使飞机投入使用的时间提前好几年。

与此相应，兵器采购及其相关决策也越来越多地采用虚拟方式。如加拿大采购用于温哥华港侦察贩毒和污染船只的无人机，就是在购买了美国捕食者和以色列苍鹭无人机的数字化模型之后，给它们装上"摄像头"，让其在虚拟海岸"飞行"、"侦察"，如此反复检验，最终不仅选定了无人机的最佳机型，还科学确定了无人机操作团队的人员编成。

其次是，兵器库存模式由"实存模式"向"虚存模式"转变。以往，各国库存兵器均是实体兵器，我们称之为兵器实存模式。与此相应，随着虚体兵器的出现，虚存模式——以数字形式存贮于虚拟空间的库存模式应运而生："兵器库"里不再是一件件钢铁机器，而是越来越多地由一系列甚至连设计图纸也看不见的数字模型取代。较之后者，传统做法不仅有着投入成本大、管理投入多、自然损耗高等问题，而且还存在被炸毁等风险。正因此，虚存模式已成为各国"兵器库"建设的阳光模式。尽管目前各主要国家兵器库还处于"虚"、"实"兼容，以"实"为主的阶段，但随着兵器制造领域"虚"、"实"转换能力的提升，随着战争"虚化"程度的不断提高，各国"兵器库"将越来越"虚"，直至最终完全是虚体兵器。

再次是，兵器应用模式由"实实交互"模式向"虚实交互"模式转变。过去的兵器应用模式是实实交互，即兵器的部署和运用均按照"实体兵器—实战部署—实际应用"的循环流程运行。这种做法不仅投入高、浪费巨大，还存在部队"等米下锅"之类问题。随着人类虚实交互能力的提升，这一传统模式正在让位于虚实交互模式，即：兵器的部署和运用越来越多地表现为实体兵器与虚体兵器兼容并蓄、交互作用、相辅相成。就是说，在满足一定现实需要的前提下，高科技武器装备的实战部署无需再像过去那样一律用实体方式，而是尽可能采用虚体方式。比如，那些看似离普通官兵十分遥远的网络战武器（包括计算机病毒、高能电磁脉冲、纳米机器人、网络嗅探和信息攻击技术等）、基因武器、束能武器、次声波武器、幻觉武器、无人操作平台等新概念武器，在今天完全可以采取"网络游戏"方式加以"部署"，通过"游戏化训练"来拓展官兵的战争视野、兵器知识和联合作战能力。除上述优越性之外，网游方式还具有逼真、"好玩"等特点，更易于调动官兵"实战"热情和能力。这意味着，以游戏化方式操兵练将，将逐步取代那种投入高、浪费大、实战效果差的传统方式，成为信息时代军事训练的阳光方式。

还应看到，当手中工具不断递减虚化直至最终递减虚化为信息本身时，人类兵器应用模式将完全达至"虚虚交互"的境界。

（二）战争场域之"虚"

与人类世界正由昔日现实的"一元世界"变为当今虚实并存的"二元世界"相一致，人类战争场域也在由现实场域一元格局转变为现实场域与虚拟场域交互作用的二元格局。由于人类战争场域的演进——从地面到海洋，从海洋到空中，从空中到太空，从太空到网络，从此界域到彼界域——是一个逐层递进、不断"虚化"的过程，每一次递进都较前一次更"虚"而又更具决定意义，因而，信息时代战争越来越是以虚的场域为主导场域。2005 年，美国国防部明确将网络空间定义为继陆、海、空、太空之后的第五空间；2009 年，美军明确提出："21 世纪掌握制网络权与 19 世纪掌握制海权、20 世纪掌握制空权一样具有决定意义。"[112] 美伊战争中，伊军之所以如此不堪一击，甚至其精锐部队尚未露面就被"蒸发"掉了，一个根本原因，是两军之间存在巨大的"场域代差"——美军的给力场已经跃升至网络空间，而伊军仍然把"宝"押在最原始的空间：陆地。

（三）战争模式之"虚"

由于以上原因，信息时代战争模式正由昔日的"实打实"模式转变为"虚实交互、以虚主导"模式。所谓虚实交互，是说在信息时代初级阶段，随着网络攻击、舆论轰炸、军事演习等"虚"的战争手段的出现和密集使用，战争不再局限于过去那种"实"的打击手段，而是"虚"、"实"两种打击手段交互作用、共主沉浮。中日围绕钓鱼岛争端而进行的外交战、历史战、网络战、主权宣示战、舰机对峙战、市场抵制战等多种主权争夺活动，就是如此。所谓"以虚主导"，则是说在信息时代初级阶段，战争主体往往通过网络攻防、战略对话、舆论轰炸、主权宣示、外交争锋、武器试验、模拟作战、兵力调动、实兵演习等"虚"的作战方式即可达成战争目的，因而它正在取代过去那种"实"的作战模式而成为人类战争的主导模式。有统计表明，自冷战结束以来，所谓"局部战争"逐年减少，军事演习则日益密集。究其原因，根本就在于，战争样式的虚化发展使人类拥有了更划算的战争选择：虚拟战争。

虚拟战争是一个伴随信息技术发展而日益宽泛的概念。它包括一切在实的场域用虚的方式进行的战争，如海上军演等；也包括一切在虚的场域用虚的方式进行的战争，如网络战等；还包括一切在虚实交互的场域以虚实交互的方式进行的战争，如舆论战等。

因此，如何从理论与实践上实现由"实的战争"而"虚的战争"的历史性转变，成为我们进行战争不能回避的又一时代命题。

第六章

无界战与泛界战

古人类狩猎图。

战争的本质形态是社会交往。马克思指出："战争本身还是一种通常的交往形式"[113] 这句话的另一面，即战争又是一种特殊的交往形式。总体而言，与前述社会交往形态从无界化到泛界化再到无界化的规律演变对应，战争形态的演进是一个从游猎时代无界战，到农工时代泛界战，再到信息时代无界战的历史过程。

尽管目前战争正处于农工时代与信息时代交叉过渡期，即在无界战的潮头还摇动着泛界战的尾巴，但二者的交叉重合部分本质上已经属于无界战范畴。这就像黄河入海后虽有一块泾渭分明的镜像，却并不影响"泾"与"渭"都是"咸"的，即它们都属于海的味道一样。

一、游猎时代：无界战

（一）界之无

1.战争主体无界

生产力决定生产关系从而决定战争主体形态。游猎时代生产力属于自然生产力，即包括人类在内的一切生命体都是在同一个"现成的筵席"上，按照互生互食法则进行社会交往。因而，战争主体是指一切人类与非人类生命体，没有主体界限可言。如果一定要有一个便于表述的战争主体概念的话，那也只能将之分称为两个方面军："类人军"和"人类军"。但条件是：在人类语境下。人类所谓的战争史诗，是以人类为主人公且由人类执笔来书写的，因此，只有在人类语境下，我们才可以将那些除人以外的具有某种人的社会特性的生命体称之为类人军。而如果主人公和执笔者是其他生命体，"类人军"这个称谓就不能成立。如蚂蚁也可以将那些除蚂蚁之外的具有某种蚂蚁社会特性的生命体命名为"类蚁军"。这是生命世界的基本逻辑。

在游猎时代，"人类军"是没有主体界限可言的。因为那时，每个氏族群落都是作为"全民性军事组织"与世界照面，其每个成员既是"战争的人"又是"生产的人"，既是作战者又是指挥者，既是"运动员"又是"啦啦队"，不存在"兵"与"民"、"主"与"从"、"亲历者"与"旁观者"之类界限。

2.战争对象无界

战争对象与战争主体都是就生命体而言的。世界上有什么样的生命体，就会有什么样的战争对象。较之战争主体，战争对象更接近于战争行为，即它是一个已经明确敌友关系的概念。

生命世界是一个矛盾统一体。生命体之间既有互生、互赖的一面，又有互食、互斥的一面，它们总体上是一种无固定敌友界限的亦敌亦友关系。

一种生命体之所以成为另一种生命体的战争对象，并非生命体自身事先确定，而是其在特定战争平台上必然"巧遇"的结果，就像游猎时代人类与人类、与猛兽、与其他有杀伤力的动物之间的战争，总是随遇而战那样。

就人类之间的战争而言，由于游猎时代通用化工具所具有的历史规定性，其敌友关系形态具有很强的无定性，即氏族群落之间没有明确固定的敌友界限——彼此是敌是友，完全随"遇"而定：当遭遇猛兽等共同强敌时，他们可能结成盟友；而在氏族群落之间发生利益冲突时，他们则互为敌人。

3.战争工具无界

生命世界是一个互为工具的机制。天体要维持生态平衡，其他相关生命体都可能成为它的战争工具。人类要战胜疫病，一切可以有效入药的东西都可能成为战争工具。蚂蚁要战胜火灾，它们的身体也可能成为战争工具。如无数蚂蚁抱成一个巨大球体迅速滚出火海，这个球体外围的蚂蚁便具有了某种御火工具的性质。

在游猎时代人类之间的战争中，战争工具分为两大类：一是有形工具，包括石斧、木矛等所有可用于战争的工具；二是无形工具，包括人类的图腾、人类死者的灵魂等。

在游猎时代人兽战争中，人类的石斧、木矛以及人们以纹身方式强化其形象威慑力的泥土、草汁等，其他动物的牙、爪、角、毒等，都是作为战争工具使用的。

在游猎时代人类与自然灾害的战争中，各种可以抗御灾害的实在体和手段，如山体、洞穴、巫术、医术等，实际都是作为战争工具使用。

这也就是说，游猎时代战争工具没有特定指代，它至少在理论上是指人类和非人类社会主体用来扩展和维护自身生存利益的所有工具。

4.战争场域无界

游猎时代人类进行的战争是在全球化平台上展开的。所有氏族群落都是在那样一个没有疆界限定、以全球范围为范围的"移动的筵席"上谋求生存，没有固定的"家园"。而在人们的概念里，人不仅与动、植物同根同源，甚至与神灵也是同根同源的；他们不仅可以与天体、植物、其他动物乃至神灵进行交往，甚至可以同它们交合生殖。这也就是说，游猎时代人类进行的战争不受任何"界"的局限，不具有固守一方"领土"的性质，而是普天之下到处都是他们迎接挑战、谋求生存的战场。因此，游猎时代人类作战场域是无界的，即它至少在理论上是指所有与人类生存利益密不可分的场域。

5.战争方式无界

每一种生命体都是以其独特方式与其他生命体进行利益再分配活动。区别仅仅在于，在人的感性认知范围内，有些威胁是人看得见听得清摸得着的，如地震、猛兽吼叫等；有些威胁是人看不见听不清摸不着的，如病菌、辐射等。这便正应了那句老话：兵来将挡，水来土掩。就是说，游猎时代战争方式是指世界上一切生命体所能有的作用方式。如果一定要从战争方式上分出战争类别的话，那也只能将之分称为"类人战"和"人类战"。前者特指包括类人猿在内的一切非人类生命体之间进行的与后者方式相似、性质相通的战争方式，后者则是指人类之间的战争方式。但这也有个前提：在人类语境下。

人类社会实践方式可以分为战争方式与生产方式两大类别，但与工具形态的时代性变化相一致，二者又属于相变概念——在后来工具专业化的农工时代，这两种方式截然分离、各有特定指代；而在工具通用化的游猎时代，二者则是同一的。如狩猎这种当时居于人类社会实践主导地位的"生产"活动，它不仅是用战争工具进行，而且是以围攻等战争方式进行。"在对付一些体型巨大、杀伤力极强的猎物时仍要求近身对抗。为了应对这种棘手的情况，人们特设了一种紧密的队形专门面对这些危险，并在他人遭受危险的时候给予及时的帮助。"[114] 又如人类自身生产，在对偶族之间，一男能否博得一女的芳心，要通过他与她进行战斗来确定。这也就是说，游猎时代人类战争方式是无界的，即它至少在理论上是指人类所有社会实践方式。

（二）无界战本态

1. 常态化存在
游猎时代战争是常态化存在的战争。

从平战样态看。在游猎时代，由于人类作战工具杀伤效能极低，作战对象多种多样，生存地域或作战场域飘忽不定，人们无法在必要程度上征服安全对手、达成"和平时空"的独立存在。因而，社会平战样态呈现为"平战混合态"，即整个社会没有"平时"、"战时"之分。例如，在氏族群落睡眠的夜间，置身猛兽出没的山野丛林之中，随时可能遭遇夜行猛兽来袭。为此，人们必须像打仗一样手持石斧、木矛等作战工具，轮流放哨警戒。再如，人类之所以会以"巢居"[115]、"栏居"[116]、"穴居"[117]等房舍为自己的栖身之所，就是基于安全经验，为了使他们能够对猛兽来袭和自然灾害做到常态防御。这也就是说，游猎社会是"平时"与"战时"浑为一体、没有平战界限的社会，游猎时代战争是人类与非人类战争主体多元交织、实时运行的常态化战争。

巢居、穴居、栏居。

　　从战建关系看。由于石斧、木矛等工具既用于战争也用于生产，游猎时代人类社会实践活动没有"战"、"建"之分，即战争与生产是高度统一、浑为一体的。以传统概念来看，游猎时代人类物质实践活动之可以视为"生产"的活动不外三个方面：狩猎、采集、工具和居所构造。但在那个猛兽和其他有杀伤力的动物数量远远超过人类的平台上，人们进行这三种活动随时随地都面临安全威胁，因而必须以战斗的姿态和战争的方式——必要的警戒措施、相应的战斗队形以及有针对性的战斗行动——来进行。如，食人鲳这种今人多已不知为何物的"猛兽"，在游猎时代却是人们在渔猎活动中可能常常面对的"敌人"。因此，今天完全可以称为"生产"的渔业，在那时还必须作为"战争"来进行。再如采摘植物果实，这种已是当今城里人休闲娱乐的奢侈活动，在游猎时代那种狮虎、毒蛇等经常出没，食人花、毒蘑菇等多有生长的山野密林之中，却无异于"虎口拔牙"，同样要用战争的方式来进行。又如工具制造和居所构建，这种在农工时代早已分化为两个生产行业的活动，在游猎时代不仅是在人兽战争、氏族战争乃至狩猎作战的间隙进行，而且是作为这些战争的重要组成部分来进行的，即那时人类的居所构建同时是作为战场"工事"或战争工具的构造而进行的。正是这种战建一体化格局，注定了游猎时代战争的常态化存在。

从攻防结构看。在传统概念里，"攻"与"防"是战争活动的两个基本面或两种基本方式，不能混为一谈。但在游猎时代，由于石斧、木矛等工具在实践功能上并没有"攻"、"防"之分（那时虽然已经有了"矛"——木矛，但还没有出现"盾"——盾的功能内含于矛），它们是集攻防功能于一体的。所以，在游猎时代人类战争实践中，人们还没有形成独立的"攻"或"防"的概念，甚至还没有产生"矛盾"概念，即在他们的概念里，"攻"与"防"、"矛"与"盾"是同一个东西。以氏族群落之间的仪式化战斗为例。战场是双方事先约定的某一开阔地（通常是在能够容纳两个氏族群落、基于公平原则的距离双方临时居所大体同样远近的地点），没有"进攻出发阵地"，也没有"防御阵地"，因而不存在农工时代那样的"攻"或"防"的战场形态。战斗中，双方"代表"的"信息战"——事由陈述、指责、辱骂等是相互的，他们的"兵器战"——投掷木矛、石斧等，抑或击胸决斗中的拳击，也是相互的，且双方都是"攻"中有"防"、"防"中有"攻"、"攻""防"浑然一体。男女之间为"爱情"而进行的仪式化战斗，也是如此。需要指出的是，在游猎时代，男人与女人在体力上并没有实质性的强弱差异，这种差异是在新石器时期以后随着社会分工的出现而出现的。因此，男女之间的战斗也是势均力敌、攻防并举——就像今天拳击台上两个拳击手对打，不能笼统地说谁是攻的一方、谁是防的一方那样。这也就是说，游猎时代人类之间的战争既没有"进攻方"也没有"防御方"，即作为战争主体的氏族群落是集攻防于一体。这种攻防结构的高度统一，意味着任何社会群体都是同时作为"攻防"群体而存在，因而任何社会群体——只要其置身于社会交往之中——随时随地都会与其他社会群体发生战争，以至于就连男欢女爱也概莫能外。正是在这个意义上，我们说游猎时代战争是以"通常的交往形式"而存在，是常态化存在的战争。

2. 整体化运行

人类以什么样的模式思维，就以什么样的模式进行战争。与当时科学整化发展模式相一致，游猎时代人类进行的战争是整体化运行。在组织形态上，氏族群落是"全民性军事组织"，而这个"全民"除人而外，还包括其图腾、神灵等。在作战力量使用上，游猎时代人十分注重"整体之力大于部分之和"原理的运用。如在捕猎巨型动物或应对猛兽攻击的作战中，人们总是结成"紧密的队形"，以便在面临危险时能够互相给予支援、保护，形成无隙可乘的整体。在战争控制上，游猎时代人十分讲究"整体制衡"。除了族群人员规模保持在 37 人左右，以达成现实力量的整体制衡之外，人们还运用非现实力量来控制战争。如在氏族群落之间进行的仪式化战斗中，如果"代表"碰巧杀死对手，他（她）就必须立即离开战场进行灵魂净化，否则死者的灵魂就会给这个"代表"及其全家带来致命疾病。

战争整体化运行的另一面是战争活动透明化。一是战场态势透明。在氏族群落之间进行的仪式化战斗中，战争双方均是全体上阵且近在咫尺，对手的人数、武器、阵容等一目了然，而整个作战流程又完全是在男女老少的直视下运行。二是战争目的透明。氏族群落之间的战争始终是围绕当前具体的生存利益展开的，至于这种利益纷争是属于物质性的如食物，还是属于精神性的如复仇，它具体要达到何种目的，则会通过战斗的重要组成部分——以双方"代表"互相指责叫骂为典型方式的"信息战"，说明道白。三是作战方式透明。这不光是指氏族群落之间的仪式化战斗本身所具有的透明性，还体现为约定俗成的战争规则，如战地约定、不杀来使等。尽管游猎时代人类也会发生"遭遇战"，但它并不像现代军队之间的遭遇战那样一遭遇即就地展开战斗，而是在例如两个族群追赶着同一猎物碰巧在特定地点相遇而为此争执不下时，双方即搁置争议，约定解决纷争的时间、地点，至时再通过仪式化战斗来裁决。此外，氏族群落之间还时常发生"复仇战"。在某一地域驻留期间，氏族群落之间常常会由于图腾被亵渎、族规被冒犯、人员被不公平伤害等原因而引发"复仇战"。进行这种复仇作战，同样需派出使者事先通知对方并与之约定作战时间、地点，而不会有任何形式的偷袭行为。正因此，游猎时代人类之间的战争始终能够控制在理性底线之下。

3."弱相互作用"

相互作用是事物存在、演化的基本形式和基本原因。相互作用的实质是矛盾以及矛盾诸方面的相互依存和斗争，其表现形式用物理学的话说，可以分为"强相互作用"和"弱相互作用"。[118] 游猎时代战争的作用方式属于后者。

"弱相互作用"在物理学上又称"弱力"、"放射性"或"非接触力"，是指一切存在体或生命体之间都具有的特殊作用方式。这里借以表征游猎时代无界战的"柔性"或非致命特点。

从战争的能量形式来看。游猎时代人类战争能量形式，表现为战争工具和战争主体的双重柔性特点：手持石斧、木矛的人群杀伤效能极其有限，以至于我们在想象中很容易将那时的战争与现代社会民众械斗相提并论，而不会想到枪炮等致命武器。

从战争的人员规模来看。氏族群落通常为 30 多人，包括老幼病残孕，且始终处于漂泊不定的状态，以至于我们很容易将之想成"微粒运动"——非国家性主体之间的战争，而不会想到"颗粒运动"——国家性主体之间的战争。

从战争的核心理念来看。游猎时代战争平台的无界化和人类生存方式的游猎化（居无定所），意味着氏族群落的生存地域具有很强的无定性——在一地无法生存就到别处（那时氏族群落没有不动产），因而其战争理念不具有农工时代那种非固守一方土地不可的"你死我活性"。而这种"非你死我活性"，又在人们关于人与动植物同根同源的世界观中，还原为"共竞共生"的自然法则。正是在这种"共竞共生"理念的支撑下，游猎时代人类进行的战争才具有了"弱相互作用"的特质。如：人们与猛兽作战，仅仅是为了保全自己的性命，通常表现为吓跑、逼退或躲避猛兽而不是杀掳、灭绝；在狩猎作战中，人们始终是以满足自己的最低生存需求为限度——仅仅是攫取食物链上的一枝一叶，而不是猎杀无度、造成断链性破坏；人类之间的战争更是点到为止、惜命有加，因为那时人们的世界观是整化的，而人们进行战争的目的也不是彻底征服从而奴役对手，而仅仅是为了解决具体、暂时、不具有你死我活性质的利益纷争。

从战争的表达方式来看。游猎时代人类之间的战争是以仪式化战斗为主导方式，不仅婚配性战斗是仪式化的，由利益争端引发的战争也是仪式化的。这种战斗的基本目的，不是为了消灭对方有生力量，而是为了捍卫自己的生存利益和社会公正，为了表明自己有能力也有决心按公正原则生存。尽管这种战斗最终往往会由于衍生复仇作战而导致氏族群落的频繁迁徙，但其作用方式毕竟是弱的——它与其说是战争，还不如说更像"竞技运动"。约翰·基根在描述亚诺玛莫人[119]的仪式化战斗时写道："击胸决斗通常在村际盛宴场合发生，总是在不同村庄的成员之间进行，由责骂胆怯或回应关于交换货品、食物和女人的过分要求引起。程序一成不变：在盛宴者们用了迷幻药以促进打斗情绪后，一个男人起身向前，悍然挺胸，而接受其挑战的对方村庄的代表也起身向前，抓住他，对其胸部猛然一击。受打击者通常不回击，因为他想显示自己的坚韧刚强，并且可能在要报复以前接受多达4次猛击。对打一击又一击继续，直到一方挺不住，或者双方都太痛而无法再击，在此情况下他们可能以侧捆决斗接着打下去，那通常在输者歇息喘气时很快就结束。之后，如果决斗是预先安排的，决斗者们就彼此托护和吟声颂扬，发誓永久友好。"[120]这就像在今天的拳击台上，两个鼻青脸肿的对手在比赛结束时互相拥抱、以示友好那样。

二、农工时代：泛界战

（一）界之泛

由于新的战争工具不断出现且其杀伤力不断提升，农工时代战争暴烈性不断加大，以至于人们不能不"火烧眉毛，只顾眼前"地将战争圈定为"只有人类的战争"，而把其他虽与人类生存密切相关但却不是燃眉之急的"类人军"一概置之度外。于是，战争这种原本整体关联、一衣带水的利益再分配活动被人为地分割开来，成了一种人类与非人类战争主体"各家自扫门前雪"的泛界行为。鉴于有关问题前已述，这里主要讨论人类之间战争的泛界化。

新石器时期以后，战争成了人类之间的事，并且几乎成了军队的"专利"。

1. 战争主体泛界化

与工具专业化相一致，农工时代人类分野为"战争的人"与"生产的人"，社会组织也相应分化为"军"的组织和"民"的组织。而随着作战工具专业化程度不断提升，"军"的组织越来越是经过专门训练的人才能进入。正如恩格斯所指出："阶级社会战争区别于原始社会战争的显著特征之一，就是从事战争的主体由原始社会的全民性军事组织被专门从事战争的军事组织——军队所代替。"[121] 这也就是说，沿着主要矛盾思维惯势，人们又进一步把人类之间的战争圈定成了军队之间的战争。至于其他人群之间的战争，诸如土匪与平民、土匪与土匪、平民与权贵之间正在进行的战争，同样是"各家自扫门前雪"。

只不过，对于国家行为体之间的战争而言，较之游猎时代那种以氏族群落为单位的"微粒"，它的规模不断扩大——由部落而小国、大国乃至国家集团，越来越像"颗粒"了。

2.战争对象泛界化

进入农工时代，随着人类作战工具杀伤力增强，猛兽不再是人类的安全对手；随着人类之间的战争暴烈性不断加大，天灾也成了通常与军队无关的事情，人类战争对象只剩下人类自己。同时，随着分球化浪潮的推进，国家取代氏族群落而成为人类之间战争的基本对象；由于武器射程和交通、通信工具等的局限，人类战争对象又通常被圈定为邻近的国家或国家集团。总之，与人类社会交往泛界化相一致，农工时代人类战争对象成了一个泛界概念。

农工时代战争对象的泛界化，还表现为国与国之间典型的"非敌即友"关系。这是毋庸赘述的。

3.战争工具泛界化

从新石器时期开始，伴随专业化革命的推进，人类战争工具发展踏上了泛界化不归路。这不光表现为军的工具与民的工具壁垒分明，即战争工具越来越是指那些军队专用的木石器具、金属器具、火药器具、机械化器具、核器具等暴力工具，以至于到了机械化时期，它已经形成一个专有名词——武器平台，而且，还表现为战争工具本身的泛界化，即同一军种、兵种的战争工具之间横亘起越来越难以逾越的专业鸿沟，就像机枪手无法在必要时拿起军号吹响冲锋号那样。

4.战争场域泛界化

在农工时代分球化平台上，人们拥有了自己固定不变的"家园"——永久聚居于某一地域的国家。于是，人类战争具有了夺取或守护一方土地的性质，战争场域也有了特定界限：通常是指某一国家的领土、领海、领空。与此相应，诸如"战场"、"战略要地"、"兵家必争之地"、"进攻出发阵地"或"防御阵地"之类泛界化概念也应运而生，有了特定指代。而随着国家概念的不断强化和国家之间的战争日趋暴烈，昔日与人类密不可分的类人战场域，也与人类战场域划清了界限。

5. 战争方式泛界化

以新石器时期农业出现为始点，"生产"正式作为人类独立的社会实践活动而与"战争"分立门户。于是，"生产方式"与"战争方式"划清了界限——生产劳动与暴力活动泾渭分明。而随着盾的出现，亦即随着战争工具之攻的工具与防的工具的分离、独立和专业化，战争方式愈益泛界化，即它越来越是指人类武装集团以消灭有生力量，攻占或守卫一国领土、领空、领海等为基本目标的各种武力攻防方式。

（二）泛界战本态

1. 异态化存在

农工时代战争是异态化存在的战争。"异态"是相对于"常态"而言的。所谓战争异态化存在，是说战争活动不再作为"通常的交往形式"时时处处存在，而是作为特殊的交往形式仅在特定时空存在。

从平战样态看。新石器时期，随着磨制石器技术的发明，摩擦取火成为可能。而随着人们对人工火这种人类手中第一种大规模杀伤武器和第一张威慑王牌的自觉利用，游猎时代那种战争主体之间谁也无法吃掉谁的力量均衡格局被打破，大规模杀伤猛兽和消灭敌人从而大范围和平时空的出现成为可能。于是，战争和战争威胁，首先是猛兽对人类的安全威胁不再像先前那样时时处处存在，而是仅在特定时空存在。例如，在一派经过火攻的"不毛之地"，由于各种"火种"的存在，怕火的猛兽怯于来袭，因而人们夜间休息睡眠可以不必再像过去那样设置警戒，终于能够踏踏实实地睡一个"和平觉"了。正是由于这种和平的巨大魅力，这块不毛之地继而成为部落或部落联盟占据与争夺的"家园"：获胜者不仅会在这里定居、种植和养殖，而且还会收留更多的外族人，逐步形成村寨式"国家"；这个"国家"不仅会在这里守护和抗击别的国家的侵略进攻，而且还会以此为依托去进攻、侵略别的"国家"。从此，"人兽战争"成为历史，人类之间的战争则作为典型的暴力活动只在国家的扩张与被扩张时空存在。

从战建关系看。从新石器时期开始，随着战争工具与生产工具的分离，随着原始农业和手工业的出现，即随着生产活动正式独立，人类社会的基本关系之一——战建关系发生革命性变化：昔日战建一体格局成为历史，取代的是"战"与"建"分立门户，各自成为独立的社会领域。从此，直至另一次通用化革命降临之前，战争与生产再也不能混为一谈。农工时代人类社会实践活动之可以视为"生产"的活动，主要是三个方面：工业、农业和商业生产。在工具专业化条件下，由于工具之间从而战争与生产之间界限日益分明、专业鸿沟日益深刻，因而人们进行这三种活动都是在战争的彼岸进行，即以和平劳动而不是战争的方式进行。例如工业，尽管它也生产战争工具，但这种生产已经历史性地成为"民"的职业。战建一体格局的打破，意味着战争这条生命世界的食物链被魔法般一环一环地拆解开来，撒落到"只有人类的"必然会有战争的"国家"板块和这些板块必然属于战争的时间段上，战争日益呈现为仅在特定人占时空存在的异态化存在。

从攻防结构看。随着专业化革命的发展，人类战争工具有了进攻工具与防御工具之分别，战争之"攻"与"防"也历史性地分离开来，甚至往往直接体现为一个国家的国防战略——进攻性战略或防御性战略。与此相一致，战争场域的设定越来越少不了"进攻要地"与"防御要地"之类地理要素；战争集群越来越有着进攻集群与防御集群之职能分工；战争结局越来越是以一方被另一方吃掉（只是由于种种原因而有着"吃"与"被吃"的程度不同）而画上句号。而战争道德也随之发生革命性变化——自新石器时期以后，战争越来越不再是在双方事先约定的时间、地点以对方所熟识的方式进行，而是以如何达成"出敌不意"效果为要——偷袭不再是耻辱的，而成了智慧的表现，正所谓"兵者，诡道也"。这也就是说，质别于游猎时代攻防二元统一结构，农工时代战争结构是攻防二元对立结构。正是由于这种攻与防的结构性变革，战争之进攻方与防御方都必然经历一个相应的战争准备期，从而注定了战争的异态化存在，即战争只在那个敌对双方准备并且最终就在那里展开攻防行动的时空存在。

2. 局部化运行

与科学分化模式相一致，农工时代人类战争模式由昔日的整体化运行转变为局部化运行。战争不仅在主体形态上以职业军队取代"全民性军事组织"，在力量运用上也往往局限于"武装力"，而非包括民力在内的整体力；不仅在空间维度局部化——即便两次世界大战也只是在几个主要区域进行，而且在时间维度也是局部化的——战争行动总是在发生战争的时间段运行。

战争局部化的一个连带特征，是人类战争活动迷雾化运行。随着弓箭、枪炮、导弹等的相继问世，战争的空间距离日益加大。这种"距离屏障"在遮蔽昔日战争可直视性的同时，也为人们进行战争欺骗提供了条件，使战争日益浓重地披上克劳塞维茨所说的"战争迷雾"。农工时代战争迷雾化，主要表现于三个不透明。一是作战企图不透明。它不仅在战役、战术层面充满伪装和欺骗，在战略层面也往往是直到最后一张底牌掀开、一切已成定局时才真容毕现。二是作战方式不透明。当歼灭战已成人类战争主导样式的时候，"黑箱化"运行也便成为战争运动的基本特征。在生死兴亡的重压驱使之下，"偷袭"、滥杀无辜、奸淫妇女、破坏生态环境等，不仅不再是可耻的，而且成为"智慧"、"刚猛"、"强大"的代称。三是战场态势不透明。战争规模的不断扩大以及作战距离的不断拉大，使得战场行动的盲目性日益加大，以至于有时就连指挥者对己方的态势变化也是一头雾水。

3."强相互作用"

"强相互作用"在物理学上又称强力、聚合性或接触力，就是把原子核聚合到一起所能产生的力，它比弱力要大好几个数量级，核爆炸就是这种力的作用结果。这里借以表征农工时代人类战争的剧烈性或致命特点。

从战争能量形式来看。农工时代人类战争能量形式，具有作战工具和战争主体的双重刚性特点。当木矛被那种具有石质或金属锐利矛尖的戳矛、长矛以及可速射的弓箭取代，氏族群落被部落联盟或国家取代的时候，农工时代战争也便拉开了它的"强相互作用"历史大幕。新石器兵器的出现，可谓是人类兵器史上一次开天辟地的革命。这不仅表现为石质兵器的锋刃由昔日的断裂刃发展为磨砺刃（具有坚固、锋利、阻力小、杀伤力强等特点），其结构由过去的单体结构发展为多体结构（钻空技术的应用，为它装上了不同材质的"手柄"、"矛尖"等，其中木矛异变为"戳矛"），其杀伤效能大大提升；更重要的是，磨（刻）制技术以及工具组合技术对一系列物理原理、数学原理的发现和运用，导致了弓箭这种"远战速射兵器"、火[122]这种"大规模杀伤性武器"以及牛角号这种通信装备的出现。弓箭的发明和应用，使人类拥有了远程打击能力（尽管只有500英尺开外，但较之游猎时代仪式化战斗，它已经是一个革命性的距离了）、快速打击能力（1分钟可发射6枝箭[123]）；摩擦取火技术的发明和应用，使人类可以更便捷地用火攻大面积杀伤猛兽，从而使火成为人类手中第一个威慑王牌（野兽的怕火习性，除了自然之火的残酷无情，还可能与当时人类精心策划的某种"火烧连营三百里"有关；此后的威慑王牌，如核武器等大规模杀伤性武器，不过是"火力"的异化而已）；而牛角号的发明和应用，则大大提高了人类协同作战的指挥协调能力（此后的锣鼓、军号乃至电话电报等，都是它的延伸发展），从而使人们有条件彻底征服安全对手、吞并别的战争主体及其领土以组建或扩大国家，不断加大战争的规模和剧烈程度。

从战争表达方式来看。新石器技术的出现，导致人类战争表达方式发生革命性变化——昔日的仪式化战斗被歼灭战这种最残暴的战争样式取代。之后，随着枪炮、坦克、战舰、战机、导弹等作战工具的发明应用，人类战争"强相互作用"的剧烈度不断提升，直至核武器面世后达到登峰造极的地步。

从战争理念来看。农工时代战争平台的泛界化和人类生存方式的定居化，意味着一国之众的生存地域不再有可变更性，因而人类战争

1945 年 8 月 6 日、9 日，原子弹"小男孩"和"胖子"分别在日本广岛、长崎爆炸，造成 40 余万人死亡。图为日本广岛和平纪念馆一角，透过窗口可见一片废墟。

概念具有了那种非固守一方领土不可的"你死我活性"。而在物质资源有限性与人口增长无限性的重压下，这种"你死我活性"又在战争实践中固化为"零和"规则——我活我利以你死你损为条件。正是在这种零和思维支配下，人类战争的"强相互作用"力不断加大，战争剧烈度不断提升，正像克劳塞维茨一再强调"最大限度地使用暴力"那样，直至滚雪球般滚动起两次世界大战，并在第二次世界大战中使用了核武器。

　　这也是这个时代之所以如此短命——至多只有游猎时代持续时间1/250的一个基本原因。

三、信息时代：无界战

网络的技术门槛越来越低，攻击手段越来越多，而网络也已不再仅仅指互联网。

（一）界之去

进入信息时代，伴随科学整化、工具通用化、战争平台全球化和信息化发展，人类之间乃至人类与非人类生命体之间的生存利益整体关联性日益凸显，从而拉开了战争去界化历史大幕。

1. 战争主体去界化

1989 年，英国将军鲁珀特·史密斯提出"人民中间的战争"概念，首次在全新意义上将"人民"置于战争主体地位。史密斯认为：在"人民中间的战争"中，"武装部队不再是决定性的，而只是为政治上取得成功创造条件，吸引干预行动目标国的人民参加我们所捍卫的政治计划；在过去的模式中，敌方军队和歼灭敌军是战略重点，而现在人民成了新的战略重点"。[125] 此后，各种名目的"颜色革命"此起彼伏，这一概念也成为西方记者、专家和军方人士的流行语。

2009 年，即在"9·11"恐怖袭击发生 8 年之后，针对"基地分子"美国本土化的新情况，美国国土安全部正式提出并启动"全民反恐战略"。这等于是把美国这个自南北战争以后从未在本土发生战争的国家，定性成了全民战争的热土。这一战略，后来事实上也成了其他国家特别是西方国家的本土安全战略。

2012 年以来，中菲、中越、中日、日韩之间的海上领土争端，均在各有关国家引发主权宣示、游行示威、市场抵制、网络对抗等民间行动。

这也就是说，在经历农工时代以专职军队为主体之后，信息时代人类战争主体正在向游猎时代那样的"全民性军事组织"复归，昔日泾渭分明的"兵""民"界限正在淡出战争视野。

只不过，较之昔日国家性主体，战争主体正在微型化——最小可以是网络袭击或"人体炸弹"那样的"一个人"，越来越具有"微粒"的主体特征。

2014 年 6 月 8 日，英国雷丁大学宣布，在该校 6 月 7 日组织的"图灵测试 2014"活动中，5 个参赛电脑程序之一的"尤金·古斯特曼"成功"伪装"成一名 13 岁男孩，回答了测试者输入的所有问题，其中 33%的回答让测试者认为与他们对话的是人而非机器。"图灵测试"是验证电脑是否具备与人类相似的思考能力的一个著名测试，由英国"人工智能之父"阿兰·图灵于 1950 年设计。雷丁大学客座教授凯文·沃里克指出，虽然此前有人声称其设计的电脑程序通过了"图灵测试"，但这次测试活动执行标准更为严格，比如对话内容并无限制，测试本身经过了独立验证等，因此可以宣布"尤金"是首个通过这项测试的电脑程序。以下是这次测试中的一段问答：

> 问：你会下国际象棋吗？
>
> 答：是的。
>
> 问：你会下国际象棋吗？
>
> 答：是的。
>
> 问：请再次回答，你会下国际象棋吗？
>
> 答：是的。
>
> 问：你会下国际象棋吗？
>
> 答：是的。
>
> 问：你会下国际象棋吗？
>
> 答：是的，我不是已经说过了吗？
>
> 问：请再次回答，你会下国际象棋吗？
>
> 答：你烦不烦，干嘛老提同样的问题。[124]

第一台计算机通过图灵测试后，不少网友纷纷预测：新一代的"僵尸粉"可能出现。因为你不知道和你聊天的是人还是人工智能。以前是"在网上没人知道你是一只狗",以后,这句话可能变成"在网上没人知道你是一个人"。

与此同时,伴随人类世界观的整化——正像"生态战"、"环保战"、"疫病战"、"抗灾战"等所托举起的战争主体概念那样,其他动物及植物、微生物、天体等在农工时代备受冷落的战争大军,一下子冒了出来、活跃起来。在这样的战争实践中,人类日益明确地被告知,陷人类于生存危境的,正是昔日横亘于人类与非人类生命体之间的"类界限"。于是,人就像忽然又重新成为人一样,重新正视非人类生命体的主体地位,并按照生命世界的基本逻辑,越来越愿意和它们平起平坐了。

2. 战争对象去界化

如今,昔日人类餐桌上的美味——虾、蜂,也衍生出新的品种和名称——杀人虾、杀人蜂。它们与雾霾、污染水、毒食品、新疫病、核辐射等一起,对包括人类在内的生命世界构成极大威胁。这意味着,信息时代人类没有理由不意识到,他们日益显性地处于生命世界的整体联系之中,人类战争对象概念再也不能有特定指代——如果一定要有所指的话,那也只能说,它是指一切人的和非人的关乎人类生存安全的对象。

越来越明确的事实是,对于一个国家而言,它无可回避的战争对象,既有国家性对象,又有非国家性对象;既有军事行为体——军队,又有非军事行为体——传媒、网民、黑客、恐怖组织、犯罪团伙乃至跨国黑社会组织等;既有"猛兽"——核武器、气象武器等,又有"新自然灾害"——现代工业和农业造成的多种生态灾难。而对于传统概念中的生命世界而言,它还将面对未来机器人、人造人、外星人等"类人类"战争对象。

信息时代战争对象的无界化,在人类之间的战争中还表现为战争主体之间没有明确固定的敌友界限，即无论国家性主体还是非国家性主体，彼此是敌是友，完全随"遇"而定：在他们遭遇例如"天灾"、"猛兽"、疫病、未来机器人、人造人、外星人之类共同强敌时，他们是"盟友"；在他们之间发生利益冲突时，他们则互为敌人。

3. 战争工具去界化

与其他生命体"平起平坐"地看，战争工具无非是生命体之间用来进行利益再分配活动的工具。只是，在世界的通用语言日益慷慨地向人类敞开密闭之门的当今信息时代，战争工具的专业界限越来越模糊了。

地震、海啸、飓风、暴雨、干旱等，可以说是天体的战争工具，也可以说是人类的战争工具；它可以是天体对人类发动的，也可以是人类对人类发动的。依此，其他一切按照生态法则参与世界利益再分配活动的生命体所使用的工具，都属于战争工具。

伴随信息时代工具通用化，人类战争工具正在迅速进行一场"去界革命"。当民航客机可以用来进行恐怖主义战争时，当渔船、渔政船、海监船等民用工具在中国周边海域主权争

2001 年 9 月 11 日，恐怖分子运用劫持的美国 4 架民航客机制造了震惊世界的恐怖袭击，造成近万人伤亡，数十座建筑坍塌或受损。图中用激光光柱代表被炸毁的纽约世界贸易中心双子座。

端（人们目前仍习惯于用"争端"来表述新的战争样式）中担当领衔主演时，当人体与炸弹可以集成威力巨大、防不胜防的恐暴武器时，当货币、贸易、外交、舆论、法律、心理、网络、媒体、军备、军演等都可以据以达成战争目的时，人们忽然发现，信息时代战争工具已经没有特定指代——如果一定要有一个指称的话，那也只能说，它越来越是指一切以信息为中介的工具。美国参谋长联席会议前副主席、目前在该国战略与国际问题研究中心主持防务政策研究项目的詹姆斯·卡特赖特，看到并正确地指出了这一点："我们正在从以武器平台为中心的形态，转向通过信息系统获得优势的形态。"[126] 而到了信息时代发达阶段，即在人类工具迅速虚化直至最终只剩下信息本身时，战争工具会像信息的生命属性一样没有任何界限。

4. 战争场域去界化

信息时代是一个以信息为社会交往中介的时代，因此它又是一个借助世界的通用语言重塑世界利益再分配场域的时代。当基因工程完全打破人与其他动物和植物之间的界域屏障时，它意味着这些界域同时成为人与其他一切动植物进行利益再分配活动的共同场域。而随着人类信息力对时间界域屏障的突破，"未来"的和"过去"的场域，都将成为一切生命体"现在"进行利益再分配活动的场域。这也就是说，随着人类能力特别是使用世界的通用语言能力的提升，人类所谓的战争场域越来越是一个包含所有界域的无界概念。

与此相一致，人类之间的战争场域也在紧锣密鼓地去界化。在农工时代工具专业化条件下，"战争的人"与"生产的人"从而战争的场域与生产的场域壁垒分明，即战争场域仅仅是指交战国所在的场域。而在信息时代工具通用化条件下，你已经不可能仅仅把"军人"界定为"战争的人"，而把随时可能以网络攻击、金融偷袭等方式遂行战争活动的人界定为"生产的人"；更不能把有硝烟的场域界定为"战场"，而把没有硝烟的作战场域界定为"工场"。在当今场域通透的全球化平台上，战争——无论何种主体、何种样式的战争，越来越是打在一地，痛及全球。人们之所以把信息时代战争称之为陆、海、空、天、信、心六维空间和政、经、军、外、科、教、文等无所不包的"一体化"战争，原因就在于此。这也就是说，信息时代人类战争场域已没有特定指代，它至少在理论上是指人类赖以进行利益再分配活动的所有场域。

5. 战争方式去界化

如果说已经在英国引发社会恐慌的杀人虾等"外来物种"入侵，是非人类生命体对人类的显性战争方式的话，那么，禽流感、埃博拉等疫病的袭击和时有时无，就是人类需要从更深层面对付的非人类生命体所运用的隐性战争方式。而这两种战争方式，却是人类以这样和那样的显性或隐性战争方式造成的。如果说今天由人类发起的电脑病毒攻击属于人类信息战方式的话，那么，有朝一日，由机器人、人造人或外星人发射的"类电脑病毒"攻击等，则就是"类人类"信息战方式了。依此，战争方式的去界化可以用一句话来概括：一切生命体在生命世界进行利益再分配活动的一切相互作用方式。

就人类之间的战争而言，战争方式也在迅速去界化。在农工时代，工具的专业化使战争方式与生产方式彼

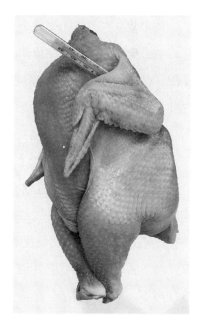

一朝被"禽"咬，十年怕"流感"。图为给生鸡测体温。

此分离、各有特定指代和专称词语：前者诸如"进攻"、"消灭"、"占领"，后者诸如"耕作"、"开采"、"冶炼"等。但在当今信息时代，随着工具形态从而是人类能力形态的通用化演进，战争工具与生产工具日益同一，因而战争方式与生产方式越来越具有同一性。如今，人们之所以把各种"生产"活动披挂上"战争"名号，如贸易战、金融战、货币战、资源战、生态战等，原因就在这里。这也就是说，信息时代人类的战争方式已经没有界限可言，即它至少在理论上是指人类进行社会实践活动的所有方式。

（二）无界战本态

1."常态化存在"

信息时代战争是常态化存在的战争。

从平战样态看。由于战争工具柔性化，由于战争主体和战争对象多元化，由于人类战争场域虚化和战争方式多样化发展，因而，信息时代社会平战样态日益复归于"平战混合态"——人类社会生活越来越没有"平时"、"战时"之分别。倘若我们站立宇宙之巅，用"信息显微镜"来审视信息时代战争存在形态，展映在我们视屏上的就是这样的画面：网络时空之蚕正在迅速地吃掉着自然时空之叶，并迅速地吐出着信息之丝、编织着网络时空之茧——网络宇宙；在这个看似风平浪静的网络宇宙，在看似一切如常的人类社会生活中，有如"布朗运动"般一刻不停地活跃着信息的兵来将往；间或地，则由于"信息走火"，诸如萨达姆之类一国之主的"信息弱智"和不善妥协，而冒起几缕20世纪90年代以来那种暴烈武装冲突的烟尘。当下，不光网络战、经济战、资源战、生态战、环境战乃至"人民中间的战争"等非传统战争时时刻刻都在进行，而且反恐战、维和战、军备战等多少还保有着传统火药味的战争也在不间断进行。于是我们发现，信息时代战争存在形态的基本态，是战争与和平辩证存在：战争弥漫而和平常青。正如一首歌曲所唱："战争与和平在同一条路上并行"。换言之，信息社会是"平时"与"战时"浑为一体的社会，信息时代战争是人类与非人类战争主体多元交织、显性的和隐性的战争行为时时处处存在的常态化战争。

从战建关系看。由于业已居于主导地位的以信息能和智能为其能量形式的信息化工具，既可用于战争亦可用于生产，信息时代人类社会实践活动越来越没有"战"、"建"之分，即战争与生产日益高度统一、浑为一体，正像当下无时不在进行之中的贸易战、军备战所表明的。而这种"战"与"建"的一体化运行，本身就表征着战争的常态化存在。

从攻防结构看。信息时代人类战争工具的一个基本特征，是其攻与防的功能融为一体——正像智能机器人乃至无人机（车、船）既可以攻也可以防所表明的。所以，在信息时代战争中，传统概念中的攻与防日益融合，即在信息时代人类之间的战争中，攻与防、"矛"与"盾"越来越是同一个东西。以钓鱼岛争端为例，日本的"国有化"行为，中国的"保钓"行为，已经很难用攻或防来界定其行为性质，而只能把它们一概视之为"攻防行动"；这种攻防行动显然又不是一朝一夕之事，而是作为一种新常态而存在；围绕这些行动而连带起的贸易战、外交战、舆论战、法律战、主权宣示战、民间行动等，更是攻防并举、无所不在而又捉摸不定。正是在这个意义上，我们说信息时代战争是以"通常的交往形式"而存在，是常态化存在的战争。

2. 整体化运行

还是那句话：人类以什么样的模式进行思维，就以什么样的模式进行战争。与科学整化相一致，信息时代战争日益彰显整体化特征。在战争空间上，不同界域生命体之间的战争，人类之间的战争，诸如 20 世纪 90 年代以来发生在中东诸国以及格鲁吉亚、利比亚、乌克兰等地的战争，都是多空间、多样式整化运行。在战争主体上，在信息化、全球化平台上，它已扩展至所有社会主体，正像人类社会中的政治主体、军事主体、经济主体、科技主体和新闻主体等，都在国家间整体对抗中发挥作用那样。而这些主体通过日益发达的信息网络紧密联结，又呈现为一种整体关联性，正像新闻媒体的舆论导向对军事主体在战争中赢得民意支撑、获得国际社会理解和支持具有重大影响，而军事主体也已将抗御天灾、人道救援作为自己的分内事那样。在战争制权上，尽管其演进呈现为由制陆权而制海权、制空权、制天权、制网权、制心权地层层递进、不断虚化的过程，但无论何种战争主体遂行何种战争，都不外是多种制权的综合运用、整化运行。在战争指导上也是如此。信息时代战争是体系与体系的对抗，一旦某些环节出了问题，整个战争体系的作战效能就会大打折扣，正像后述英国人在对待"外来物种入侵"问题上所表现的有劲使不出那样。正因此，作战指导思想的整体关联性也日益凸显。例如，在人类之间的战争中，美军的"战略瘫痪"思想就是以弱化对手战争体系的整体关联性为重点，通过打重心、断关节，分割敌方作战要素间的联系，实现瘫痪对手、赢得战争胜利之目的。中国军队的"体系破击"思想也是如此。

3."弱相互作用"

信息时代战争居于主导地位的能量形式信息能，不直接造成人员伤亡且不以消灭有生力量为直接目的，故其作用方式被冠以"软杀伤"、"慈化战争"、"凉战"[127] 等柔性名分，用物理学的话说即"弱相互作用"。信息时代战争"弱相互作用"，集中表现为战争的仪式化演变。随着信息方式日益成为人类战争的主导方式，信息时代战争日趋仪式化。即战争主体往往通过军备竞赛、网络对抗、经济制裁、外交争锋、实兵军演等"阵前代表"的非接触作战方式，就能表达战争诉求、达成战争目的。就是说，在当今信息化、全球化平台上，人类战争主体有能力但已无需遂行歼灭战——这种农工时代最残暴的战争形式，正被放入历史的"回收站"。战争弱相互作用的一大历史结果，是战争主体越来越无法达成"和平时空"的独立存在，即传统概念中纯粹的和平时空或战争时空不复存在，正像我们所感受到的社会平战界限日益模糊那样。

需要指出的是，"弱相互作用"所能造成的战争后果并不一定总是"弱"的。如同食人虾等"外来物种"对人类发动的入侵，先后发生在东南亚和欧美的金融危机，美以等国针对伊朗核设施进行的名为"奥运会"、"蠕虫"、"震网"等计算机病毒攻击所表明的，它有时会令传统的火力战争相形见绌。这也是目前人们之所以鼓呼建立更具约束力的环境

"震网"病毒大大延迟了伊朗的核进程。由于它攻击的是现实目标，且无需借助网络连接进行传播，故有专家称之为全球首个投入实战的网络武器。

保护、网络治理、舰机运行等国际规则，从而将之限定于"弱相互作用"本态之下的一个重要原因。

如前所述，信息时代工具日益"等能化"。这个"等能化"的一大社会功能，是使战争主体之间的力量格局趋于整体均衡。当下，不只是大国之间，大国与小国之间也越来越不能以一国吃掉另一国的方式，而是越来越只能以"通常的交往形式"来进行战争。而"通常的交往形式"是一个包罗万象的概念，政治的、军事的、经济的、外交的、民间的、媒体的、舆论的、法律的、历史的、心理的、文化的，等等。这意味着，较之农工时代那种单一武力对抗手段，信息时代战争主体拥有了无限丰富多样的战争手段。而由于是基于信息方式，这些手段又有着"尺有所短，寸有所长"特性，即哪怕是再"弱小"的战争主体，也会拥有"以己之长，击彼之短"的选项。这也是今天我们正在进行的战争之所以显得"无所不在而又捉摸不定"的基本原因所在。

有趣的是，联合国成立与信息时代面世几乎是同时发生。而在联合国的选举、决策程序中，无论大小，每个成员国都拥有相同的一票。尽管五个常任理事国对非程序问题拥有否决权，但这毕竟属于农工时代工具差能化遗物，较之过去那种"老大"说了算的格局，它总归是一种时代性进步。这也就是说，在以信息技术这种"平"的技术为支撑的信息时代，战争主体之间的关系已经不再是农工时代那种"大"与"小"、"强"与"弱"、"主"与"从"的关系，而是在本质上体现为一种"平起平坐"关系。

值得多加理解的，是迄今仍在刀耕火种的马林人[128]的战争概念。他们把自己的战争定义为"无战"和"真战"。"无战"即"最像随便被设想为原始战争之典型形态的仪式化战斗"，"真战"则是指"袭击"和"击溃"。[129]如果信息时代战争也可以分称为"无战"和"真战"的话，那么，随着信息化、全球化条件下人类生存利益的"一体化捆绑"和战争的"预实践"、多样化发展，富于信息时代特征的仪式化战斗，将作为人类战争主体之间"通常的交往形式"，在越来越完全的程度上承载人类战争活动。

2011 年 1 月 19 日德国柏林举行国际象棋拳击赛，引来成千上万游客观看。

如果要有一段本章结语的话，我们更愿意用荷兰行为艺术家鲁宾的一个"发明"来表述：国际象棋拳击赛。国际象棋与拳击，一文一武，在过去可谓是风马牛不相及的两种竞技运动。但现在，荷兰人把它们揉到一起，形成一种全新的竞技运动。其比赛规则是：6 局棋，5 回合拳击，对弈与拳击交替进行；以棋局始，以棋局终；棋盘置于拳击场中央，每局棋限时 4 分钟，每回合拳击限时 2 分钟；每次对弈结束时会响起铃声，工作人员撤走棋盘，转而进行拳击赛。参赛选手能否取胜，要看是否在擂台上击倒对方、棋盘上把对手将死，以及裁判的裁定——如果对方走棋总共超过了 12 分钟，也将被判负。这个竞技游戏的发明，也可以看成是对信息时代人类战争仪式化演进形象诠释的"发明"。

四、无界战实例

（一）微生物之间的战争

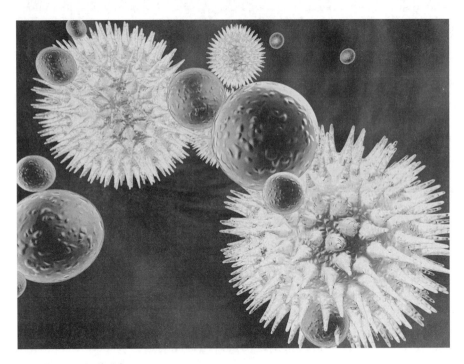

微生物之间的战争。

在我们这颗蓝色星球上，细菌等微生物无所不在。但从大地到海洋，几乎所有地方对细菌而言都是贫瘠的"荒原"，它们似乎每时每刻都在忍饥挨饿。这就是较之人类，细菌之间的战争要激烈、残酷得多的基本原因所在。

为了维持生存，细菌们会采取不同战略战术。其中最常用的，就是"菌海战"。一些细菌的繁殖速度非常快，可在短时间内使自己"国家"的"人口"发展到足以以多胜少的程度。这一点，我们只要把一滴水或一滴痰液放到高清显微镜下耐心观察，就会感慨不已。

细菌在战争中同样会不断创造新的武器，以提升自身的作战能力。铁是细菌的一种重要营养元素，它对于保持细胞内许多酶的活性必不可少。铁在自然界中其实并不稀缺，但绝大部分铁要么以细菌不能食用的化学形态存在，要么深埋在矿物颗粒中，而自然界中细菌能够食用的所谓生物有效铁少之又少。在漫长的自然演化过程中，细菌进化出了获取铁的独特能力——许多细菌能分泌一种叫铁载体的化合物，它能够将铁离子（一种生物有效铁）紧紧束缚住。此外，铁载体还可以帮助细菌将一些深埋于矿物或其他螯合物中的铁离子搜出来。正因为铁载体有如此妙用，细菌才会遍布土壤、海洋这些"有效铁"资源匮乏的广大"荒原"而持续生存，甚至于侵袭人体细胞，掠夺人体中的铁资源。

细菌还能发动"化学战"。泡菜坛中的乳酸菌堪称化学战能手，它们利用坛内的无氧环境迅速生长，并分泌出大量乳酸，以此杀死或抵御其他细菌。正因此，泡菜才得以保有沁人的香味。这对于爱吃泡菜的人类而言，也可谓是"双赢"了。当然，面对这种酸性化学战的细菌也不会坐以待毙。比如许多细菌可以通过多种方式将天然突变获得的对付抗生素的基因传给同类细菌或遗传给后代，使它们在抗生素的攻击下仍能生存繁衍。

细菌也像人类那样会创建自己的"根据地"。所有细菌都喜欢过群体生活，生物膜就是群体生活方式的一种典型形式。生物膜的形成过程，是先由个别细菌偶然黏附到固体物表面，并向细胞外分泌大量粘胶状的多糖物质，这些物质可以将细菌紧紧地固定在固体表面。于是，细菌得以在固体表面生长繁殖，并且吸引同类甚至异类细菌来此聚居，逐渐占据整个表面。生物膜对抗生素有超乎寻常的抵御能力，这主要是因为生物膜中的多糖物质可以阻碍抗生素的渗透，使进入生物膜内部的抗生素数量大大减少、攻击力降低。这种阻碍也给细菌调节自身战斗力以抵御抗生素提供了"战争准备时间"。

细菌之间的战争也遵从"共存法则"。科学家曾做过一个实验：将三个大肠杆菌菌株A、B、C接种到培养基的三边，菌株A繁殖速度慢，但却能释放出一种毒素，菌株B能被A的毒素杀死，菌株C能抵御A分泌的毒素，繁殖速度比A快但比B慢。结果显示：A用毒素杀死了相邻B的菌斑，而繁殖速度快的B占领了C的领地，C则蔓延到了生长缓慢的A的菌斑上，所有三个菌株在一曲循环竞争的"华尔兹"中实现了共存。当然，这还是一种"流血"的共存。细菌中并不乏互惠互利的和平共存。如一种叫阿拉伯糖乳杆菌的细菌能产生叶酸但需要苯丙氨酸，而粪链球菌能产生苯丙氨酸却需要叶酸，如果两种细菌共同生活在不含有苯丙氨酸和叶酸的地方则都能正常生长。有些细菌甚至还能和更高级的生物互惠共存。在黑暗的深海中，大部分鱼类都能够发光，因为这些光亮是它们看清道路、识别配偶或者诱捕食物必不可少的。但是，其中一些鱼类闪烁的光芒，却不是自己而是生活在它们身上的细菌发出的。当然，细菌们这样做也是有互惠条件的，那就是鱼的身体分泌出足够它们维持生存的食物。[130]

（二）植物之间的战争

一般看来，植物世界是一个没有战争的世界。因为它们没有动物式行动能力。它们之间的竞争似乎也是以和平方式进行，那就是只搞"军备"而不使用"暴力"——看谁的生命力强、生长得快，看谁的根系发达吸收养料多，看谁长得高大枝叶茂盛吸收的阳光多。事实并非如此。

任何植物都有自己的秘密武器，任何植物群落和种族之间无时无刻不在进行着战争。除了菟丝子与豆科植物的"寄生战"、绞杀藤与树木的"绞杀战"等特种战之外，植物之间还进行常规战，即人类已禁止的"化学战"。它们的化学武器，在生物学上称为植物间化学相互作用物质，是植物体内物质代谢的产物，多集中于植物的茎、叶、花、果实及种子中，可随时释放。植物化学武器的种类很多，几乎

绞杀藤与它的"胜利果实"。

都是有机化合物，酸类有氢氰酸、乙酸、肉桂酸、香草酸等；生物碱类有：奎宁、丹宁、小檗碱、核酸嘌呤等；醌类有：胡桃醌、四环素、金霉素等；硫化物有：萜类、甾类、醛、酮、叶啉等。这些化学武器分布于各类植物中，有些植物拥有其中的两三种化学武器。植物化学武器的杀伤力很强，能对植物的生理产生多种影响。主要包括：通过改变植物细胞膜上的ATP酶的活性来影响对手对钾离子和钠离子的吸收，使膜的通透性增加，电解质外渗，造成代谢紊乱；通过破坏植物体内的水分代谢，使木质导管栓化和堵塞，阻碍体内水分输导；通过分解苯甲醛和乙醇，抑制对手根系的呼吸，甚至把根尖烧焦；通过光合磷酸化解，增强气孔阻力使之关闭，抑制对手光合作用能力，降低其叶绿素含量；通过ITT脱羧或活化剂、拮抗赤霉素效应，抑制对手生长，甚至使之枯萎，向地性消失，提早落叶；通过某些活性酶的影响，改变对手的催化反应；通过提高种皮渗透性，促进水分吸收和气体交换，使对手提前萌发，不能适应当前气候而死亡。

植物之间的战争还有"陆战"、"海战"和"空战"之分。

陆战：一些植物，如禾本科牧草高山牛鞭草，通过根尖把毒素大量排放于土壤中，对豆科植物旋扭山绿豆进行"经济封锁"——抑制其根系吸收能力，从而使之在消耗战中逐渐走向灭亡。

海战：利用降雨和露水把毒气溶于水中，形成污染而使对方中毒。如桉树叶的冲洗物，在天然条件下可以使禾本科草类和草本植物丧失战斗力而停止生长；紫云英叶面上的致毒元素——硒，借助雨水淋入土壤中，能毒死与它争夺水资源的植物异种。

空战：有些植物把大量毒素释放于大气中，形成"大气污染"使其他植物中毒死亡。如洋槐树皮挥发的一种物质能杀死周围杂草，使根株范围内寸草不生；风信子、稠李以及丁香花等，都是通过空战制敌的。

然而，植物世界事实上也以独特的形式禁用化学武器：那些常以化学战称霸一方的植物，往往也会自食其果。如苹果树根系分泌的根皮苷被微生物分解后，会导致自身中毒、死亡。[131]

（三）人类与微生物之间的战争

人类历史从某种意义上来讲是一部与病原微生物作战的历史。在14世纪，饥饿、战争、瘟疫这些妖魔侵袭欧、亚、非大陆，特别是"黑色妖魔"鼠疫，它几乎使许多昔日繁华的大城市变成了一个个寂静的坟场。这场鼠疫，仅在欧洲大陆就夺走了大约2500万人的生命。在当时，除鼠疫以外，白喉、霍乱、天花、伤寒……许许多多的传染病都在猖獗地向人类进攻。谁是这些疾病传播的黑手？这些杀人妖魔究竟藏在哪里？一代又一代医务工作者付出了艰苦而顽强的努力，终于揭开了一个又一个千古之谜。

荷兰微生物学开拓者列文·虎克可谓是这方面第一功臣。他研制了一架300倍显微镜，第一次看到了人类此前从未看到过的微生物世界。从此，这种肉眼看不到的微小生命被命名为"微生物"。

此后，随着病原微生物被认知，人类与之展开了长期较量，其中有着名的三大战役。

第一场战役是"606"（一种新药的代号，即申凡纳明）的问世。打响第一场战役的功臣首推德国犹太人医学家、生物学家欧立希。在欧立希研究"606"的时代，人类已研制出大炮、飞机等先进武器，但是对微小的病原微生物，却还是束手无策。欧立希立志要研制一种神奇的微型"子弹"，将病原微生物一个一个击毙。

可要寻找既对病原微生物有杀伤作用，又不伤害人体的神奇"子弹"，谈何容易。欧立希经过 606 次的试验终于找到了申凡纳明。这种新的药物一问世，全世界备受鼓舞。因为它对当时由感染螺旋体而患梅毒的病人有神奇疗效。遗憾的是"606"这种药物毒性太大，常常置病人以"按下葫芦漂起瓢"的尴尬之境。现在，"606"只存在于药品研究历史档案之中。

第二场战役是磺胺类药物的出现。1936 年，德国医生杜马克向病原微生物发起了新一轮进攻。杜马克以小白鼠作为受试动物，终于用一种黄白色粉末——磺胺类药物，把受试动物从死亡的边缘挽救回来。

磺胺药物被广泛应用于人类以来，无数在死亡线上挣扎的病人得以挽救。但是，磺胺类药物也有弱点，它对因链球菌感染的疾病有很好的疗效，而对另一些细菌感染疾病却无能为力。因为细菌也在积极寻求对策，它们依靠其越来越强的耐药性对磺胺类药物展开猛烈反攻。自第二次世界大战爆发以来，数以万计的人不是死于敌人的枪炮之下，而是被细菌夺去了宝贵的生命。

人类对病原微生物的第三场战役发起于 1928 年英国中部的伯利汉城，领导这次战役的是英国微生物学家弗莱明。时年一个夏日，弗莱明无意中发现，培养皿内的金黄色葡萄球菌溶解了，而由空气中飞来的一种绿色霉菌繁茂地生长着。这对微生物学家来说是司空见惯的事情，但弗莱明多问了自己一个问题：这有可能是一种杀菌物质吗？他立即展开实验，终于证明这种新物质具有阻止葡萄球菌繁殖的强大能力，并证实这种新物质是对病原微生物最具杀伤力的青霉素。11 年后，受此启发，英国病理学家弗洛里研制出较为理想的青霉素样品。

从 1939 年到 1943 年，也就是在第二次世界大战最惨烈的阶段，欧洲、亚洲、非洲各战场每天有数以千计的伤员送到后方，而医院又有成千上万的伤员死于可恶的病原微生物之手。为此，弗洛里与他的合作者钱恩一起来到美国，克服种种困难，建立起世界第一个生产青霉素的工厂。从而，使人类有了一支有多少敌人就可以有多少勇士的抗击病原微生物大军。自 1943 年青霉素应用于临床以来，它已挽救亿万人的生命，迄今仍在人类抗击病魔的第一线发挥着尖兵作用。

1796 年 5 月 17 日，英国医生琴纳经过深思熟虑，第一次在人体上进行牛痘接种试验并取得成功。这是人类在与病原微生物的战争中由被动防御转入积极防御的一次战略性转变。此后，尽管道高一尺、魔高一丈，但随着各种疫苗研制成功，人类在与病原微生物的作战中已掌握战略主动权，基本可以将各种强敌御于防线之外。[132]

（四）蚂蚁之间的战争

蚂蚁世界与人类社会有许多共同点，如有条不紊的社会秩序，对违法、背叛行为严厉惩罚等。蚂蚁社会的劳动分工以及食物分配制度非常完善。对于蚂蚁个体而言，它们如何吃、如何繁殖以及如何参与战争，都有一套极其完善的制度体系。著

蚂蚁大战。

名昆虫学家威尔森认为，考虑到庞大的蚂蚁群体以及它们整个社会体系的团结性，从某种程度上讲，蚂蚁也称得上是战争大师。昆虫学家兼摄影记者马克·墨菲特则认为，"在战斗方面，蚂蚁比其他任何动物（包括灵长类动物）都更像人类"。墨菲特在美国加利福尼亚、尼日利亚等地对蚂蚁群落进行了长达数年的跟踪研究和摄影，并对蚂蚁之间的战争与人类之间的战争进行了分析对比。蚂蚁世界的某些战术也许最初看起来有些低级甚至怪异，但当你了解到人类社会也曾长期采用同样的战术时，你就不再感到惊奇。

已知大约有130种蚂蚁生活在美洲大陆，行军蚁就是其中之一。这种蚂蚁更像是一支罗马军队，它们总是以一个庞大、密集的阵形向前运动。不过，墨菲特介绍说，"它们通常聚集尽可能多的军队，同时以一种快速的闪电进攻方式制服敌人。它们占领一处新领地就是为了获取充足的食物。一旦食物吃光，它们就会继续向下一个'新大陆'前进"。

行军蚁的某些战术特点与兰彻斯特定律相似。在第一次世界大战期间，弗雷德里克·兰彻斯特提出一个著名的战争公式（战斗力＝参战单位总数 × 单位战斗效率。——笔者注）。行军蚁在战争中同样更看重军队规模和战略位置，集中优势兵力取得出其不意的效果，墨菲特解释说，"冲在最前面的，并不是最强壮的精锐部队。大多数情况下，这些最勇敢的士兵都是些老弱病残的蚂蚁。"在某些蚁军中，可能有数以百万计的"炮灰"部队以密集的阵形勇敢无畏地向前冲，战阵有时会宽达100英尺（约合30米）。由于有数以百万计的行军蚁部队协助，少数精锐部队就可实现无坚不摧，但前提是所谓"炮灰"部队已经将敌人折磨得丧失战斗力。

所有蚁军都有高度的组织纪律性。它们是以一个"超个体"形式进行战斗，而不是单打独斗。此外，蚂蚁还拥有绝对的忠诚，即使最爱国的人也无法与它们相比。墨菲特介绍说，"这就好比你一出生身上就纹上了美国国旗。它们永远忠于自己的群体，它们愿意为自己的组织而死"。

既然许多种蚂蚁都拥有这些特点，那么究竟哪一种蚂蚁能够成为最后的胜利者呢？在加利福尼亚，墨菲特见证了两个蚂蚁群之间的"百万战争"。为了占领16.4万平方英里（约合42.5万平方公里）的加州领地，阿根廷蚂蚁和红火蚁展开了一场旷日持久的拉锯战。最终谁能获胜，墨菲特表示："无法判断，这两种侵略者似乎势均力敌。"[133]

（五）人类与其他动物的联合作战

1. 骑兵战

直至近代，骑兵依然是人类战争中的重要兵种，素有"以人为体，人马一体"之说。高速、突然、攻击力强，是骑兵战的显著特点。这不仅是人、马有机结合的结果，还是马的器官功能在军事上的具体运用。

成吉思汗西征花剌模之前，蒙古军团 3 万人穿越被称为死亡地带的帕米尔和天山山脉之间的谷地。当时，积雪一丈多深，他们要穿过长达 4 千多米的吉西列阿尔多和铁列古达巴干两个峰口。在特大风雪中，在海拔 7000 多米的山间，他们用

骑兵战。

被服包住马腿，自己穿双层的皮毛大衣，前赴后继，昼夜不停。他们为了暖和身体，用小刀切开马的血管，吸食温热的血液，然后再把血管封闭起来……此次征程，蒙古军团创造了人类军事史上的奇迹。为充分利用羊、马的给养功能，成吉思汗还规定了具体屠杀方法：将备好的牛羊膀胱吹满空气，把骨管伸进膀胱。骨管上刻有螺丝纹。在马的第四、五根肋骨之间刺个创口，然后把骨管插入肺部，再挤压膀胱把空气注入肺脏，马立刻死去，状若电击一般。这样做的好处是肉量增加而营养成分无损，口感亦佳，且易于长时间保存。蒙古骑兵，一兵多马，不仅保证了军队的速度，也储藏了必要的军需供给。

正是这种独特的给养保障方式，使蒙古骑兵所向披靡，横扫亚欧大陆。也使成吉思汗作为马背上的征服者，镌刻在人类战争的记忆里。[134]

2. 象兵战

1569 年，泰国大城王朝被缅甸灭亡。泰王子纳黎萱不甘亡国屈辱，卧薪尝胆，积蓄力量，在爱国遗官志士的拥戴下，于 1584 年在肯城自立为王。缅甸国王闻讯大怒，但又一时无可奈何，经过 8 年时间的周密准备，于 1592 年派遣缅王储帕玛哈乌拔拉率象兵讨伐。早有准备的纳黎萱和其弟弟挥师奋起迎战。他们依托热带山岳丛林的有利地形，设下层层伏兵。当缅军进入泰军埋伏圈时，伏兵猛然蹿出。纳黎萱亲率"象兵"冲杀在前。霎时缅军死伤遍野，阵脚大乱，四奔逃遁。恰在此时，纳黎萱及其弟所骑之象春情勃发，撒开四蹄没命地追赶奔跑中的缅军"象兵"。泰军乘"象兵"之威奋力追击，不料反陷入缅军阵列圈里。在一个山丘上，泰王纳黎萱抬头环视四周，猛见缅王储帕玛哈乌拔拉骑在象背上，驻足于不远处的树阴下，周围簇拥着众卫士，一派笑傲天下的气势。纳黎萱不禁一愕，但很快从惊愕中镇定下来，不失王者风范，激将之言脱口而出："皇兄！为何呆立树下，敢来决一雌雄否？良机莫失啊！"

缅王储帕玛哈乌拔拉听罢此言，刚要发怒，却见纳黎萱身边只有寥寥几名侍卫，心想倘若即令部下上前拿下这落网之徒，岂不有以强欺弱之嫌，便二话没说，挥鞭策象朝纳黎萱的骑象猛冲过去，一下将纳黎萱的坐象撞得横在面前。他就势举刀向纳黎萱猛力劈下去。泰王闪身躲过刀锋，但头盔已被砍破。千钧一发之际，纳黎萱临危不惧急忙回身使出全身力气，驱象撞向缅王储的骑象，并挥刀猛砍下去。这一刀从缅王储右肩斜劈下来，伤及中枢神经，使缅王储当即毙命。帅亡兵溃。

古代泰国与缅甸象兵大战。

缅军丧魂落魄，惊慌逃遁，泰军大胜。在这之后的 150 余年间，再无外敌敢于来犯泰王国。[135]

我们如何进行战争

第七章

砸碎铁床

理论的大厦是用概念的砖块砌筑。砖块在砌成特定建筑之前具有多种可能性，但一经砌成房屋，它就成了房砖，而不能称之为路砖、地砖等。就是说，概念砌筑理论，理论辖制概念；一个时代的理论一旦定型，便意味着它自身其他时代性的丧失。然而，在现实中，理论常常无视于此，以至于形成本书导言所说的"铁床现象"。我们现在正在进行的战争，就面临这样一张非砸碎不可的"铁床"。

一、跳出无源之水

战争理论形成的基本模式，是对人类战争经验进行总结、归纳和抽象。人类战争经验的时间跨度，少说也有 250 万年。但一直以来，人们用以进行"抽象"的战争经验，仅是其中有文字记载以来的农工时代几千年"文本经验"。那些考古成果，诸如游猎时代的工具、岩画等所提供的"另类文字记载"，那些世界上现存的原始族民所能提供的"活的文字记载"等，则似乎与之无关，基本没有派上用场。也就是说，传统战争理论仅仅是就人类战争史的一个中间段落（农工时代）来论说，它是一种没有源头因而也没有未来、仅适用于农工时代战争实践的理论。

进入信息时代半个多世纪以来，人们的战争思维之所以总难跳出火力战争窠臼，根本症结就在于此。

千万不要小看了战争的源头。如同一切生命体的基因密码蕴含于最初孕育它的生命因子一样，人类战争的真谛就隐藏在它的源头之中。正因此，当信息时代社会样态呈现战争与和平、军队与民众、传统战争与非传统战争界限模糊等历史征象时，人们寻找战争钥匙的视线不能不向它的源头延伸。只是，适时指认战争源头的，不是战争理论家，也不是军事历史学家，而是物理学家钱学森。这位著名物理学家在 1997 年的一次谈话中明确指出："从人类历史的过程看，最初出现的战争是徒手战，然后有了冶炼技术，才出现冷兵器战争……" [136]

徒手战之"徒手"并非指"空手"，而是指作战工具的就地取材特点或无定性。其一，在游猎时代，以石斧、木矛为代表的人类工具均为打制石器技术的产物，刃、尖脆弱，使用中极易失刃和钝化，需要频繁更新。其二，在游猎时代自然分工条件下，人们是狩猎、采集还是进行人类之间的仪式化战斗，在实践中是使用石斧还是使用木矛，都要依据当时具体实践对象而定。其三，在某些情况下，如氏族之间以拳击进行的仪式化战斗，人们又会使用"内化工具"，以拳脚而战——纯粹的"徒手战"。

对于我们正在进行的战争而言，这一历史阶段之所以显得至关重要，是因为它与信息时代有着深刻而普遍的历史相似性。一是战争工具的无定性。石斧、木矛等工具，与机器人、无人机等工具都属于通用工具，它们是用于战争还是用来进行生产，都是由工具使用者按照当时当地的社会实践需求确定。二是战争主体的整体性。游猎时代和信息时代的战争主体，都可谓之"生命共同体"——除人而外，还包括其他动物及植物、微生物、天体等一切生命体。三是作战样式的仪式性。游猎时代和信息时代居于主导地位的作战样式，都不是歼灭战，而是仪式化战斗。这意味着，唯一能够打开信息时代战争之锁的钥匙，就挂在游猎时代战争之树上。只可惜，这个如此重要的历史阶段，几乎被传统战争理论完全忽略了。

这种"忽略"与传统战争理论的另一时代局限不无关系，那就是"急功近利"——传统战争理论只盯着"眼前的战争"。尽管由于农工时代战争日益暴烈，这种"火烧眉毛只顾眼前"的做法在相当程度上是必要的、无可指摘的，但毕竟，它所铸就的理论局限是不可低估的。

一直以来，不仅《战争论》这样的经典理论只是对农工时代人类战争经验的"抽象"，一些新近面世、看似在写信息时代战争的理论著述，也是囿于农工时代人类战争经验来进行"抽象"。这便从根本上注定了，这种并非基于人类战争历史的全部，而是以其中一个段落为"抽象标本"的理论，是"关于农工时代人类战争的理论"。也就是说，它既然没能对之前的即游猎时代战争作出应有的观照，也便不能对现在的即信息时代战争给予应有的回答；它既然欠缺着历史纵深，也便缺欠了未来纵深；它既然失之于历史纵深和未来纵深，也便有失于整体纵深了。而这个"整体纵深"的缺失，又反过来强化着战争观的狭隘性及其深重影响。比如，想当然地把游猎时代战争划归于"冷兵器战争"（传统理论一再告诉我们，人类战争是从冷兵器战争到热兵器战争……），事实上将之混同于农工时代人类战争，甚至于以后者的本质特征为"准绳"否定前者的战争属性（有学者认为只有新石器时期以来的战争才能称之为战争，而之前的即旧石器阶段的战争"不具备战争的基本特征"）。又如，想当然地把信息时代战争与农工时代战争混为一谈——面对信息化、全球化平台上的战争现实，一些研究信息时代战争的理论著述，依然千篇一律地使用农工时代战争的流行话语："局部战争"如何如何，"未来战争"如何如何。回眸 20 世纪 90 年代以来发生的几场所谓"局部战争"，哪一场战争不是在全球化浪潮中基于"全球战略"发动的？哪一场战争不是牵一地而动全球地运行？哪一场战争给世界留下的痕迹——军事的、经济的、政治的、外交的、社会的、能源的、资源的、生态的、环境的、人文的、心理的……不是全球性与未来性兼具？又有哪一场战争不是在战争多样化背景下方式转换而过程仍在持续？

传统战争理论的铁床往往就是这样神奇，它让你该放眼"全部"的时候却只看到"局部"，该关注"眼前"的时候却又把目光聚焦于"未来"。正是由于这种立论基点上的错位，时下某些把信息时代战争作为"未来战争"论说的理论著述，很难让人相信它不会借由"未来"这个还没有人看见是什么样子的东西，模糊了理论的局限和谬误，把信息时代战争实践导向歧境。

"Don't fill up on beer. I need you to carry some of my books later."

"不要再往里面灌啤酒啦，我需要放些书呢"

二、重构战争理论

实践总是走在理论前面的。当实践走到两个时代的交叉结合部时，理论便进入它最困难的境地。战争理论尤其如此。"当前我们所面临的危机"，美国西弗吉尼亚大学军事科学教授罗伯特·R.莱昂哈德在他的《机动艺术与瞬间战争》一书中写道，"是没有一套适用于信息时代战争的有活力的战争理论。在美国和世界的大部分地区，战争艺术一直受一些神圣格言——战争原则的困扰。这些原则教育了一代又一代人，他们研究现代历史上的战争理论和实践时，总是要强迫历史上的战争去适应这些原则。我们生活在信息时代，农业社会和工业社会产生的许多原则已经过时了，然而美国的一些军事领导和文职领导仍然用它们来对待战争。"[137] 莱昂哈德所指出的实际是一个战争理论重构问题，即在农工时代和信息时代交叉结合部，战争理论面临重构而人们尚未按照实践要求来完成这样的重构。一个典型现象是，在信息方式日益居于战争主导地位的今天，传统武器装备正在转变为"间接性战争工具"，它们在战争舞台上越来越是作为"道具"发挥仪式化战斗的作用，但在实际中，人们却更愿意把赢得信息时代战争的赌注押在那些"铁疙瘩"上。

战争理论重构的基本逻辑，就像一国政权更迭那样，是以新的东西"套改"旧的。但现在，人们似乎是把它倒过来做。美国是信息革命因而也理应是信息时代战争理论重构的先行者和主导者，它在战争方式套改中本该用"信息化"套改"机械化"，但它并没有这样做。或许是由于拥有世界上最发达、最得心应手的机械化战争机器，它在战争实践中往往是用机械化套改信息化，或者是用信息化粉饰机械化。它在中东几个国家进行的战争，本可用"信息方式"，但却选择了"农工方式"（"机械方式"或火力方式）。结果是，它不仅把中东诸国推入无尽战争灾难，

中东之泪。

也把自己弄得债台高筑、危机四伏、国势趋衰。

在南海、东海诸国领土争端中，或者说在美国一手制造的这块"可操控混乱"中，美国人虽然很注重"信息方式"，但却自觉不自觉地漠视从而扭曲着信息方式：在信息技术这种"平"的技术支撑起来的全球化战争平台上，它既要当"裁判"，又要当"拳手"；它一边在保证"中立"，并鼓励中国这个世界第二大经济体发挥地区作用，一边又在"选边结盟"，编织对中国的围堵圈；它一面强调用外交手段和平解决争端，另一面却将其60%的"铁疙瘩"投向亚洲，并鼓励和支持有关国家扩充自己的"铁疙瘩"；它要求所有国家遵守《联合国海洋法公约》，自己却不签署此公约……结果是，除了与中国摩擦不断而外，它还把有关国家拖入一场背时的所谓新传统军备竞赛。

在大国关系战略上，它最担心的事情莫过于中俄联手，但在行为层面它却不由自主地一步步将中俄往一起挤压，至于世界是否会坠入新冷战险境，似乎已经不是它所能考虑的了。美国到底想要什么？怎样得到它想要的？最终结果又会怎样？恐怕连它自己也搞不清楚。

而这一切，追根溯源，首先要归咎于战争理论重构的迷茫、徘徊和滞后。国际权力场的斗牛如果没有理论之剑的驯化，就可能异变为非驴非马、把世界掀翻的怪兽。

战争理论重构是一个动态发展的系统工程。但有一个概念——战争存在形态，是它无论如何都必须予以足够重视的。近年来，面对战争存在形态的一个革命性变化——社会平战界限日益模糊，人们一时难以进行理论抽象，便基于传统概念中战争与和平的关系，拼凑出一个模棱两

困境。

可的概念："相对和平"。应当说，这个词多少还是道出了信息时代战争存在形态的一个重要变化，即战争与和平同在。然而，正如马克思所指出："战争比和平发达得早。"[138] 战争理论重构的基本着眼点是战争而不是和平。如果总是把战争理论的基准点放到"和平"上，并且总是停留于这种拼图游戏性的"相对"层面，那就非但不能进行战争理论重构，还会把战争引向"和平"的歧境。当下，人们之所以置身正在进行的多样化战争而又躺在"和平"上做"战争"的梦——期待传统的火力战争打响或不要打起来，根本原因就在于此。

战争存在形态与战争形态是两个不可混同的概念。其一，概念"辈分"不同。战争存在形态是战争形态的母概念。世间一切事物都是先有"存在形态"，然后显现出或被辨认出其"性质形态"。战争也是这样，离开战争存在形态谈论战争形态，就像我们在尚未确认母腹中是否有胎儿之前，便给未来的宝宝取名字、画素描、置办衣物一样浪漫却没有实际意义。其二，演变动因不同。战争存在形态的演变取决于工具时代形态从而是人类战争平台时代形态的演变，即战争的常态化存在和异态化存在，与工具之通用化和专业化、人类战争平台之全球化与分球化演进，是一种对应的因果关系。战争形态的演变则是由武器装备的代际形态决定。如人们对冷兵器战争、热兵器战争、机械化战争、核战争的形态界定，均是以武器装备的代际形态为依据。其三，所指不同。战争存在形态主要是就战争的时空形态而言，即战争的常态化存在和异态化存在，主要是从战争存在的时间、场域、主体、对象、方式等跨度上来说。战争形态则是以武器装备特别是主战装备的技术形态为参照来说的。

这也就是说，战争存在形态这个概念，是战争理论重构的基本抓手。没有它，人们就不可能真正注意到战争与和平、战争与生产、军队与民众乃至类人军与人类军关系形态的革命性变化，就不可能去注意人

类战争源头的现实价值，从而就不可能得出对信息时代战争无界化演进
的规律性认知，作出合乎历史逻辑的理论建构和诠释，就难以避免在新
旧两个时代交替期用老话套新词，用旧时代战争"铁床"迎接新时代战
争"旅客"的现象。

但现在，在辞书和战争理论著述中，作为核心概念来使用或诠释
的，却是只有"战争形态"，而没有"战争存在形态"。此足见战争理论
重构面临何等坚硬的"铁床"，还有多长的路要走。

作为本章结语，这里要说的只有一句话：历史常常令人猝不及防。
当我们意识到战争实践正在强制我们进行其理论重构的时候，我们事实
上已经被它远远抛到了后面。谁曾想到，我们这代人，竟会如此绝妙地
既是跨世纪的又是跨时代的一代呢？

第八章

确立"三互"思维

　　战争与建设（或生产、经济），是人类乃至一切生命体进行利益再分配活动的两个基本面。这两大实践之间的关系，本质上是一种"互寓"、"互拟"、"互动"关系。只不过，它由于实践主体所处时代不同而有着不同的表现，正像在农工时代两者截然分离，而在游猎时代和信息时代两者浑为一体那样。

一、互寓——战中涵建，建中涵战

　　如同宇宙这个生命体内含着所有生命子而每个生命子又内含着宇宙的所有生命元素一样，互寓是事物存在的一种普遍形式。某种意义上讲，人类文明的发展进步，就是对这两大实践互寓关系不断发现和利用的结果。

　　这里所谓"互寓"，是指人类两大社会实践基于彼此功能相通性——就像互联网既可以说是"建设"之网也可以说是"战争"之网一样——而在人类利益再分配活动中表现出的战中涵建、建中涵战。

　　在发现和利用战建互寓关系上，美国人堪称典范。有如斯巴达人把两大实践统一为军事化统治并据以打败希腊文明程度更高的城邦那样，美国人早在农工时代末期就已注意到战建互寓的奥妙所在。这要从第一次世界大战中美国的"中立"战略说起。

表面看，美国当时的"中立"确有其军事力量[139]还不能与列强匹敌的客观原因，它应当像它所宣称的那样安分守己搞建设，"在思想上和行动上同样做到不偏不倚"（威尔逊总统语）。但用互寓眼光来看，它不仅事实上在参战，而且是在与所有列强作战——它在通过向交战国兜售军火、提供贷款牟取暴利的同时，也在通过这种"递刀行为"不断促使列强多败俱伤。当时的白宫顾问豪斯就曾直白地说：同一个时期里，美国越来越强，交战国越来越弱，就等于美国力量在成倍增长。这个"成倍增长"，不仅表现为战争结束时全世界40％的黄金储备汇集到美国，使它取代英国而成为世界经济中心，还表现为它利用战争暴利迅速发展军事力量，对周边国家进行军事和经济扩张。如占领海地和多米尼加，两次武装干涉墨西哥，控制了古巴、尼加拉瓜和加勒比地区其他国家，使之成为美国的"市场"。

美国后来对德宣战，表面原因是德国潜艇击沉美舰"豪萨顿尼克号"[140]和"齐默尔曼密电"[141]的披露，但实际仍是出于"中立"战略的综合考量：既考虑到它给予协约国的巨额贷款不致因其战败而打了水漂，更考虑到美德两国均为后起的帝国主义国家，德国是美国潜在的最大竞争对手，而打垮这个对手的最佳时机就是其战争元气大大折损之时。

这种名义上的"中立"战略，一直持续到第二次世界大战。在第二次世界大战期间，美国打着"中立"和"民主国家兵工厂"的旗号，大发战争之财，直至美国因珍珠港事件"被迫"参战。所不同的是，在此时的战争平台上，美国已是作为世界的"经济霸主"和唯一拥有原子弹的超级大国登台亮相。而这样的局面，早在第一次世界大战爆发初期即被美国驻英国大使佩奇预见到了。他在1914年10月11日致豪斯的信中这样写道：战后差不多所有欧洲国家都快要破产了，海上将不再有德国，整个世界前途就将落在我们手中，这是非常难得的机会。

美国人对战建互寓关系的发现和利用不只是战略性的，更是体制性、发展模式性的。冷战时期，美苏争霸结局之殊异，很重要的是"异"在它们截然不同的工业体制和国家发展模式上。美国的工业体制属于军民互寓体制，它基本上没有独立的国有军用工业体系，而是军用工业和民用工业共处于同一个国民经济体系之中。这在国家发展模式上，可以概括为军民融合的"双头蛇"模式。苏联的工业体制则属于军民分离体制，它拥有独立的国有军用工业体系，基本上是军用工业和民用工业各搞一套，并且在总体投资方向上长期向军用工业倾斜。这在国家发展模式上，可以概括为重军抑民的"两条蛇"模式。"双头蛇"模式与"两条蛇"模式的本质不同在于，前者只需集中精力搞一个工业基础的建设，后者则必须进行两个工业基础的建设。套用数学的算法，前者是"军"与"民"的乘法，后者是"军"与"民"的减法。从经济意义上来说，正是这一乘一减，注定了美苏争锋的结局。说得残酷点，苏联的解体在一定程度上是自己把自己"减"没了。

没有原子弹，就没有互联网——今天的国际互联网前身，就是美国在 20 世纪中期为确保在苏联发动核战争时能够自动发出核打击或核报复指令而研制的军用通信网（APAR 网）；而如果没有互联网，就不会有信息化战争和信息化军队的发轫，从而也就不会有信息革命所催生的信息时代。这也可谓是战建互寓的划时代功劳了。

在当今信息时代，美国人对战建互寓关系的发现和利用，已经精明到了也许只有超级计算机才能运算其"乘积"的地步。以至于，就连电子游戏业也具有了"双头蛇"功能。美国空军 2009 年采购 2200 套索尼公司 PS3 游戏机，目的是将之与 linux 系统连接起来，组成一台超级计算机，用来研发雷达使用的高清影像系统——他们知道，国际商用机器公司（IBM）制造的那台创下每秒 1000 万亿次运算速度记录的超级计算机，其处理器就是由 12960 个索尼游戏机的芯片组成的；而由微软公司制造的 Xbox360 游戏机手柄，已经被用来控制 R-Gator 机器人和无人机在阿富汗、伊拉克战场执行作战任务。这是技术（工具）层面可以说明问题的一个最新例子。在战略效益方面可以列举的例子，是它的名为《美国陆军》、《荣誉勋章》、《使命召唤》等仿真游戏软件。由于这些游戏仿真水准高（一些游戏甚至可以真实再现军事基地铁丝网另一边的情景），它在军队和地方都"非常畅销，并且让美军的征兵工作受益匪浅"。[142]它在军队畅销，是由于"电子游戏仿真训练能够大大减少士兵在战场上出错的情况"[143]，能够使部队在寓训于乐中提高实战能力——美军已经用它来进行战场仿真训练——这标志着"军事训练游戏化"这样一种新

寓训于玩。

的厉兵模式正式诞生；它在地方畅销，则意味着一支寓于民众之中的生力军在悄然成长，意味着在包括经济信息战争在内的信息时代战争中国民战争素养的整体提升。

毫无疑问，任何人类科技成果都具有"战"和"建"的双重功能。只不过由于历史的原因，这种双重性在过去的时代被分割开来——它们往往首先应用于战争，然后再转向生产领域。而在信息时代，由于信息技术的革命性作用，"战"与"建"不仅呈现为"双"头并进，甚至于在越来越多的方面呈现出"民"领先于"军"、寓军于民的趋势。正是由于这个缘故，近年世界各主要国家在信息化进程中掀起军民互寓的"标准化"浪潮。

二、互拟——战争建设化，建设战争化

"互拟"，通俗地说就是互相模仿。如同飞机发明与鸟类飞翔、鹦鹉学舌与人类语言那样，相互模仿是人类文化的基础之一，也是人类文明进步的基本方式之一。由英国圣安德鲁斯大学领导的一项国际研究结果表明，"哪怕是模仿别人的错误也有助于培养模仿者的创造能力……因为我们通常都会模仿那些在具体环境中最有效的行为方式"。[144]这里的战建互拟，是指信息时代"战争"与"建设"基于彼此性质和表达方式的相似性——就像当代经济有人说它是"经济建设"也有人说它是"经济战争"一样——而表现出的战争建设化、建设战争化。

所谓战争建设化，是说在信息时代，战争日益彰显建设的性质和需求，要求人们把它作为一个系统工程来加以规划、设计、建设和管理。例如，信息时代战争越来越是在虚实二元世界无所不被涵盖的"超级战场"上进行，而这个"超级战场"在理论上、技术上、设施上以及其他

物质条件上还是并将永远是一个框架性的"半成品",需要人们基于无界思维和动态观念来加以不间断地研究、设计、构筑、改造和完善。中国学界近年提出建立"战争工程学",道理就在于此。

所谓建设战争化,则是说伴随信息既作为人类生存资源又作为人类生存工具之革命性作用和战略价值的凸显,经济这个昔日战争之因,转而跨到前台直接操枪弄棒而同时成为战争本身,成了信息时代战争舞台上的领衔主演,要求人们把它作为一种没有断点的战争实践来进行。如"金融"这个人们向来不会将之与"武器"混为一谈的东西,它在信息化、全球化平台上所滋生的许多金融衍生工具[145],已被"股神"巴菲特称之为"金融大规模毁灭性武器",其所能产生的社会破坏效果绝不亚于一场地区性乃至世界性火力战争。20 世纪 90 年代爆发的东南亚金融危机,21 世纪初爆发的世界金融危机,就是这种金融大规模毁灭性武器的"杰作"。按照传统概念,世界金融规则的每一次修改均可谓是建设行为。但事实上,由于世界金融秩序存在巨大的利益寻租空间,激励着有实力的国家或利益集团力争按照最有利于自己的原则谋求改变;由于信息技术提供的各种便利,这种秩序的修改与制定,实质上成了国际金融领域一场场霸权与反霸权、偷袭与反偷袭的货币战役,世界金融秩序的演进过程也成了一个十足的货币战争过程。正因为这样,如何运用金融既定规则进行经济信息战争的问题,已成为世界各国和利益集团力求在新的世界金融秩序中占据有利"地形"的一个战略问题。

三、互动——战为建用,建为战用

世界是一个互动体系,包括人或其他生命体内心世界的自我互动。世间一切事物,无不在彼此互动中演化与发展。这里所谓"互动",是指信息时代"战争"与"建设"基于彼此目的一致性——拓展其主体的生存利益，而表现出的战为建用、建为战用。

某种意义上讲，国家就是一部战争机器。国家的最初形式——部落或部落联盟，就是战争在消灭或吞并其他族群及其聚居地的过程中分娩的。国家存在的一大合理性，是它能够通过战争这种特殊的利益再分配活动，拓展和捍卫由以组建它的人们的生存利益。国家之"战"与"建"在功能上的重要区别，在于它们在这部战争机器的运转中，一个是炸弹，一个是燃料。

对此理解最深的，当属西方资本主义国家，因为它们的发迹史就是一部战建互动史——它们还用自己的行动给世界写下一句"现代谚语"："当商品不能越过边界自由流动时，士兵就该移动了"。对此最缺乏理解的，当属 16 世纪以后的旧中国，因为从那以后它所经历的所有对外战争都是在自己的国土上进行——它还用自己的行动给世界写下一个近代成语："忍辱负重"。对此运用最为娴熟的，莫过于美国，因为它在南北战争结束后所进行的历次战争，都是在别人的国土上进行——它还用自己的行动给世界写下战争的"新概念"："双 B 战争"（面包和炸弹的打头字母都是 B，故而得名）。在美国的"国家发达词典"里，"战为建用"是指"战争经济"，"建为战用"是指"经济战争"。

与过去有所不同，信息时代战建互动，是在战争与建设高度融合为一种新型战争——无界战——基础上而进行的"前沿互动"，即以综合国力为"蛇身"、以硬实力形式和软实力形式为"双头"的"双头蛇"式互动。在这方面，美国人又一次走到了世界前面。理论上，他们在关于硬实力和软实力使用问题的争论中创造了一个新概念："硬软实力"。而在实践上，他们的硬、软实力互动的触角，已经延伸至当今世界的各个角落：它的军事前沿存在——遍布世界的军事基地，加上它的经济前沿存在——遍布世界的占全球总数近 3 / 4 的跨国公司，再加上它的信

经济战争与战争经济。

息前沿存在——遍布世界的互联网"全息捆绑",很自然地使美国赢得
如下评价:"在人类的整个历史上,肯定没有一个国家像当今美国那样,
通过坦克和产品牢牢地控制着世界。"[146]

　　一个国家的战建关系形态或发展模式,与它的战略取向密不可分。
中华民族从成吉思汗以后就开始由"外向战略"转变为"内向战略",
以至于到了清代以后,这种"内向"被扭曲到了闭关锁国、落后挨打、
任人宰割的地步。这是需要中国人认真反思的。如果说在战建分离的
分球化时代,别人"外向"而自己"内向",尚可通过"丢卒"、"舍车"
来保全"将帅"的话,那么,在当今战建日趋同一的信息时代初级阶段,
摆上赌桌的已经不只是"卒"和"军",而是整个民族国家的存在形态

和整体利益——那种"割地"、"赔款"的办法不管用了，要"丢"要"舍"直接就是"将帅"，就像苏联、东欧、阿富汗、南联盟、伊拉克乃至巴基斯坦、白俄罗斯、格鲁几亚、吉尔吉斯斯坦、利比亚、乌克兰等国家所发生的那样。

因此，在当今全球化平台上，着眼战建关系变革，确立以战建互寓、互拟、互动为核心内容的"三互"思维，积极探索适合国情民情的"双头蛇"发展模式，做到在战建"统一"中"内""外"兼修，努力走出一条军民融合式发展路子，可谓是当今各国求生存、谋发展的必然选择。

第九章
弄清战争结构

战争结构是指构成战争整体的各要素组合形态。认识战争结构就像人们在战争中分清敌友关系一样重要。但一直以来，这个问题却被战争理论忽略了，以至于在今天，我们不能不把它作为战争的一门"新兴学问"来做。

一、主体结构——横宽与纵深

任何战争主体都有其独特结构。任何战争主体的结构都是纵横交织、浑成整体的。战争主体横向结构是指战争主体之间的组合形态。战争主体纵向结构是指战争主体自身在进化阶梯上所具有的阶段性组合形态。战争主体横向结构无边无界，这一点前已述及。这里着重讨论它的纵向结构。

以人类这个战争史诗的主人公为例。更为宏观地看，人类进化是一个从非人类到人类再到非人类的历史过程。如前所述，当今人类已开启"非人类化"历史进程——按其阶段性可分为三种组合形态：一是"电子人"形态。这种将计算机网络与人的神经网络链接起来，使人机浑为一体的生命形态，已经在英国雷丁大学教授凯文·沃里克身上变现。2001

年 8 月 1 日，世界首例电子人凯文·沃威克到上海参加"2001 活灵活现的科学"活动，他在介绍"电子人感受"时说："当我走向实验室时，大门就自动打开了；经过走廊时，灯一下全亮了；走过正门时，电脑会和我打招呼，'嗨，凯文，你好吗?'"二是"自我置换"形态。随着人类生命体的信息化发展，人终有一天可以像孙悟空七十二般变化那样随意变换"自我"载体——无论变成一座庙，还是变成一只蚊子，人都可以作为非人的生命形态而存在。三是"化"为信息本身。信息是大千世界赖以生成、消亡和演化的生命子，人来自于信息，又终将回归于信息。

后两种组合形态看似离我们很遥远，但在信息化加速度发展的今天并非遥不可及。无论如何，有一点是明确的，即作为战争史诗的主人公兼执笔者，人类在信息化进程中，如何处理其与形形色色的电子载体、自我置换载体乃至信息即生命子的"组合"关系的问题，已经成为人类进行无界战必须面对的一个时代命题。

这里需要强调的是，在战争主体结构无界化的历史进程中，人类必须革除以往那种夜郎自大的偏见，自觉地退居于与其他一切生命体平等相待的位置，正像如今"军队"正在向"人民"让出一步，由战争"独裁者"退居于战争"合作者"的位置那样。

在人类之间的战争中，我们可以把战争主体结构与传统战争概念中的"全民皆兵"看成同一个东西。只是，在当今信息化条件下，这个"全民"与农工时代作为特例在特定范围奉行人民战争的"全民"已有质的不同。一方面，是"全民"的具体指代有所不同。信息时代的"全民"，既指现实世界的"全民"，又指虚拟世界的"全民"。这与过去那种"军队和老百姓一起参战"是不可同日而语的。另一方面，是"全民"的整体性不同。信息社会的一个突出特征，是既"整合"又"分化"。"整合"的实质是全球化，"分化"的实质是"个人化"（正像"宅男"、"宅女"足不出户即能够生存并有所作为那样）；全球化意味着个人成为"全球的个人"，"个人化"意味着全球成为"个人的全球"。"全球的个人"是说，个人作为全球化战争的一个"微粒"与世界照面；"个人的全球"则是说，一个"微粒"的"无规则运动"，往往足以联动一场全球性战争。

那个名为"Confcker"的神秘病毒的作者，就是一个典型例证。他利用视窗软件的缺陷，成功控制了多国共 500 多万台电脑，并把它们连接成一台由病毒作者遥控的虚拟计算机，使"这台虚拟计算机的能力要超过世界上一些最大的数据中心"。[147] 以至于由一批世界顶级电脑专家组成的"志愿军"，与之进行了一年多激战，也没能将其拿下。而这样的战争主体如果不是以套取金钱为目的，而是出于某种"实验"或恶作剧兴致，调动千军万马，进行基于农工时代战争思维的所谓"网络中心战"，其后果可想而知。

同样，由恐怖分子发动的恐怖袭击，也足以达成牵一地而动全球的战争效应。这意味着，"一个人的战争"的时代降临了。要求战争指导者在战争主体结构的规划、设计和管理上，必须由过去基于"集体主义"的整体性向同时基于"个体主义"的整体性转变，力求达成"集体约束力"与"个体向心力"的辩证统一。

这种"个体主义"的另一题中之义，是战争主体基于信息共享的地位"平等性"而存在。在过去的战争中，上级与下级、主动与被动的等次关系十分清晰。但在各力量单元可以互联互通互操作的信息时代战争中，传统的上下、主从二元对立结构正在被打破，正在凸显出一个指挥者与作战者之间"地位平等"的中间地带。如在某场域遂行作战任务的一名士兵，必要时他完全可以对包括高级指挥官在内的所有官兵实施指挥，就像游猎时代围猎巨型动物的"紧密队形"中大家互相指挥那样。这意味着，信息时代军队转型的重心，已指向"细胞功能型军队"——"军队"的每一个成员全面发展、全息武装，既能够作为"战争枢纽"遂行和应对"一个人的战争"，又可以作为一个"细胞"在整个战争肌体中发挥应有的作用。

信息化装备可以使一名单兵具备 C4I（指挥、控制、通信、计算机和情报）功能，成为一个战场传感器、一个特殊武器平台、一个网络司令部、一个战争"超人"。图为美军士兵正在演示"陆地勇士"单兵系统。

　　信息时代人类战争主体结构还有一个突出特征，就是战争主体的"中间层次"逐步被"删除"。比尔·盖茨在《未来之路》一书中提到几个领域的中间层次都将消失：处理信息和批发产品的中间人最好是另谋生路，公司的中间管理层次也将被削平。这样的前景，同样适用于人类战争领域。在信息化条件下，依靠能够实时分析、处理大量数据并相互交流的计算机网络技术，高级指挥官可以同时指挥和协调数量极大的单兵进行作战，因而至少在理论上不再需要中间指挥层次；与此相应，传统概念中的"平战转换"问题，也将被"删除"（当社会到了没有平战界限的时候，自然也就不存在平战转换问题了）。这种向"两极"压缩的主体结构变化，是包括战争理论构建、武器装备研发、军队体制编制改革等在内的信息时代军队治理所要面对的一个时代性课题。

一个值得注意的现象，是人类战争主体的"私营化"趋势。1987年，一个专门从事战争事务的私营公司在美国成立。这个"军事专业人员咨询公司"位于弗吉尼亚州亚历山德里亚林荫道旁的一幢四层楼上，老板是美国陆军退役少将弗农·刘易斯。公司的高级职员中有19名退休的美国将军。对于这家公司的存在价值，刘易斯将军是这样说的：在世界新的无秩序的混乱之中，以及在恐怖活动的威胁迅速增大和无法预言的情况下，有许多工作白宫可能不想让国防部正式承担；在国外的冒险活动从经费和政治角度讲代价越来越高昂，失败的风险或恐怖分子在国内的报复普遍存在的今天，让你了解的和值得信赖的其他人去承担这一工作也许是明智的。这意味着，人类战争主体结构变革已经开启非国家化（"微粒化"）历史大幕。

二、中介结构——正在主体化

战争中介通俗地说就是战争工具。这里将之称为"中介"，主要是因为一些智能化战争工具，如自主性越来越高的智能机器人等，正在超越传统概念中的工具范畴而具有了某种主体的性质——就像美军的机器人、无人机，在阿富汗、伊拉克战场上所进行的出色表演那样。

如前所述，人类创造工具的一个重要目的是寻求"行动替身"，因此，在智能化工具日益人化发展的今天，"工具"具有某种"主体"性甚至有朝一日具有与人类平起平坐的主体性，是不足为奇的。换言之，在我们人类的概念里，战争工具再也不能仅仅是指枪炮之类"物件"了。

到目前为止，战争中介结构的主体化演进可能仅仅亮相了冰山一角。它的后续发展变化会有多么不可思议，要看人的想象力。人的想象力，本质上是人脑以世界的通用语言的方式对自然机理的映射。因此，凡是人类能够想到的，就是人类能够办到的。我们不妨先来看看人类已经想到的战争：

"微观战争"的简单模型：

假设 A 国有且只有微观武器，尺寸大于 0.1 毫米的武器装备为零；B 国有且只有宏观武器，尺寸小于 0.1 毫米的武器装备为零。A 国的微观武器可以飘浮在空气中，漂洋过海。B 国的宏观武器很先进，卫星、飞机、坦克、舰艇和导弹完全隐形，导弹百发百中，弹无虚发。由于某种原因，B 国决定先发制人。

——第 0 秒：B 国 1000 枚天基导弹、5000 枚陆基导弹和 4000 枚海基导弹同时发射。

——第 50 秒：1000 枚天基导弹从 500 公里轨道上挺进至 5 万米高空，突然 1000 枚天基导弹同时发生爆炸。原来 A 国的微米颗粒漂浮在 0—100 公里范围内，经过 50 公里的追踪、确认和聚集，微米颗粒引爆了来袭的导弹。

——第 60 秒：5000 枚陆基导弹和 4000 枚海基导弹距 A 国还有 1000 公里，突然全部同时发生爆炸。原来早已潜伏在这些导弹中的 A 国的纳米颗粒处于不伤害 B 国平民的考虑，在确认相对安全后引爆了导弹。

——第 100 秒：B 国军政要员全部死亡。原来早已潜伏在 B 国军政要员体内或军政设施内的纳米颗粒经过反复确认，决

定执行斩首程序，杀死了 B 国军政要员。战争结束了，A 国的
任何人都未参与战争，也未动用任何电磁和网络设备。[148]

尽管这场"战争"不无科幻色彩，但纳米技术、生物技术、智能技
术等相关技术的发展前景理直气壮地告诉我们，这样的战争离我们并不
遥远。

我们知道，纳米技术正在启动新的军事技术革命，它将对武器材料
技术、电子与计算机技术、军事医药与生物武器技术、作战环境与资源
等产生重大影响。它不仅正在使人类工具迅速小型化（或虚化），而且
正在使战争跨入崭新的微观世界。科学家预计，到 2015 年，便于布设
和隐蔽的苍蝇针、间谍草、机器鱼将进入实战。据有关资料，美国和以
色列目前正在联合研制只有针尖的 1/5000 大小的纳米炸弹，可以炸毁
生化武器中含有致命炭疽孢子体的病毒。在这样的纳米武器中，生物和

蝎子机器人。

非生物的部件结合成交互作用的传感器和处理器，使其具有隐身、感知自我指令和对新信息处理作最佳响应等性能。到 2020 年，科学家将开发出用纳米材料制成、渗透性和破坏性极强、可声控的纳米机器人士兵——"蚂蚁兵"，其能量驱动来源于声能转换。"蚂蚁兵"喷出的腐蚀液或导电液能够破坏武器系统，使之瘫痪失灵；其敌我识别系统可分布在整个飞机或车辆外表面上；能够飞行或爬行的"蚂蚁兵"可大量撒布在任何空间，利用群起而攻之的战术，与纳米地雷、纳米炸弹配合使用，实行战略打击，破坏力极大。[149] 由此可见，上述"战争想定"是有充分科学依据的。就是说，信息时代战争中介结构变革，除了我们在前面谈到的"战争变虚"之外，一个革命性特征就是战争中介"主体化"——"无人战争"正在向我们走来。

三、对象结构——亦敌亦友

战争对象结构是就敌友关系而言。敌友关系是个动态概念，即在相应平台上，它既可表现为非敌即友、敌友转换形态，又可表现为亦敌亦友形态。

我们来看两篇报道——

"杀人虾"入侵英国

据英国《镜报》2014 年 4 月 16 日报道：目前，"杀人虾"和其他外来物种正在以高于任何时期的速度，入侵英国本地的生态系统，对当地动物乃至人类的生命健康造成了极大的伤害。据数据显示，2012 年，英国共有 1857 种外来物种，其中

282种有攻击性且无法根除。其中，杀人虾产于黑海，可以长到3厘米长，因不用吞食攻击对象便可致命而得名。

同时，英国议会也强调，其他致命的动植物群也正在以高于以往的频率袭击英国。环境审计委员会称，日本紫菀、北美淡水大虾、斑马贻贝等动植物都会伤害英国动植物，甚至是人类的健康。大猪草是另一种外来入侵物种，垂钓者接触后，会导致皮肤肿痛和皮疹，其花粉还会引起哮喘。

除此之外，英国土地和商业协会还称，包括杜鹃花和北美灰松鼠在内的其他外来物种对林木危害极大，每年造成价值高达1000万英镑（约合人民币1亿元）的损失。EAC主席琼·沃利称，这些攻击性的外来物种会危及本土野生物种、堵塞水道造成严重损失，甚至危及人类健康，但控制和消灭它们需要付出高昂的代价。[150]

"五角大楼"的"打僵尸"计划

在美国官方机构中，"五角大楼"向来是以未雨绸缪闻名的地方：总是处于备战模式，酝酿着各种计划，以备发生万一之时，随时可以拿出一套应对方案。

美国《外交政策》杂志在军方秘密计算机网络中找到了一份名为"CONOP8888"的非保密性文件。这份僵尸应对方案包含了一整套指导原则，告诉军方决策人届时将如何应对各种各样的"行尸走肉"，并且彻底摧毁它们。

"这套方案为美国战略司令部提供了应急指导方针，以便它在此基础上发展出一套完备的计划，确保军方在人类面对大群僵尸袭击时，可以采取具体行动，保护'非僵尸'人类。"

　　该计划概要中这样写道，"因为僵尸对所有非僵尸人类生命都构成威胁，（美国战略司令部）已经做好准备，要保存人类生命的神圣性，采取行动，支持任何人类群体，包括传统意义上的对手。"

　　根据这一方案，"最可怕的威胁场景"是发生了具有"高度传染性"的僵尸袭击，大批僵尸吞食大批人类，并以极快速度感染后把人类变成僵尸，而人类对此免疫力不强或者根本没有（免疫力），基本无法采取有效的反措施。

　　在"僵尸威胁概要"一节里，该方案列举的各种僵尸对手，不仅包括素食僵尸（"因为种种原因形成的僵尸生命形式，对于人类没有直接威胁，因为它们只吃植物"）、邪恶魔法僵尸（"邪恶魔法僵尸是通过某种超自然的实验产生的生命形式，换一种说法就是'邪灵'"），此外还有小鸡僵尸。"尽管听上去很可笑，但这实际上是唯一被证明真实存在的僵尸品种。"方案宣称，小鸡僵尸，即所谓的"CZ"指的是那些不能再生蛋的老母鸡被农民用一氧化碳方式实施安乐死，然后埋掉，最后却死而复生，挣扎着爬出坟墓，回到地

被打开的潘多拉盒子。

面。"僵尸鸡只是看着十分恐怖，它们的唯一后果似乎就是会让人变成素食主义者，以抗议对动物的残忍行为。"

方案中的"僵尸清单"还列出了从外太空来的僵尸、由弗兰肯斯坦那样的生物工程科学怪人故意设计出来的僵尸，以及被僵尸病原体感染后不幸由人类转变而来的僵尸。

该方案设想的作战区域涉及各种各样的人类聚居区和无人区。它审视了在僵尸统治下拯救世界的不同阶段，读起来就跟镇压叛乱的各个阶段没什么两样：从"部署"到"威慑"，到"掌握主动权"，到"占绝对优势"，到"稳定大局"，及至最后，是"建立信心"阶段，"恢复政权"。这个最后阶段包括"准备重新调派兵力，追击僵尸残余"的指导方针。[151]

水葫芦已被列为世界十大害草之一，也是中国国家环保局认定的 16 种最严重外来入侵物种之一。图为水产养殖区水葫芦打捞船在作业。

这两篇报道给人类提出的问题是：昔日人类的朋友为什么在今天成

了人类的敌人；它们的天敌去了哪里；在目前条件下，人类要捍卫自己的以整个世界生存为前提的生存利益，能够与什么样的盟友进行"联合作战"？答案在目前可以是空白的，但有一点已经毋庸置疑：在人类战争对象结构深刻变化的今天，人类战争思维中再也不能是"只有人类的战争"了。

就人类之间的战争而言，当今战争对象结构演进的一个重要特征，是敌友界限越来越难以划定。德国政治学家卡尔·施密特曾指出：冷战时的世界，国与国之间要么是敌人，要么是朋友；而在全球化世界，所有的敌人和朋友都变成了"竞争者"。这个"竞争者"，在哲学上可以描述为矛盾的斗争性与同一性共处于统一体中，在兵学上则应叫作既是"敌军"又是"友军"。这个话，放到人类战争历史长河上来说，完整的表述应当是：人类社会主体——氏族、部落、国家或其他利益集团——之间的关系，经历了一个"二元三阶段"历史演变过程：在游猎时代全球化平台上，即在"移动的筵席"上，它们既可能是敌人，也可能是朋友——敌友界限模糊；在农工时代分球化平台上，即在"固定的筵席"上，它们要么是敌人，要么是朋友——敌友界限分明；在信息时代全球化平台上，即在新的"移动的筵席"上，它们既是敌人又是朋友——敌友界限模糊，以至于我们几乎不可能把这种敌友双重性分离开来，就像在特定界域"微粒"不可分解那样。

一个不争的事实是，在当今信息化、全球化平台上，你已经很难指出哪一个国家或利益集团不是本国或本利益集团的信息战对象，抑或哪两个国家或利益集团不是互为信息战对象。20世纪80年代，美国对日本发起的那场以逼使日元升值为结点的货币战争，使当时人均国民生产总值已经超越美国的日本从此一蹶不振；而日本提出"东亚共同体"构想，则显然有着结成联盟以反击美国"货币霸权"的意图。不无讽刺意味的是，20世纪90年代，美国拉着几个欧盟国家对伊拉克和南联盟动武，其深层意图被许多学者解读为对欧元强势出头的狙击；而欧盟近年来发出的要求美国撤出其核武器以及建设独立于美军的武装力量等声音，或许应视为是对上述"讽刺"的觉醒；2013 年被曝光并引发其盟友乃至世界性抗议浪潮的美国监听丑闻，更能说明问题。在这方面，印度人表现出了令人惊讶的敏锐，他们有学者在定位中印关系时使用了一个颇具时代意蕴的词："友敌"——"印度和中国将一直是'友敌'"。[152]

这种战争对象结构的历史性变革，意味着信息时代战争的胜负观也将随之发生根本转变。"胜"不再仅仅是指打败敌人，而越来越是指成功地化"敌"为"友"；"负"不再仅仅是指自己被敌人打败，而越来越是指自己把潜在的"朋友"弄成了现实的"敌人"；朋友越多胜利越大，树敌愈广失败愈深。

四、肇因结构——没人知道下一秒钟会发生什么

如果说农工时代战争肇因是现实的和确定性的，诸如领土、领海、领空的被侵占或可能被侵占属于确定的威胁，而面对这种确定的威胁军队可以按照确定的方式对可能发生的战争进行准备的话，那么，虚拟世界的出现及其与现实世界的交互作用，则已使信息时代战争肇因结构具有了日益增强的无定性："人"的无定性，"机"的无定性，"实"的无定性，"虚"的无定性，以及人机互动、虚实交织过程所带有、所叠加的无定性等。比如，作为战争的人，一个战士在现实世界是"现实的战士"，在虚拟世界是"虚拟的战士"，在现实世界与虚拟世界交互过程中则是"虚实交互的战士"，"人"具有了"三重性"。依此类推，其他一切与战争有关的事物都具有"三重性"。正是这样的"三重性"，使得信息时代战争肇因具有了有如微粒"随机涨落"般的无定性，即

任何一"重"随机行为都可能导致战争的变奏。在冷战时期，古巴导弹危机，美军模拟核战的录像带误在监视器上播放，苏联卫星将太阳光的折射误判为核袭击等所引发的"冷战变奏"，都曾险些掀动一场核大战。

同时，由于信息技术为人类利益诉求的表达提供了极大便利，一些原本无足轻重的社会矛盾如同"颗粒"再化作"微粒"那样重新泛起，构成信息时代多元交织、无定性日益增强的战争肇因。如冷战结束后，伴随经济全球化和社会网络化、透明化，在美苏两极格局下受到压抑、隔绝或制约的民族的、宗教的、文化的、经济的、能源的、水资源的、生态的、环境的、空气的诸方面矛盾，都一下子冒了出来（具有整体涌现性），突出了起来。而这些矛盾，又是在各种社会组织乃至个人容易获得包括核生化、电脑病毒、金融衍生工具等非常规武器在内的多样化战争工具的历史条件下，"重新分解"和"无规则运动"，如果控制不力或应对不当，随时可能演化为国家性武力冲突或地缘政治危机。当下国际国内的恐怖主义、极端主义、分离主义等所造成的社会安全威胁，之所以如此令人不安而无奈，关键症结就在于，上述三股力量的"无规则运动"，钻了包括军队在内的国家安全力量"有规则运动"的空子。

这也就是说，在这个人机互动、虚实交织、各种矛盾"海量涌现"和"无规则运动"的时代，战争越来越是一种"随机涨落现象"。套用时尚的说法：没人知道下一秒钟会发生什么。而战争会以怎样的性质、怎样的样式、怎样的强度与"三重世界"照面，只有发生了才能"确定"。换言之，信息时代人们对战争肇因的判断、应对或控制，已经是一种"随机涨落"行为，那种针对确定的威胁以确定的方式进行确定的战争准备的做法，越来越不能满足社会安全需求。

五、目的结构——由"外"而"内"

哲学的目的论有"外在目的论"与"内在目的论"之分，战争目的结构也可以分为外在结构和内在结构。战争目的外在结构，指战争目的构成主要是以外在于战争主体心理空间的有形世界为要素，包括攻城略地、抢占物质资源等。形象地说，在这种战争中，战争指导者更像个外科专家，他更多的是通过"外科手术"来达成战争目的。战争目的内在结构，指战争目的构成主要是以内在于战争主体心理空间的无形世界为要素，包括攻心夺志、抢占心理资源、演变意识形态等。形象地说，在这种战争中，战争指导者更像个心理大师，其更多是通过"催眠术"来达成战争目的。

人类战争目的结构是一个"内"与"外"的矛盾统一体，其主次更迭随战争工具作用方式的变化而变化。当战争工具的作用方式以"强相互作用"（物理能和化学能）为主导形式时，战争目的结构以外在结构为主体；当战争工具的作用方式以"弱相互作用"（信息能和智能）为主导形式时，战争目的结构以内在结构为主体。例如，在战争工具作用方式呈现为"弱相互作用"的游猎时代，战争多表现为"无战"——仪式化战斗或"精神威慑战"。在战争工具作用方式呈现为"强相互作用"的农工时代，战争多表现为"真战"——歼灭战或消耗战。在战争工具作用方式日益复归于"弱相互作用"的当今信息时代，战争又开始表现为"无战"——以"信息心理战"为本质特征的多种仪式化战斗。

人的内在目的结构不仅具有认识论意义上的感觉协调和逻辑理性功能，还包含诸多情感、欲望的组合和力比多的运行类型，它们互套、互联、互通、互操作，构成与认知模式密切相关、浑然一体的能量形式。也就是说，人类目的内在结构是塑造人类思想观念、意识形态、价值体系的内在根基，我们的思想观念、意识形态和价值观，都是我们的内在目的结构对客观实在反映、加工、改造的结果。马克思所谓意识对物质的能动作用，康德所谓人为自然界立法，胡塞尔所谓先验意识构造世界，佛学所谓一切外境由内识变现，实质上都指出了人类目的内在结构在认识和改造外在世界中的能动性。这种能动性的神奇力量，已为大量科学实验所证明。

1981 年，波兰心理学博士诺尔格兰做过一个著名的实验：在征得本人和司法机关同意后，他为一个名叫费多加夫的死刑犯人施行"安乐死"：

行刑那天，诺尔格兰博士将费多加夫带进一个仅 3 平米的行刑室（试验室），室内除了一张窄窄的手术床外，只有一辆不锈钢工具车。工具车上放着一只不锈钢的盘子，盘子中放着一把雪亮的手术刀和一只透明玻璃接血槽。死刑犯被带进这个屋子前只知道他将接受一个能置人于死地的试验，至于怎样进行试验他一点也不知道。诺尔格兰博士让费多加夫躺在手术床上，押他进来的两名警察把他的双脚和左手牢牢铐在手术床上，博士慢慢戴上手套，然后将费多加夫的右手伸出手术室右侧板壁的一个小圆洞外。板壁那边装有一副手铐，"咔嚓"一声，费多加夫的右手也被铐住了，博士拿着刀和（接血）槽到另一边去了。费多加夫终于闭上双眼，他听见隔壁一声高喊："死刑开始！"这时他感到右手腕微微一痛，像是用刀割开他的静脉，马上，血在滴落，"哗啦啦 "……血开始流向血槽。3 分钟后滴血声开始变缓，5 分钟后滴血声已断断续续。费多加夫感到全身的血已经流尽，心脏的跳动也在逐渐变缓，呼吸越来越微弱，身体越来越冷，最后心脏终于停止了跳动。诺尔格兰博士在试

验之后道出了真相。原来，死刑犯根本就没有出血，静脉的一
刀是博士用刀背划了一下，滴血声也是用水滴声模拟的。对于
死刑犯的死，诺尔格兰博士的解释是：他死于恐惧。[153]

准确地说，这个人是死于心理暗示或催眠术。

"人民中间的战争"或"颜色革命"之所以不费一枪一弹即能够达
成一个民族国家战争体系、政权体系的瘫痪与更替，催眠术之所以不使
用任何药物和手术就能够使一个人完全按照"心理大师"的预设方案行
事，原因都在一个"心"字。正因为这样，现代信息心理战已成为"无
形战场"的最佳战争样式——战争主体围绕"制信权"、"制心权"而展
开的争夺，成了信息时代战争最常见也是最具决定意义的争夺。当下影
响力之争日益成为国际博弈的核心内容，原因就在于此。

信息心理战分为整体信息心理战和个体信息心理战。前者的作用对
象，是世界上所有能够感受到这种心理信息的国家、军队或其他社会主
体，其手段是包括个体信息心理战手段在内的一切手段，政治的、经济
的、军事的、文化的等；其目的是营造有利于己的社会心理倾势，包括
认知倾势、舆论倾势、情感倾势、行为倾势等。后者的作用对象是对某
一社会主体具有整体影响力的人物，其手段是与整体信息心理战手段相
一致的一切手段，物质的、精神的、意识的、潜意识的等；其目的是通
过改变该人物的社会心理倾势而改变其所在社会主体的集体社会心理倾
势，用信息心理学的话说，即"集体潜意识牵引"。

根据信息心理学相关理论，当信息作用于个体时，每个人都会产生
相应的心理应激。这个心理应激的效果如何，主要取决于应激源的三个
特性：一是应激源的新异性。新异性越强，其作用效果就越强大。二是
应激源的持续性。持续越长久，其作用效果就越深远。三是应激源的延
展性。延展领域乃至界域越多，其作用效果就越全面。在实际作战过程

网络水军："谁敢吃我一炮！"

中，这三者常常是互为条件、互相作用、相辅相成，要求战争指导者能够像心理大师那样洞察人的内心世界，遵从人的心理活动规律，注重民心民意变化，善于调动、整合和综合运用一切心理资源达成预期目的。

信息心理战在其他动物界也有很多"不战"而胜的战例。在战场上，一只蚂蚁抢先立于一个小土粒上，身姿高于对手，这个对手就会以形体语言向它表示"你赢了"。瞪羚的仪式化战斗是比"美丽"，即在双方尽情展示和对视中，当一方的角和颈斑终于被对手认为更好看时，对手便即讪然离去 。大概是在"科学与探索"电视节目里，我们曾看到惊心动魄的一幕：一只躯体块头只有对手几分之一的白鼬，在一只直立的兔子面前不停地跳舞，前空翻，后空翻，花样百出，直至兔子瞳孔放大，束手被"食"。这对于人类进行信息心理战是不无启示意义的。

战争目的外在结构正在随着人类信息能力的迅猛发展而为内在结构取代。适应这一历史性转变，关键在于确立"以人为本"的战争观。在当今以国家为中心正在让位于以人为中心的信息社会，任何有着时代担当、想要有所作为的国家领导人和社会实体主导者，都必须努力做到一切以"人"的条件为条件，一切以"人"的需要为需要，一切以"人"的发展为发展，一切以"人"的目的为目的。这既是一切战争主体凝聚心理资源、赢得战争的根本途径，也是一切战争主体依靠心理资源赢得战争的根本目的所在。

六、场域结构——"超级战场"

信息的无空间屏障特性，决定了信息时代战争场域不再是过去那种局域特征突出、与和平空间相对分离的有形空间和军事场域，而是一个与和平空间紧密链接、浑为一体的，有形空间和无形空间、军事场域和非军事场域整体作用的"超级战场"。形象地说——就人类之间的战争而言，在信息化、全球化平台上，经济信息战争、"人民中间的战争"、反恐战争、"秘密战争"等多样化战争，将像"大气微粒"一样"悬浮"于地球以及人类信息力所能及的所有星球的"液体"或"气体"之中，弥漫于人类社会活动的各个场域。

在信息时代战争中，越是虚的场域，越是对战争胜负具有决定意义。人类战争场域的演进，从地面到海洋，从海洋到空中，从空中到太空，从太空到网络，从网络到智力场，从此界域到彼界域，是一个伴随技术革命的阶段性推进而逐次虚化的过程。而对于战争制权——从制陆权到制海权，从制海权到制空权，从制空权到制天权，从制天权到制信权，从制信权到制心权，从制心权到制界域权——而言，其每一次虚化都较前一次更加广阔、更为重要、更具决定意义。这当然并不排斥"实"的场域的基础性作用，正像上层建筑不排斥经济基础的作用那样。

七、攻防结构——从二元对立到二元融合

进攻与防御是战争矛盾运动的两个基本面，其结构被称为"二元对立"结构。然而，正如矛盾的对立性与统一性在一定条件下相互转化一样，人类战争攻防结构在不同工具形态下呈现不同的结构形态。当人类工具处于通用化形态时，它在战争工具功能、战争主体职能和战争实施方式上，均表现为"攻防融合"形态；当人类工具处于专业化形态时，它在战争工具功能、战争主体职能和战争实施方式上，均表现为"攻防对立"形态。

在工具通用化的游猎时代，石斧、木矛等战争工具的作战功能，并没有什么攻防之分——攻也是它，防也是它；氏族群落之间的战争是整体对抗，不存在这部分人负责进攻、那部分人负责防御的问题——攻是这个整体，防也是这个整体；战争方式是以仪式化战斗为主体方式，整个作战过程没有明确的攻防界限。

在工具专业化的农工时代，武器的攻防功能分离开来，正像盾的出现使武器有了矛与盾的分别那样，整个武器家族分野为进攻性武器和防御性武器；战争主体内部随之有了进攻集群与防御集群之职能分工；战争方式也相应地转变为进攻与防御、包围与突围、冲击与反冲击、追击与反追击等攻防界限明晰的形态。

在工具通用化的当今信息时代，历史正在把被颠倒的东西再颠倒过来。其一，日益信息化的武器装备均是攻防兼备，人们越来越难以将任何一种信息化武器简单地归之为进攻的或防御的武器。如导弹防御系统，它虽然名之为"防御"，却不能同昔日的盾牌相提并论，即它不仅在作战方式上是以攻击对攻击，用自己发射的弹药击毁对手发射的弹药，而且在作战目的上也具有明确的攻击性——通过使对手攻击手段失

效而剥夺其进攻能力。又如网络战中的病毒攻击，它虽然名之为"攻击"，但病毒本身就带有不易破解的"防御"功能；而且在战争目的上，它也可以是用来"防"的，正像美国、以色列对伊朗进行的病毒攻击是为了防止后者研发核武器、威胁其国家利益那样。其二，战争主体是以攻防合一的体系形态与对手照面，即所谓体系对抗。在体系对抗中，任何作战单元都必须同时是能攻能防、攻防一体的——即便是配备了单兵

2014 年 6 月 13 日，中国代表团团长、中国常驻联合国副代表王民在纽约联合国总部召开的第 24 次《联合国海洋法公约》缔约国大会上发言，对越南、菲律宾在南海问题上的无端指责，澄清事实真相，予以反驳。（新华社记者牛晓雷摄）

系统的一名士兵，也已是集攻防职能于一身，其在作战的方式、效能和目的上与导弹防御系统并无本质差别。其三，战争方式越来越多地是以没有攻、防分别的仪式化战斗为主体方式。诸如军事演习、军备竞赛、科技争锋、争端谈判等，其作用本质上与游猎时代那种在"两军"阵前对骂、交手的"代表"所起作用是一样的。

与游猎时代有所不同的是，信息时代战争"攻防融合"在一定历史时期内还表现为体系内部的攻防兼容性。就是说，在人类社会形态由资本主义演变为共产主义的进程中，如在当下两个时代、两种社会形态交接过渡期，人类战争还须面对战争体系内部的"攻"与"防"——子体

系与母体系、子体系与子体系之间的攻防行为——我们称之为"内向型战争"。当然，即便是在共产主义社会，人类战争主体——"自由人联合体"内部也还会有"战争"，但它已经是另一层面的即人的志趣磨合中的矛盾冲突，与传统的攻防概念有着质的不同，正像游猎时代氏族群落内部不存在阶级性根本利益冲突那样。

八、战法结构——二元战法组合

战争有什么样的对象结构，就有什么样的战法结构。面对"杀人虾"等外来物种入侵，英国人之所以显得一筹莫展，根本在于，他们在基本概念上依然停留于农工时代泛界战的窠臼之中，即他们首先想到的就是"消灭"。殊不知，"杀人虾"等众多向人类宣战的"外来物种"，正是在既往这样那样的"消灭"之中催生的"报复大军"。而现在，这个惯势还在扩大之中。今天发生在老牌工业化国家英国，明天会在后来居上的乃至正在新兴的工业化国家发生；今天在已经工业化的国家如此泛滥，明天会在"再工业化"国家变本加厉。这也就是说，"工业化"这种战法存在根本性缺陷。这样说，并不意味着我们是"反工业化论"者，而是说，人类在前述畸形的"社会"、"战争"概念支配下，总是一有什么发明、发现，便立即拉起半撇子文明往前头冲撞而去，而对它的"双刃剑"效应，以及采取怎样的"组合战法"才能避免其负面影响的问题，则不假思索、不管不顾。因此，无界战特别强调二元战法组合，即基于人类与非人类生命体双重生存需求，着眼生命世界整体生态平衡，充分了解和利用非人类生命体的战法机理，努力达成人类主体与非人类主体联合作战。比方说，如果人类研发气象武器不是为了对付人类，而是协同自然改善生态环境，情况会怎样？

人类的二元战法组合问题，焦点在暴力形式变革。信息时代的"技术整合"特性，注定了人类战的战法结构由单一的"暴力行为"向多样化"暴力游戏"组合运用的历史性转变。

首先，武器装备的多代同堂带来战法结构的多样化。对于国家性战争主体而言，在信息时代初级阶段，在以技术整合为重要特征的历史条件下，信息化半信息化、机械化半机械化、原始半原始的作战工具，不仅可以而且必须"多代同堂"。这就像物种多样性共生是自然界维持生态平衡的基本法则一样，信息时代初级阶段的战争也需依靠传统与非传统战争工具的多样性共存来维系战法的"生态平衡"。一方面，在国家间所谓体系与体系的对抗中，当战争一方的"体系"被"瘫痪"时，它能否采取"第二手"乃至"第三手"反制行动，取决于它的因存在"代沟"而不会被整体"瘫痪"的作战工具或作战单元有多少数量、多少代质、多少独立作战能力。另一方面，在战争日益常态化的"无规则运动"中，像反恐、维和、"打黑"、应对社会骚乱等，即便是在当今美国那样的头号发达国家，也不能不考虑到刀棒、枪支、车辆、汽油弹、人体炸弹、飞机、舰船、导弹、核生化、电脑、手机、网络、病毒等不同作战工具的同时存在所带来的战法结构多样、复杂和棘手。这也就是说，一个国家或利益集团，如果善于通过信息技术的革命性作用，充分整合和利用武器装备的多代同堂性，那它在信息时代初级阶段的人类战争中也就拥有了富于战略弹性的战法结构优势。而到了信息时代发达阶段，即在国家性主体为"自由人的联合体"取代，武器装备递减、虚化为信息本身，战争完全成为信息的兵来将往的时候，这种在战法结构上的"武器装备"多代同堂性将变奏为"内化存在"——就像一个细胞包含着宇宙的所有物质成分，从而也蕴含着并在必要时表现着一切物质在战法结构上所固有的各种可能性那样。

其次，外向型战争与内向型战争融合带来战法结构的多样化。信息时代战争的一个突出特征，是外向型战争与内向型战争交织融合。"人民中间的战争"就是这种融合的典型产物。这种"内""外"一体、整化推进的战争，正如已经发生的那些"颜色革命"那样，往往表现为内因与外因交织，外力与内力互动，传统威胁与非传统威胁并行，传统战法与非传统战法共振，从而达成战法结构的无限丰富性。打比方说，它就像宇宙间"悬浮微粒"的万花筒，其间会出现怎样的战法结构"画面"，只有在"微粒"进行"无规则运动"的间性瞬间，即在战争样式转换或接续时，拿着布朗的显微镜，才能看个大致。

九、时间结构——没有断点

信息的无时间屏障特性，注定信息时代战争不再像农工时代那样仅仅是在特定时段进行，而是像微粒运动那样"永不停止"地进行。

在当今战争结构日益复杂、战争手段日益多样的大背景下，某一样式战争的停止并不意味着战争的终结，而只是另一种或另几种战争样式的转换接续。如国家之间的军演战、军备战、经贸战、舰机对峙战，人类与非人类生命体之间的资源战、生态战、环境战、灾害战、疫病战等，均呈现为不同样式战争随机转换接续形态。而所谓"随机涨落"或"随机掌握"，也便在越来越高的程度上表现为战争主导者对战争样式转换接续节点的智慧把握与运用。

这种时间结构的持续性，在人类之间的战争中还表现为"时间替代"，即战争时间流程中的某些时间段，由人的"战争替身"（无人机、机器人、虚拟战士、网络病毒、生物病毒等）来承载和度过——社会的信息化程度越高，这种被替代的时间段越长。这一点之所以需要指出，是因为这种"时间替代"容易给世界造成战争时间中断的假象，使人误

2001 年 4 月 1 日中美撞机事件后，两国民间黑客之间打起网络拉锯战。

将战争当成和平。

　　值得提到的是，"五角大楼"近年兴起"长期战争"说[154]。这一学说宣称：从欧洲到南亚各叛乱组织造成的"不稳定之弧"将持续 50 年至 80 年，美国军队要与之进行长期的战争，而伊拉克、阿富汗和巴基斯坦只是"一场宏大战争中的小战役"；我们面对的战争相互交织在一起，没有明显的端点。

十、效能结构——全息作用

　　信息的整化特性，使信息时代战争呈现为体系与体系的全息对抗。

就无界战而言，这个"体系"绝不是坦克、大炮、计算机网络的简单叠加和军事性表达，而是人类战争体系与非人类战争体系、军事体系与非军事体系的综合集成、全息作用。在这种越来越是无所不包的体系中，各个因素单元尽管分散配置，但不再是相互分离的，而是通过信息和网络的链接与整合，形成一种相互作用、相互制约、相互依存的整体关联性。其中，任何一个因素的异常作用或"短板"，都可能给整个战争体系造成无可估量的后果。2009 年 6 月发生在中国河南杞县那起并无危险物质泄漏的辐照操作事故，仅仅由于政府信息公开不够，网帖和口传的谣言便威力倍增，终而酿成一起使整个县城"十楼九空"的居民"大逃难"事件。这种事件，如果是某种敌对力量精心策划，并且是发生在一个国家的首都乃至所有大城市，后果不堪设想。

应看到，在信息时代人类之间的战争中，非军事体系日益成为军事体系的基本依托和根本依赖，非军事因素的地位作用呈上升趋势——社会的信息化程度越高，非军事因素作用越大。就是说，在信息化条件下，"战争"这个词不仅适用于政治、军事，还适用于经济、贸易、金融、民生、文化、社交、网络、媒体、环境、资源、生态等所有社会领域。而这些非军事性战争，虽然更加突出隐性功能，表现得软化或慈化一些，但它造成的战争后果丝毫不比军事性战争的显性功能差，甚至破坏性更大。人们不应忘记，"人民中间的战争"，无论是"玫瑰革命"、"橙色革命"、"雪松革命"、"郁金香革命"、"牛仔布色革命"，还是"阿拉伯之春"等，大都是不费一枪一弹而又势如摧枯拉朽地达成一个国家政权体系的瘫痪与更替。

还应看到，信息时代战争非接触性日益增强，体系与体系的对抗在越来越高的程度上呈现为威慑与反威慑的对抗。因而，日益多样化的战争还包括一个值得特别注意的"新品种"——军事存在性战争。

在信息化条件下，即在信息日益无屏障流动的信息时代，战争行为与非战争行为的界限日益模糊，以至于人们不能不越来越重视这样一种现实趋势：存在即战争。在当今信息化、全球化、透明化战争平台上，如同静态存在的核武器无时无刻不在发射核威慑信息并从而达成某种战略目的一样，一切火力战兵器及其使用者事实上每时每刻同样在发挥着战争的作战功能或威慑作用。兵器研发、军事演习、训练革新、兵力调动、军事基地设置或调整、军费增加、社会情资侦察、国家联盟缔结，等等，你在过去可以但在今天却不能不把它们看成是战争行为。

比如，有些国家迄今仍在研发"气象武器"。这或许意味着，那些罕见的大地震、大暴雨（雪）、大干旱、大火灾、大污染等，你很难说它会在何时何地发生抑或已经发生的是不是人为，因而不能不将这类武器的研发和存在作为一种战争行为来加以应对。

再如，2010年5月初，美军太平洋舰队司令威拉德在接受媒体采访时宣称：我们看管着南海和东海。这等同于在农工时代战争中用火力封锁告知敌人"此路不通"，用电报、电话告知盟军"此地域已被我方攻占"，用传单、广播或喊话告知所有有关力量方："你们可以放心地也是必须地向我们靠拢。"美军在日本、韩国、菲律宾、新加坡、澳大利亚等中国周边国家已有和新增的军事存在，无疑是这种"等同"的强化和延伸。而应对这类军事存在性战争行为的方式，同样只能是"军事存在"性的，就像中国军队试射反舰导弹、增设三沙市警备区和在钓鱼岛周边海域实施舰机巡逻、在东海设置防空识别区等动态存在那样。

这也就是说，在当今信息时代，战争的"用兵"环节，已经从传统概念中的战场上分离出来，成为一种独立的日益重要的战争样式——军事存在性战争。换言之，信息时代兵家用兵，越来越多地表现为战略、战役、战斗力量的"运筹博弈"——战争实体向某种空间投送或准备投送力量，不再仅仅是为了在预先确定好的战略、战役、战斗目标区域及其作战任务中使用这些力量，而更多的是针对各方向、各场域、各战争主体力量存在态势的变化，以适当方式显示己方力量的存在，从而达成某种战略威慑、力量制衡或政治妥协效果，达到赢得制妥协权之战争目的。

第十章
把握多向度

战争向度在这里是就战争的对象指向来说的，它分为单向度（单一对象）和多向度（多个对象）两种形态。战争向度的时代形态，由战争平台的时代形态注定。与前述战争平台之从全球化平台到分球化平台再到全球化平台的时代性变革相一致，战争向度形态演进，是一个从游猎时代多向度，到农工时代单向度，再到信息时代多向度的历史过程。例如，在游猎时代全球化平台上，氏族群落始终是在频繁迁徙移动中谋求生存，没有固定的"家园"和"邻居"。因而，战争不是按照事先确定的向度进行，而是像布朗运动那样"随机涨落"，随遇而战，即它表现为多向度形态。在农工时代分球化平台上，人类以国家形式在某一地域永久定居，战争主体有了固定的"家园"和"邻居"。因而，战争通常在邻近国家之间发生，即它总体上表现为单向度形态。在信息时代全球化平台上，国家和非国家行为体都是以全球为范围频繁移动、"四海为家"，"家园"和"邻居"越来越处于"你中有我、我中有你"（"你中融我，我中融你"）的动态变化之中。因而，战争越来越难以按照事先确定的向度来准备、进行，而是日益具有布朗运动的一般特征，表现为多向度形态。

一、多向度战争的"外"与"内"

外与内是事物的两个基本面，战争也不例外。在这个意义上，多向度战争又可以分为外向型战争和内向型战争两种形态。

（一）外向型战争的多向度

外向型战争是指不同社会群体之间的战争，其基本特征即人们常说的"一致对外"。外向型战争的多向度形态，大体上分为四个类别。

一是非人类社会群体之间的战争。这种战争从生命诞生那天起就开始了。如天体群落之间、微生物群落之间、植物群落之间、动物群落之间以及这些不同群落之间，基于整体生态平衡而进行的利益再分配活动。这些战争在战争样式上是千差万别的，但在战争性质上却是同一的：它们都具有暴力行为的一般特征，即互食现象；它们又都具有暴力游戏的一般特征，即互生现象。其演进是一个从互生，到互食，再到互生的历史过程。

二是人类与非人类社会群体之间的战争。事实上，从人类诞生以后，人类与非人类生命体之间的战争没有间断过。区别在于，在游猎时代，这种战争更接近于自然形态，就像当初人类形体接近于其他动物那样；而在农工时代，它越来越具有了人为性质，正如生态破坏造成"外来物种"入侵所表明的。

三是人类社会群之间的战争。这种与人类诞生同步发生的战争，在不同时代有着不同的表现形式：在游猎时代，它是以非国家行为体（氏族群落）之间的仪式化战斗为主导样式；在农工时代，它是以国家行为体（主要是军队）之间的歼灭战为主导样式；在成熟的信息时代，它将是以非国家行为体（"自由人联合体"）之间的仪式化战斗为主导样式；在当下两个时代交接过渡期，它则是上述两种战争样式交织并存。

四是类人类社会群之间的战争。这种战争是人类能力形态革命的产物，是在人类社会实践能力发展到足以造就和发现类人生命体的时候必然会浮出水面的战争。这种战争的主体，我们目前可以想见的有机器人、克隆人、人造人、"僵尸人"、未来外星人，以及通过基因移植或基因突变而具有某种类人特征的其他动物及植物等。

需要指出的是，在人类之间的战争中，在目前信息时代初级阶段，"一致对外"这个外向型战争的一般要求越来越难以做到。因为在全球化战争平台上，人类生存利益一体化捆绑，那种举国而动的大规模武装交火越来越没有存在空间。其一，在社会矛盾海量涌现的今天，国家行为体"攘外"之前必先进行的"安内"，越来越无法达成。比如，借助新媒体放大效应，民族主义牌的确可以打出某种紧张战争气氛和特定政治效果，但如果做一个可靠的调查就会发现，愿意投身血火战场的人数，要远远少于某一民族国家的实际可参战人数。其二，武器的威力越大越不能使用，就像核武器在今天的实际使用价值越来越接近于零一样。其三，在全球化平台上，战争结局越来越表现为伤敌八百、自损一千（传统说法是"伤敌一千，自损八百"）。其四，随着人类人道意识日益觉醒、反"战"呼声日益高涨以及战争法体系的不断完善，任何国家行为体的决策者都不愿冒"历史审判"的风险了。美国人之所以开始放弃"单边主义"，以至于不惜撇开意识形态藩篱广结包括越南在内的"盟"缘，表面看是为了遏制崛起的中国，实际却是出于上述时代性无奈。他们应该意识到，在战争平台变革日益拒止"铁疙瘩"的崭新历史条件下，那无可匹敌的战争机器，除了用来进行新的仪式化战斗而外，非但一无用处，还会日益深重地成为包袱——就像在游猎时代氏族群落的人数规模超过50人就会影响其生存能力那样（美国人目前之所以大幅压缩军费开支，深层原因就在于此）。他们不会意识不到，他们在 20 世纪 90 年代以来进行的几场战争，无一例外地被事实证明是战役胜利而战争失败。曾亲历伊拉克战争的美军中校保罗·英林敏锐地指出："我们的军队在沙漠风暴行动中得到了错误的经验，我们还在像对待过去的战争一样做军备，而我们未来的敌人已经准备好面对新型战争了。"[155]

（二）内向型战争的多向度

内向型战争是指战争主体内部的战争，分为非人类主体内部战争和人类主体内部战争两种形态。非人类主体的内向型战争，包括天体之间的战争（如星系、黑洞之间的互相作用和互食现象）、微生物之间的战争、植物之间的战争、其他动物之间的战争等。人类主体的内向型战争不外三种情形：一是阶级之间的战争，如统治阶级与被统治阶级、富裕阶级与贫穷阶级之间的利益再分配活动。二是阶级内部的战争，如统治阶级内部和被统治阶级内部不同派系、不同阶层之间的利益再分配活动。三是游离于国家之外的战争主体内部的战争，如联合国等国际组织，以及不属于或不从属任何国家的原始族群、极端组织内部的利益再分配活动。

在信息时代初级阶段，对于一个国家政权而言，应对内向型战争的重要性正在高于外向型战争。

信息时代国家行为体进行内向型战争，需要重新进行"阶级分析"。随着人类利益格局的全球化发展变化，随着资本的知识化、社会化发展，信息时代内向型战争主体越来越具有阶级多重性——正像游行示威的人群中既有被统治阶级的成员又有统治阶级的成员，既有普通百姓又有极端主义、分离主义甚至是恐怖主义分子，既有无偿参与者又有"雇佣"参与者那样。它与农工时代那种一个阶级推翻另一个阶级的内向型战争，已经不能同日而语。

二、多向度战争的模糊逻辑

多向度战争永远按照模糊逻辑运行。

在目前信息时代初级阶段，不仅国家之间的战争即外向型战争不再固定为某一个国家或国家集团，而可能是所有有关国家和国家利益集团——正像前述经济信息战所表明的，而且国家内部的战争也不再表现为单纯的被统治阶级与统治阶级之间的战争，而是越来越复合地表现为如上所述的阶级多重性。

在信息时代发达阶段，即在国家消亡，"自由人联合体"成为人类战争唯一主体时，多向度战争将像"微粒运动"那样，完全呈现为无规则、无确定向度的布朗运动形态，正像游猎时代在"移动的筵席"上漂泊的氏族群落随遇而战那样。

这已经是在说共产主义社会的战争了。

实际上，共产主义的实现并不意味着战争消亡或绝对和平的实现。正像国家是伴随和平时空的出现而出现那样，传统意义上的和平也会随着国家的消亡而消亡。

人类社会的原生态是平战混合态，正在复归的共产主义社会是立于战争与和平辩证存在之上的复归。它可以消灭上述意义上的社会分工，可以消灭阶级和国家，却不能消灭战争，就像不能消灭人的生命属性，不能消灭矛盾，不能消灭"物竞天择"自然法则，不能消灭二元三阶段规律，不能消灭生命世界永恒的关系——互生互食关系一样。换言之，共产主义社会并非不食人间烟火的社会，它既然是一个"按需分配"的社会，它就不能不是一个因需要不同而受到经济关系深刻影响从而以利益再分配活动为基本活动的社会。

原始共产主义社会的战争与现代共产主义社会的战争有一个显著区别，即前者是在人类科技能力极低的条件下进行，后者是在人类科技能力极高的条件下进行。它们的共同之处则在于：二者都是在人类不直接从事物质生产的"自然"生产力形态下运行，因而无论是"氏族群落"还是"自由人联合体"，其任何社会实践活动都是作为战争行为来设计、规划与管理。如：在游猎时代"移动的筵席上"，即便是氏族群落进行采摘活动，也由于这种采摘是采摘别的氏族群落也需要采摘的植物果实而具有了战争根性；在信息时代"移动的筵席上"，即便是"自由人联合体"进行信息交换，也由于这种交换是交换别的"自由人联合体"也需要交换的信息而具有了战争的根性。因此，所谓人类社会形态的共产主义复归，也可以看成是多向度战争成熟形态的复归。而要驾驭它，战争主体必须从世界观、战争观的整化改造做起——目前能够派上用场的，只有这样两门学问：用模糊数学计议"彼""此"得失，以系统哲学抹去"敌""友"界限。

第十一章
巧夺战争制权

战争平台决定战争制权。与战争平台时代形态变革相一致，人类战争制权的演进，实质上是一个从游猎时代制妥协权，到农工时代制主导权，再到信息时代制妥协权的历史过程。正因此，当今战争制权的全部争夺正在浓缩为一个字：巧。

一、主导与妥协

社会主体处于什么样的战争平台，就会发生什么样的战争制权争夺。

在游猎时代全球化平台上，人类战争主体——氏族群落都是作为"互赖体"与对手照面。因而，其战争制权思维是"正和"的，即妥协性的。我们已经知道，氏族群落之间的各种利益纷争往往都要通过仪式化战斗来解决，而仪式化战斗总是以特定的妥协方式画上句号。比如，代表氏族出战的人若是碰巧杀死对手，须立即退出战斗接受灵魂净化。这种灵魂净化所表征的，就是自己把那个杀死人的自己"杀死"。这在今天相当于"自裁"或向对方赔偿和道歉。而前述现存原始族民在进行击胸决斗之后往往还要互相吟声颂扬、发誓永世友好，则堪称完美的妥协。

在农工时代分球化平台上，人类战争主体——"国家"（包括部落
或部落联盟）都是作为"互斥体"与对手照面。因而，其战争制权思维
是"零和"的，即主导性的。有史以来，所有国家之间的利益冲突，无
不是围绕领土、领海、领空或其他国际利益的主导权而展开争夺，又无
不是以一方胜利、另一方被迫接受胜利方的主导而收场。那些被吞并或
者被殖民的国家，那些在第二次世界大战以后唯美国、苏联马首是瞻的
国家，都是制主导权争夺的历史见证者。

在信息时代全球化平台上，由于人类生存利益一体化捆绑，无论国
家还是非国家战争主体，越来越是作为"互赖体"与对手照面。因而，
人类战争制权思维越来越是正和的，即妥协性的。时下，各有关国家之
间正在进行的包括制陆权、制海权、制空权、制天权乃至制信（网）权、
制心权、制界域权在内的一切制权之争，都是以各方最终达成某种妥协
从而实现共赢为基本指向。对于中国在东海划设的防空识别区，美日在
坚称"不承认"之后又要求其民航公司按照中方有关要求行事，而中方
也并没有采取措施强制"照常飞行"的美日战机予以"承认"，就是人
类战争制权妥协化的反映。

二、新的制高点：制妥协权

稍稍留意便会发现，如今世界各主要国家的注意力正在越来越多地
指向另一门战争艺术——制妥协权的争夺。因为人们越来越深刻地意识
到，在人类生存利益全球化捆绑背景下，战争的本质已经改写为战争各
方"妥协—对立—妥协"的无限循环，学会妥协并善于在制妥协权争夺
中达成某种整体制衡，最终实现"共赢"，已经成为一切战争主体求生
存、谋发展的基本能力要求。冷战结束以来，美国人之所以要将其发动

的每一场战争打得极尽豪华奢侈，如此令被打击者在特定战争时空毫无还手、还口之功，一个根本目的，是基于冷战思维和威慑理论，扼制世界多极化风潮，维持其"世界霸主"的制妥协权。而其他有关国家或利益集团为了维护自己的生存利益，不能不反过来以美国为"靶子"，调整战略，进行具有自己特色的经济、外交和军事变革，基于自己的威慑理论，谋取"多极"制衡、各方"共赢"的制妥协权。当下中国周边诸国针对中国的结盟或准结盟现象，也是如此。

　　于是，随着人类妥协意识和妥协能力的不断提升，随着世界政治格局由"单极"而"多极"直至"无极"的演进，战争这种特殊的利益再分配活动，也便在这种"妥协—对立—妥协"的循环往复中达至它的最佳境界——"无战"。就连武力超强的美国，如今也不能不讲求"巧实力"的打造和运用。2009年初，在参议院对希拉里国务卿提名听证会上，希拉里首次代表美国官方提出"巧实力"（smart power）概念（巧实力既不是硬实力也不是软实力，而是指巧妙组合运用软、硬实力维护本国利益的能力）。她强调，要综合运用军事、外交、文化、发展援助等工具，加强美国国家安全，推进美国利益，展现美国价值。她指出：美国的政策必须与世界现实相适应，不能再回到20世纪的霸权制衡、冷战时期的相互遏制及单边主义老路上。

　　总体而言，在当今全球化战争平台上，正在浮起可以避免人类毁灭性世界大战的信息时代战争"诺亚方舟"。在这个方舟上，包括核武器在内的各种重量级武器还会不断发展，但它是并将越来越是作为战争能量的"数据"之一，与综合国力一起来发挥整体制衡作用，以达成不战而"妥"之目的；在这个方舟上，类似于已经发生的那种非对称战争还会发生，但它是并将越来越是在信息时代战争的整体制衡条件下进行，因而它不仅会越来越少有地发生（有统计显示，第二次世界大战结束以来所谓"局部战争"呈递减趋势），且暴烈度和规模也会越来越小，以至于如同人的牙齿与舌头制造的"流血事件"一样，不足以成为人们寻求妥协的不克关隘；在这个方舟上，类似于网络战争、反恐战争、经济信息战争、"人民中间的战争"、生态战争等多样化战争还将不断翻新花样，但它是并将越来越是作为人类社会主体之间利益再分配活动的通常形式来规划、设计与管理，因而一切都会按照它的正和法则运行。

三、妥协框架下的新型国际关系构建

当今时代国际关系的一个显著特征，是国与国之间既合作又斗争，"合"与"斗"日益熔于一炉。这是因为，在全球化平台上，任何国家都越来越是作为人类命运共同体的互赖体而存在，都不能不致力于应对全球共同挑战；但在目前分球化与全球化交接过渡期，各国尚且保有着昔日作为互斥体而存在的一面，都不能不致力于本国利益最大化。中美提出构建新型大国关系，就是两国正确把握国际关系历史大势所作出的明智抉择。而作为最大的发展中国家和最大的发达国家，中美构建新型大国关系的努力必然影响带动整个国际关系转型。这也就是说，在信息时代初级阶段，所谓制妥协权争夺问题，实质是一个国家行为体如何把握"合斗融合"时代特征，在妥协框架下积极构建新型国际关系的问题。

（一）合斗融合的时代背景

1.国际权力结构"去中心化"变动

在信息技术革命和全球化浪潮深刻作用下，国际权力结构迅速向日趋均衡的多中心方向发展。近年，按照各国对世界经济贡献率，首次出现以美、欧、日等为代表的"守势"力量，以中国、印度、巴西等为代表的"涨势"力量，以南非、土耳其、印尼等为代表的"蓄势"力量共同参与国际事务管理的新态势。这预示着，多中心化的"多极博弈"甚至是无中心化的"无极博弈"（极多了也就无所谓极了），将成为信息时代国际关系结构的基本形态，昔日那种要么是"斗"、要么是"合"的做法，正失去其"头羊"条件。

2.国际利益"你中有我，我中有你"格局加深

随着全球化迅速推进与深度拓展，各国间"你中有我，我中有你"利益格局不断加深，利益"边界"日益模糊。未来这种互相交叉、重叠的国际利益格局还将向着"你中融我，我中融你"的更高形态深化。而贸易、金融、粮食、能源、气候、环境、生态、网络、反恐、核不扩散、疫病流行等全球性问题，越来越不是任何一国能够独自解决。这极大强化了各国之间相互依存的利益纽带，使求同存异、协调合作成为国际关系的主导面和主导性理念。美俄等多国在破解叙利亚化武危机中的作为与成效，即很说明问题。这种国家之间共同利益交集、倒逼合作意愿的新迹象、新特点，正是全球化的重要内涵、基本趋势所在，内在规定着国际关系调整。

3.国际关系领域合、斗界限模糊

随着各国利益边界交叉、重叠，传统敌友界限日益模糊，单纯斗或合的做法越来越显得笨拙而不现实。考察当今国际关系复杂性，不难看出，包括美日、美欧等所谓盟国在内的任何两国之间都不再有纯粹的合，包括美朝、美伊等所谓敌对国家在内的任何两国之间也都不再是单纯的斗。因此，确立合斗融合理念，努力构建既相互倚重又相互制约，既追求本国利益又促进共同发展这样一种更合乎自然机理的新型国际关系，成为各国着眼人类社会整体利益、谋求自身稳定发展的一种明智选择。

（二）合斗融合的基本内涵

1.平等意识

信息技术这种"平"的技术，正在使人类社会结构由"塔式结构"向"扁平结构"转变。因而，国际关系中那种孰为"老大"、孰为"老二"的传统座次等级意识日显不合时宜，取而代之的是各国注重"平起平坐"的平等意识。随着信息革命的迅猛发展和深度作用，这种"平"的趋势和要求还会进一步彰显、增强。在这样一个越来越"平"的世界，新兴大国不能有"取代意识"，老牌大国不能有"守大意识"；它们只有出于"平等意识"、立于"对等站点"，才能有一个符合时代大势的角色定位，一个符合双方利益的互容战略，一个顺应全人类利益要求的新型国际关系发展前景。

2.正和思维

信息技术这种共享技术，必然派生正和思维。这在国际关系领域表现为，各国政治、经济和安全利益空前紧密关联，传统敌友界限日趋模糊，非敌即友、非利即损的单项选择在解决现实问题上越来越难以奏效和不划算。这就要求包括中美两个大国在内的所有国家，彻底摒弃过去那种"我利以你损为前提，我进以你退为条件"的零和思维，切实确立"你我都不损才会大家都有利，大家都发展才能你我都受益"的正和思维。唯有如此，才能形成以共赢为内核的新型国际关系格局。

3.巧妙手法

信息技术这种智能化技术，为国际关系领域处理复杂问题出巧手、妙手提供了无限广阔的平台和可能。同样的利益诉求，昔日只能通过农工方式或"热战"方式实现，今天可以通过军事演习、实力宣示、外交斡旋、舆论交锋、民间行动等多种更划算的信息方式或"凉战"方式来表达和达成，从而在艺术性、技巧性上对国际关系主体处理相互关系提出新的更高要求。随着信息革命向更高层次演进，国际交往联系更加自由、便捷和灵活，人们处理复杂国际问题可供选择的巧妙方法和手段会更加智慧、丰富。近年中美两国都在倡导、强调运用"巧实力"，就是这一历史趋势的积极反映。

（三）合斗融合的战略抓手

1.确立"为合而斗"战略

"合"与"斗"是一切事物相互作用的两种基本态，也是国际交往实践的两个基本面，时刻体现着处理国与国关系的不同思路和取向。但在当今矛盾统一性日益超越斗争性的全球化平台上，"合"不仅是"斗"的必要补充，更是"斗"的出路和归宿所在。以中美关系为例。考察中美建交以来双边关系发展历程，不难发现这样一个规律性现象：战略上的相互需要，两国在经济、政治、军事、外交、科技、文化等领域的合作，是推动两国关系平衡点向"合作轴线"位移的动力；双方对不同国家利益和不同国际秩序的追求，在意识形态上的成见或偏见，在对"多极世界"与"单极世界"理解和愿景上的基本差异，在诸如海洋、太空、网络乃至台湾、新疆、西藏等一系列问题上的疑虑和摩擦，是导致两国关系平衡点朝向"斗争轴线"偏移的扰动；这个平衡点越是靠近"合作轴线"，两国关系就越是能够得到平稳发展，反之，这个平衡点越是被拉向"斗争轴线"，中美关系就越是疏远、对立，波折和险情不断。因此，只有确立"斗"是为了"合"的基本理念，中美乃至所有国家才能在制妥协权争夺中立于主动，才能真正谈得上构建新型国际关系。

2.把握"合斗组合"艺术

"合"与"斗"是一个矛盾统一体。过去,由于历史原因,人们在实践中事实上把它们简单地作为矛盾的"两个方面"割裂开来,忽而"斗",忽而"合",在两者之间跳"竹竿舞"。[156] 进入信息时代,在"复杂性"成为各国相互关系基本特征、利益争端牵一"国"而动全"球"的国际关系格局中,"合"与"斗"的传统界限日益模糊,二者不仅随着事物发展变化可以相互转化、融合,而且在具体实践环境中可以揉成一个整体来运用,收到一加一大于二的整体效果。近年大量国际博弈表明,任何国家试图解决任何攸关其核心利益的实质性问题,单纯的"斗"或"合"都是幼稚的、不可思议的。只有善于根据事态的性质、走势,眼前和长远影响,熔"合""斗"于一炉,全方位、持续性、组合式推进,做到"合"与"斗"在策略上有机统一,在手段上巧妙组合,在行动上前后连贯,在目标上最终一致,谋定而后动,才能适应当今国际关系复杂性要求,才能获取应有的制妥协权,才能真正构建起与其所处历史方位、所系核心利益和所负国际责任相一致的新型国际关系。

3.坚守"斗而不破"底线

一如游猎时代人类之间的战争总是以某种妥协方式画上句号那样,信息时代人类之间的战争又被称为"妥协"的"战争"。而"妥协"的一个本质要求,就是所谓斗而不破。以中美两国为例。在核背景下,中美两国都有能力毁灭对方;在经济上,中美两国都有办法给对方造成致命打击。如果有一天中美两国全面摊牌,不仅中美,全人类都无法想象和承受其灾难性后果。这也就是说,把斗而不破作为一个原则底线来坚守,不仅是中美而且是整个国际社会最大的核心利益所系,不仅是对中美而且是对其他所有国家处理和对待大国关系的基本要求。

中美两国要做到斗而不破,决定性的环节已不是谁的军事打击力和

2014 年 6 月 26 日，"环太平洋—2014"多国联合军演拉开帷幕。首次参演的中国海军与美国、日本、菲律宾、澳大利亚等 22 国海军一同演习。（新华社记者胡锴冰摄）

经济制约力有多强，而是双方政治妥协力有多高。政治妥协既不是彼此拿核心利益作交易，也不是在任何单一问题上简单互让，而是从寻找双方"最大公约数"出发，力求突破意识形态藩篱，尽可能放大彼此政治契合点。例如，中国新的纲领性提法"中国梦"，与美国当年的纲领性提法"美国梦"，就有着内在深刻的契合性：中国梦与美国梦乃至世界各国人民的美好梦想是相通的，它不仅道出了人民共同的心声、追求和目标，而且对意识形态作出了非意识形态化表述。后者至少在政治交往层面淡化了传统意识形态意味和色彩，从而为把中美意识形态之争降到最低限度开辟了新的空间、方法和通途。这无疑是值得国际社会倍加珍视的一个历史性契机。

第十二章

追寻完美的"赢"

"赢"是一切战争主体进行战争的基本追求和最终目标。但在当今信息化、全球化战争平台上，它已经有了艺术境界上的不同，即农工时代那种为了赢可以不择手段的做法正在成为历史，取代的是遵从自然和社会法则而赢得完美无瑕。

一、战争的核心功能："控制"

用哲学眼光看，任何生命体之间的战争都分为两个大的系统：认识系统与行动系统。认识系统主要由侦察力、决策力构成，对行动系统起主导、控制作用；行动系统主要由毁伤力、机动力构成，对认识系统起实证、促动作用。两者交互作用，构成战争的矛盾运动。

与其他生命体之间的战争一样，人类战争两大系统的运行分为同步运行与异步运行两种形态，后者就像一个有智障、体障的人思维与行动不能协调一致那样。其演进是一个从游猎时代同步运行，到农工时代异步运行，再到信息时代同步运行的历史过程。当两大系统呈现为同步运行时，战争可控性突出，战争控制功能成为战争的主导性功能；反之，当两大系统呈现为异步运行时，战争不可控性突出，战争控制功能往往扭曲为战争一方对另一方的征服手段。

在游猎时代，作为认识系统的人之大脑和作为行动系统的人之肢体加简单武器，高度统一于人的身体机能，同步发展于人的体能层面。因而，人类能够对自己的战争行动加以有效控制——人类之间的战争始终表现为非致命的仪式化战斗。其对战争行为的控制，除了作战工具杀伤效能低下之客观制约而外，很重要的还表现为人的"主观制约"。如在早期人类的概念里，作战中的氏族"代表"（武士）在碰巧杀死对手后，如果不立即退出战斗、接受"灵魂净化"，死者灵魂就会给他和家人带来不治之病。正是由于这种"两大系统"的同步制约，早期人类之间的战争始终能够被控制在某种理性底线之下，各战争主体始终能够处于力量整体均衡状态，这个时代也因而得以如此长久——至少 250 万年的绵延。

在农工时代，随着大量科技发明首先应用于武器装备杀伤力、机动力的扩展，行动系统日益"四肢发达"，而认识系统相对"头脑简单"；特别是到了机械化时期以后，行动系统的杀伤力、机动力发生质跃——出现了各种大规模杀伤性武器，认识系统则没有发生相应质变——仍然是靠机械化而不是信息化、智能化手段来进行侦察和决策。因而，战争长期处于"战争迷雾"笼罩、无法有效控制的状态，往往一发而不可收——不仅曾滚雪球般滚起两次世界大战，还在第二次世界大战中使用了核武器。而所谓战争控制，不过是用来对敌方实施战役或战略控制。正因为这样，这个时代也不能不如此"短命"——仅持续约 1 万年。

在当今信息时代，认识系统发生质变——作为认识系统的信息系统，日益广泛而深刻地"化"入并从而主导和全程控制作为行动系统的武器平台，其同步性已经发展到可以对战争全过程进行"预实践"（事先进行计算机模拟实验或兵棋推演）的程度。正是由于这种战争"预实践"可以让人们在实际开战之前准确判定战争的结局和代价，信息时代战争被赋予"控制的战争"、"慈化战争"等更具文明意味的名号。可以断言，随着信息化工具对人的认识能力与行动能力的不断延展和统一，人类战争"两大系统"的同步发展，最终会像游猎时代那样统一于人的身体机能或大脑机能——集中表现为人机统一的信息能；人类对战争的控制，也会像人脑导调自己的举止一样得心应手，始终将之控制于理性范围。当下，在中国周边诸国领土争端中，之所以不仅大国对小国一再克制、没有动武，大国之间也是在争端升级到行将"冒烟"时不约而同地运用外交等手段加以降温、控制，寻求妥协办法，就是因为，他们从一开始就明白，在全球化平台上，各国利益一体化捆绑是一个什么概念，而大规模火力战争一旦爆发又将意味着什么；他们之所以在争端"冒烟"之前不断添薪加火、一味示强显硬，不过是为了营造最终更有利于己方的妥协条件而已。正因此，信息时代必然会像游猎时代那样长久绵延。

人类战争控制分为零和控制与正和控制。零和控制是指在分球化平台上，战争主体把它作为一种制胜手段来使用，其作用对象是战争运行中的具体目标，最终表现为战争一方被另一方控制。正和控制是指在全球化平台上，战争主体把它作为一种力量制衡机制来运用，其作用对象是与战争运行过程有关的所有社会主体和要素，其最终指向是战争各方达成妥协并接受这种妥协原则的控制，正像拟议中的南海行为准则所表明的。

信息时代战争日益彰显整体制衡特征。整体制衡是自然法则，因而也是社会法则。人类社会机制本质上是一个整体制衡机制，当一种制衡被打破时，另一种制衡就必然出现了。

如果说信息方式是在游猎时代"战争透明"被农工时代"战争迷雾"取代之后，为达成信息时代"战争透明"而出现的一种制衡方式的话，那么，从某种意义上说，目前仍在持续作用的债务危机、"'9·11'效

斯诺登现身全球互联网治理大会。

应"、"维基揭秘"、"监听门"等现象，则是在"两超"制衡被"一超"独霸取代之后，特为否定"一超"、托起"多极"而来。

显而易见，在当今多极格局加速成形的态势下，各"极"都有能力通过虚拟作战（预实践）来决出"胜负"。因而，那些本可诱发毁灭性"世界大战"的火种，往往随着"胜"、"负"各方某种妥协的达成而魂飞烟灭。20世纪90年代以来发生的几场所谓"局部战争"，之所以无一例外的都是"非对称"战争——形象地说，都是"大人"对"小孩"的"教训式战争"，根本在于，各"大人"之间的虚拟作战一再告知他们，这个世界已经容不得"对称"战争，因为那意味着整个人类世界的毁灭。正如基辛格在他的《核武器与对外政策》一书中所指出："武器的威力愈大，就愈不愿使用它"，"除了和平，别无出路"。[157]

随着人类利益关系一体化捆绑的日紧日深，战争控制功能正在成为信息时代战争的主导性功能。美国人之所以不断在中国周边煽风点火的同时，又不断以"灭火者"的身份出面调停，是因为他们深知挥舞在自己手上的是一把"多刃剑"。亚洲多国之所以对美国"重返亚洲"之遏制中国意图保持警觉乃至明确表示反对，是因为人们深知，遏制了中国这个亚洲乃至世界经济的最大市场，也就是扼杀了他们和整个世界的发展、稳定与安全，他们仅仅希望美国作为制衡力量而不是作为"遏制者"重返亚洲。

只不过，美国人似乎还没有真正意识到，时代不同了，在两次世界大战中游刃有余的那套"中立战略"，已经成为历史。因为在全球化平台上，不存在真正的"鹬蚌相争、渔翁得利"，即大家同时都是"鹬""蚌"，又同时都是"渔翁"，无论怎样的"多败俱伤"都不可能给"中立"者带来当年那样的"成倍增长"。辉煌的历史往往成为继续前行的包袱。如果美国人果真是出于"遏制"战略而"重返亚洲"并继续制造所谓"可操控混乱"的话，那么，历史终将证明，那是美国人有史以来很少出现的战略不智当中最大、最具悲剧性质的不智。

二、战争的基本方式："无定"

如同前述"微粒运动"与"颗粒运动"的往复转换那样，任何生命体之间的战争方式都是无定性与确定性的辩证统一，都是一个从无定方式到确定方式再到无定方式的历史过程。人类之间的战争也不例外。

人类战争方式经历了一个从游猎时代无定方式，到农工时代确定方式，再到信息时代无定方式的演进过程。例如，在游猎时代全球化平台上，人类战争方式是以"居无定所，行无定式"的游猎方式为基本方式；在农工时代分球化平台上，人类战争方式是以"居有定所，行有定式"的农工方式为基本方式；在信息时代全球化平台上，人类战争方式正在复归于以新的"居无定所，行无定式"的信息方式为基本方式。

倘若拿着"布朗显微镜"在宇宙这个大水塘边上观察信息时代人类战争，我们会发现，在世界的"液体"或"气体"中，昔日下沉的"颗粒"——国家性战争主体，今天正在逐步分解为"微粒"——非国家性战争主体，而渐渐"悬浮"起来、"永不停止地无规则运动"起来。经济战、网络战、"公投战"、"占领战"等是这样，反恐战争也是如此。

> 在过去一年，我们看到了一种新的战争种类正在兴起：微恐怖主义。它可以定义为小规模恐怖主义，其执行者选择的不是最大或最引人注目的行动，而是那些有望成功的行动……微恐怖主义的一个核心特征：它不是由高层指挥的，而是从下层兴起的……这是他们称之为"千刀战略"的策略……微恐怖主义把赌注押在了席卷世界的一股强大力量上：技术的民主化。我们在所有地方都看到力量正从大型机构向个人转移，技术让人们能够把这些机构的影响力转向他们自身，从而产生类似于柔道的效果。微恐怖主义从根本上说是一种不对称，它利用了自身的"小"以及由此产生的难以发现或控制的优势。[158]

事实上，正是由于这种"技术的民主化"和力量由"大"而"小"的转移，如今各国都有点"四面楚歌"、内忧外患并存，一切皆在"无定"中滑行的味道。恐龙灭绝的另一说法，是在其"大"得正可被它征服的对手灭绝之后，反被那些"小"得正好没办法对付的啮齿类动物吃掉了。美国之所以把它的安全威胁定位为"全球性威胁"，把它的国土安全战略调整为"全民反恐战略"，把它的战争概念定义为"长期战争"，原因恐怕就在于，它是当今世界唯一的"恐龙"。而眼下，它已经越来越深地陷入一种也许只有当年的恐龙才会有的恐惧之中：

长久以来，盎格鲁－撒克逊语区的人们一直嘲笑德国人的恐惧感……但近几年来，"恐惧感"几乎不知不觉地脱离了"德国人的"这个限定词。作为替代，目前一种不安情绪弥漫于美国……他们不仅害怕恐怖分子，也害怕伊斯兰教和清真寺……他们害怕印度，害怕自由贸易，尤其害怕中国……美国人害怕联合国插手他们关切的事务。他们害怕欧洲人——尤其是德国人——出口太多。美国人害怕非法移民，害怕华尔街。他们既害怕"无政府"，又担心国家没法保护他们。他们既害怕"变化"，又担心停滞。他们既害怕奥巴马更加奥巴马，又担心小布什重返政坛。[159]

现在的问题是，战争的表达方式变了，军队的组织模式和运行方式并没有随之改变。我们这个世界，之所以给恐怖主义、极端主义、分离主义势力搅得不安全感加剧，而强大的安全力量又常常显得苍白无力——就连拥有世界上最强大战争机器和最完备安全机制的美国人，也深陷"草木皆兵"（以至于不惜违反国际法和本国宪法，而对世界各国及本国公民采取种种监控手段——它好像在模仿历史上斯巴达人的统治模式）式恐惧之中，除了前述的历史规定性而外，一个很重要的原因就在于，不安全力量的无定性日益增强，而军队和其他国家性安全力量的组织模式和行动模式依然囿于昔日庞大而笨重的"确定性"定式之中，致使上述三股势力得以用"小"的"无定性"钻"大"的"确定性"的空子（尽管美国以特种兵或特工为主体、在七八十个国家进行的"秘密战争"已经在"微型化"）。换言之，当今各国安全力量的组织形态和作战方式，基本上还是农工时代狭义战争观的产物，即它是"守株待兔"式的。而在今天这个一切都在面目全非的战争平台上，就连"兔子撞树"也成了一个与"树"同归于尽的概念，正像"人体炸弹"所表明的。

上述不安全力量的无定性，突出表现在三个方面：主体态的无定性——由哪些人组织、什么样的人参与作战行动，很难确定；时空态无定性——唯一可以确定的，是恐怖袭击或"突发事件"总是在人们最料想不到的时间和地点发生；效能态的无定性——恐怖袭击或"突发事件"以何种方式、何种强度、何种社会效果发生，只有在它发生之后才能概略评估。这是个时代性问题，即它是人类工具之由专业化而通用化、人类战争平台之由分球化而全球化、人类社会组织形式之由"国家化"而"非国家化"、人类社会形态之由资本主义化而共产主义化的交接过渡期必然会有的历史现象，不以人的意志为转移。但在现阶段，即在新秩序与旧秩序的更替尚未瓜熟蒂落的两个时代跨边界重合期，国家行为体还必须找到所能找到的没办法中的办法来进行社会安全治理。

目前社会安全领域存在这样一个"不等式"：手无寸铁的民众与拥有暴力工具的恐怖团伙所形成的"非对称"格局。常常发生的事情是，几个恐怖分子在闹市广众之中畅行无阻、为所欲为，而人数数倍于恐怖分子的民众往往只能有一种选择：逃跑、躲藏或被伤害。这种局面造成的一个严重社会后果，是"寡能敌众"，"邪能压正"，而政府随之成为"众矢之的"——恐怖分子冲着政府伤害民众，民众冲着恐怖分子造成的伤害怨恨政府（因为他们作为纳税人，早已把自己的安全托付给政府了）。因此，如何按照马克思所说的普遍武装人民的方式，让民众拥有自卫的手段和能力，已经成为一个时代性课题。

普遍武装人民的方式，是作为伴随社会形态变革的基本完成，而以之取代常备军方式提出的。但在目前两种社会形态过渡期，它只能作为一种"变通方式"而存在。这就是，实行军、警、民相结合的方式。如在每个社区和公共场所配备足够数量的武装治安组（专职民兵与军警混合体），并鼓励公民在必要时申请武装治安组随行。一个国家，无论采取何种方式武装人民，都必须与其改革完善国家安全力量行动模式配套进行，形成体系性和整体性越来越高的安全格局。美国人推行"全民反恐"战略之所以会"越反越恐"，甚至出现恐怖分子和"基地领袖"美国"本土化"蔓延趋势，除了社会形态变革等方面的历史必然性之外，一个重要原因就在于，这种"战略"并没有落实为"无定性"、整体性力量形态，而是依然保持着农工时代那种"大块头"的"确定性"和局部性惯势，给恐怖分子留下了一圈最安全的"灯下黑"。因此，着眼军、警、民融合，进行国家安全力量体系"微型化"、整体化变革，做到以"无定"应"无定"，已成为信息时代国家行为体变革战争方式、打好内向型战争、维护社会安全的不二选择。

一是空间态的动态无定。就是军、警、民安全力量的空间布局，按照"平战一体"原则，由过去的集中式静态存在，转变为分布式动态存在。这意味着力量体系的微型化、多点化配置。如：安全力量通常以

针对反恐形势趋紧，中国各地纷纷加强安保措施。图为武警战士在太原市火车站广场持枪巡逻。（新华社记者范敏达摄）

班、组为单位，一个单位在各地拥有多处可供随机换防的营房或哨所，以此达成力量空间态之似有似无、有无莫辨，努力使恐怖分子在空间维度无隙可乘。

二是时间态的动态无定。军、警、民安全力量运行，由过去的点式运行，转变为链式运行，即：由过去常常打马后炮的"应急式反应"，转变为超前介入的"常态化反应"。就是说，安全力量的运行不再是"有事即动"，而是"无事亦动"——24小时不间断运行。从而，达成其时间态之似断似续、断续莫辨，努力使恐怖分子在时间维度无隙可乘。

三是效能态的动态无定。按照"虚实兼容"原则，军、警、民安全行动模糊化运行，即："打击行动"由过去那种指东就是打东、指西就是打西的行动取向单一化、打击目标明晰化的习惯做法，转变为"声东击西"、"东西兼顾"的行动取向复合化、打击目标模糊化，"打草惊蛇"与"打蛇惊草"相结合，打击效能与震慑效能、"实打效能"与"虚打效能"兼收并蓄，达成其效能态的似实还虚、虚实莫辨，努力使恐怖分子在效能维度无隙可乘。

唯有如此，国家行为体才能最大限度地消除"'大'空子"和"灯下黑"，尽可能强化社会安全。

三、战争的最高规则："正和"

战争说到底是一种利益博弈。现代博弈理论将人类利益博弈归结为"零和博弈"、"正和博弈"及"负和博弈"。零和博弈是基于利己损他思维而进行的博弈，其典型特征是一方吃掉另一方，一方的所得正好是另一方的所失，整个社会的利益并不因此而增加一分。正和博弈是基于互利共赢思维而进行的博弈，其结果是各方利益都有所增加，或者至少是一方利益增加而另一方利益不受损害，因而社会利益在整体上有所增加，另一方的长远利益也有所增加，即所谓"双赢"或"共赢"。负和博弈是正和博弈的反面，因此，在我们的讨论中，可以把负和博弈与零和博弈等同起来看待。就是说，我们所要探讨的"战争规则"，主要是指零和规则与正和规则。

如同一切事物的运行规则无不取决于它的环境框架那样，战争博弈规则的演进是由生命体所处战争平台的框架性变化决定的。与人类战争平台时代形态之全球化—分球化—全球化规律性演变相一致，人类战争核心规则的演变，是一个从游猎时代正和规则主导，到农工时代零和规则主导，再到信息时代正和规则主导的历史过程，正像人类社会关系的主导形态是由游猎时代互赖关系、到农工时代互斥关系、再到信息时代互赖关系所表明的。

信息时代全球化，既是对农工时代分球化的否定，又是对游猎时代全球化的某种复归，其实质是人类利益观、安全观和国家观按照正和规则进行重塑。

利益观的重塑，是由"利己观"向"互利观"转变。这是由全球化条件下社会主体利益融合大势注定的。这种利益融合，既表现在经济社会领域，又表现在自然环境领域；既表现在双边交往领域，又表现在多边交往领域，生命世界利益格局呈现"俱荣俱损"的时代特征。在这样的战争平台上，昔日那种"我利以你损为条件，只有你受损才能我获利"的损他利己思维，必然让位于"我利以你利为条件，只有大家都不受损才能你我都受益"的互利思维。

安全观的重塑，是由"一己安全观"向"共同安全观"转变。这是由全球化平台安全内涵扩展注定的。信息时代人类安全，已经从传统安全领域扩展到非传统安全领域。恐怖主义、经济风险、环境恶化、气候变暖、疫病蔓延、生态危机、国际犯罪、"跨国腐败"等非传统安全威胁强度日益加大，范围越来越广，遍及经济、政治、军事、民生、社会和自然等所有领域。而这种非传统安全问题的解决，是任何一国单方面努力都无法胜任的，只能依靠全人类共同努力。因此，以"共同安全观"取代"一己安全观"，已成为信息时代一切社会主体谋求自身安全的必然选择。

国家观的重塑，是说在国家从开始消亡到完全消亡之前这个信息时代初级阶段，人类的国家观由"目的观"转变为"手段观"，即人类社会主体基于以人为本理念，不再将国家的存在、建设乃至保卫当成目的，而仅仅是作为实现人的发展、幸福和自由的手段来对待。应看到，国家从诞生那天起，就是作为手段而出现的。国家产生的基本原理，与中国一度流行的"集资盖房"并无本质上的不同。只不过，在以物质生产为基本内容的农工时代，"集资"的需求越来越高，规模越来越大，能量越来越强，它不可避免地被统治阶级"资本化"进而"人格化"进而"神圣化"，终而形成一种"国家至上"思维（甚至是文化），国家被扭曲成了"目的"。正是由于这种国家观的历史性扭曲，人类利益博弈规则由正和规则一步步滑向零和规则的深渊。因此，把这种被颠倒的历史再颠倒过来，切实摆正"目的"与"手段"的关系位置，成为信息时代国家观重塑的一个基本要求。应看到，在信息时代全球化历史大潮中，被颠倒的国家观正在不可抗拒地被再颠倒着。当下，国家权力向非国家社会主体让渡的现象，诸如向类似欧盟那样的国际组织让渡政治、外交和军事权力，向WTO、国际货币基金组织、世界银行和跨国公司之类非国家组织让渡经济权力，向国际法庭之类非国家法律机构让渡法律权力，向"志愿者联盟"、公民自治组织之类民间社会实体让渡社会治理权力，等等，说明人类已经把国家作为一种"手段"来使用。

应当说，在今后相当长时期内，国家还会作为人类社会治理的主要行为体而存在，国家权力还会是国家范围内社会权力的主导性权力。但这种"国家存在"只是国家消亡过程中的一种存在，正像当下非政府组织和各种"志愿者联盟"或"准自由人联合体"不断涌现，并日益与国家行为体一起，成为全球规则的制定者和监督者，全球性事务的管理者和全球性争端的协调、解决者所表明的。

如果说上述利益观和安全观的根本转变，是要解决人类利益博弈中正和规则的"互赖性"问题的话，那么，国家观的根本转变则是要解决这种"正和"的"公平性"问题。即随着国家功能的逐渐弱化乃至整个国家机器的消亡，人类社会形态逐步以共产主义取代资本主义，人类的正和博弈最终是在"自由人联合体"之间进行。因而，这种正和规则的基本走向是越来越公平，而这种越来越公平的正和规则也必然成为信息时代无界战的最高规则。

要弄清信息时代战争规则是不是正在走向正和规则，抑或它是否已经在酝酿这种日趋公平的新文明规则，只要看看目前世界规则的制定者、也是最有实力按零和思维行事的美国人所面临的"规则困境"，以及在此困境中他们最想要的东西，就够了。在《大博弈——全球政治觉醒对美国的挑战》一书中，布兰特·斯考克罗夫特、伊格纳休斯（采访记者）和兹比格·布热津斯基是这样讨论的：

> 布兰特·斯考克罗夫特："冷战的结束标志着历史在世界范围内的断层。冷战将密集的注意力强制转移到某个单一问题上来。它将我们动员起来，它动员我们的朋友和盟友反对某个单独的集团。它影响了我们的思维过程，影响了我们的机制，也影响了我们做的每一件事……突然之间，只是一眨眼的瞬间，世界走到了尽头，被一个没有冷战般实体威胁的世界所代替……出现了一大堆棘手的问题。我们没法只通过一只望远镜去盯着莫斯科，我们现在站在望远镜的另一端，面对的则已

是成千上万的小麻烦。然而，我们处理小麻烦的机制与思维过程，却只适用于应付莫斯科。"[160]

伊格纳休斯："你们提到红旗落下，'邪恶帝国'瓦解。我们怎么会从那个时刻走到现在？怎么会从那个骄傲胜利的时刻，走到现在让美国人感到极度脆弱的时刻呢？好像有一种美国力量流失的感觉，好像我们身处一个无比艰难的时代。在冷战结束之后，我们丢失了哪些机会呢？"[161]

兹比格·布热津斯基（在谈了巴以和平和中欧稳定格局重构并没有随着第一次伊拉克战争的胜利和苏联解体而出现之后）："确实有一些丢失的机会，还有些错误的行动。但我们本来可以做得更多，从而创造出某种共享机制。"[162]

布兰特："当然，我们忘记了，我们（习惯于争夺世界，却）并不习惯于管理世界……是的，我们有这个力量，但我们并不习惯于为了世界整体的利益而使用这种力量。最主要的是，我们仍然受制于冷战的思维，我们所有的机制都是为冷战而设计的。还有新的力量正在形成……战争本质的变化，以及最重要的——全球化。全球化的含义之一，正如兹比格所提到的，正是全世界人民的政治参与。"[163]

2010年11月15日，美国副国务卿罗伯特·霍马茨在华盛顿智库"新民主党网"发表的演讲，仿佛是在参加和延续上述讨论："……因此，在构建新的合作模式时，美国必须摒弃'零和思维'，因为如果用'零和'的眼光看待世界，我们赢他们就输，他们赢我们就输，那么合作的理念无法建立起来。"罗伯特举例说，尽管中国GDP总量跃居世界第二，但现在人均GDP却不到美国的1/7，因而中国仍把自己看作是一个发展中国家，"这一现实决定了中国优先处理的国内事务与七国或八国集团成员非常不同，而且反过来影响到他们在处理国际事务时的议事日程，认识到这一点同样非常重要"。[164]

兹比格涅夫·布热津斯基、布兰特·斯考克罗夫特以及罗伯特·霍马茨的睿智之处在于，他们都看到了人类社会的时代性变化。他们不仅从历史层面指出了信息时代人类利益博弈规则的必然选择——正和规则，而且也在现实层面指出了重回正和规则的必然路径：正视对方利益处境。

然而，人类搞了上万年分球化，打了无数场泛界战，输输赢赢，赢赢输输，要正视对方利益，谈何容易？因此，着眼全球化平台要求，重新认识"赢"的含义，是十分必要的。

"赢"由五个汉字组成：亡、口、月、贝、凡。汉语造字者是不是依据游猎时代全球化条件下"赢"或"输"的历史经验来构造此字有待考证，但这并不影响我们按照信息时代全球化之"一荣俱荣，一损俱损"博弈框架来理解其意蕴：为了"赢"的博弈各方，头上都悬着一把达摩克利斯之剑，弄不好就可能走向"赢"的反面——同归于尽，即共"亡"，这在今天核背景下尤其如此；因此，为了大家都能"赢"，必须通过"口"的沟通、谈判来制定利益交往规则；沟通、谈判要有耐心，因为它需要较长的磨合时间，它的时间是以"月"为单位；谈判的目的是各方达成妥协，而各方达成妥协的实质是利益让渡，哪怕是非常宝贵的利益——"贝"（宝贝）；利益让渡的尺度不在权力机关，而是在民意之中——"凡"（凡间）。"赢"的英文写法是"WIN"，它除了"在比赛中获胜"和"成功、赢得、获得、夺得"之外，也有"说服、争取"之意。而在互联网上，"WIN"既是指"获胜、成功"，又是指"不能结对手"，还有"后面往往是奖品"之意。可见，无论是在东方文化、西方文化还是在信息时代人类的共同文化——网络文化中，"赢"的要旨就在一个"和"字——当然是正"和"，其最终指向就是在谨防"共亡"的前提下自觉营造和维持"共赢"格局。用中国人的话说，就是与邻为善、以邻为伴，坚持睦邻、和邻、利邻、富邻，突出体现亲、诚、惠、容，即大家合力构建"和谐世界"并从而在其中共竞共生共赢共享。

大量事实表明，"利益"和"打赢"已经是一个越来越富于相对性的概念，武力强弱与战争胜负的关系也越来越不再是一种简单的正比例关系。只有正视对方利益，自觉地在代价与获利之间作出明智的权衡，使利益目标的价值选择立于共赢基础之上，并使利益再分配活动始终由民意这杆最公平的秤来度量，才能获得相对的"打赢"和相对的利益。而那种无视他人利益，并且为了实现一己的绝对利益而频繁启动暴力手段的做法，到头来只能是搬起石头砸自己的脚——这已为一些国家近年发动的多次火力战争给别人也给自己造成的无穷后患所证明。

正是在这样一个"赢"的概念发生革命性变化的信息时代，人类战争概念日益彰显一种根本性变化：为了获取绝对利益而不择手段、不计后果的战争，正在被为了获得相对利益而"斤斤计较"各方面利弊得失的战争所取代。因此，如果说信息时代战争按照正和规则运行还需要一种核心理念做支撑的话，那就是，要确立一种以"共亡"为座右铭的"共赢"理念。我们在探讨中所使用的所有"打赢"概念，无论它的对象是人类与非人类、类人类，国家与非国家，还是现实世界与虚拟世界的利益主体，都是从这个意义上来说的。

需要指出的是，前面提到的"三股势力"，即恐怖主义、极端主义和分离主义势力，之所以会像我们所感受到的那样越打击越泛滥，一个根本症结就在于，作为一种社会主体或战争主体，它需要因而必然会千方百计甚至是不惜一切代价地为自己开辟一条"活路"，而人们的应对之策却并非按照"正和"要求，积极寻找和创造双方都能接受的妥协办法，设法让其"能活"，而是始终囿于零和思维——消灭。换言之，人们在工具日益柔性化的今天，依然是用昔日那种刚性化方式解决问题，其结果必然是不断激化矛盾和仇恨，一切努力都事与愿违。这是需要世界各国首先是美国认真反思的。

四、战争的完美境界："无战"

世界历史学家曾在 1960 年联合做过一项统计：自公元前 3600 年以来，全世界共发生 14531 次人类战争，造成 36 亿 4000 万人死亡，毁坏的物质财富足以铸成一条宽达 150 公里、厚达 10 米的地球"金腰带"。[165] 正因此，人类一直在做着同一个梦："无战"。这个"梦想"，直到信息时代的今天，终于要"成真"了。

正如前述现代原始族民马林人的战争概念所表明的，人类战争境界不外两种形态："无战"与"真战"。"无战"并非指没有战争，而是说这种战争是仪式化、非致命的；"真战"则是指一切以致人非命的手段进行的战争，其主导样式是歼灭战。

人类战争之"无战"境界，并非战争者在战争实践中磨炼出来的，而是由人类工具从而是人类战争平台的时代形态派生。

人类工具是通过其作用方式的时代性变革，导致人类战争平台从而是人类战争境界变革。如前所述，在游猎时代，石斧、木矛等战争工具的作用方式是"弱相互作用"，因而，人类战争始终是以仪式化战斗为主导样式，其战争境界始终表现为"无战"；在农工时代，刀枪、炸弹等战争工具的作用方式是"强相互作用"，因而，人类战争始终是以歼灭战为主导样式，其战争境界始终表现为"真战"；在当今信息时代，信息、网络（它们日益居于人类战争工具主导地位）等战争工具的作用方式是"弱相互作用"，因而，人类战争越来越是以仪式化战斗为主导样式，其战争境界也在迅速向"无战"演进。

人类战争平台则是通过人类利益关系形态的时代性变革，导致人类战争境界变革。如前所述，在游猎时代全球化平台上，由于战争主体——各个氏族群落都是作为"互赖体"而存在，人类利益关系形态本质地体现为一种"人的依赖关系"，即他们之间的利益争端不具有"你死我活"性质，因而，人类战争及其境界始终表现为仪式化战斗或"无战"；在农工时代分球化平台上，由于各个国家都是作为"互斥体"而存在，人类利益关系形态本质地体现为一种"物的依赖关系"，即他们之间的利益争端越来越具有"你死我活"性质，因而，人类战争及其境界始终表现为歼灭战或"真战"；在信息时代全球化平台上，由于战争主体——国家性主体乃至非国家性主体越来越是作为"你中有我，我中有你"的"互赖体"而存在，人类利益关系本质地体现为一种"人的依赖关系"，即他们之间的利益争端越来越不具有"你死我活"性质，因而，人类战争及其境界越来越明确地表现为仪式化战斗或"无战"。一个很能说明问题的现象是，近年几乎所有暴烈武装冲突，都是发生在经济互赖性较弱或没有这种互赖性的国家之间；而经济互赖性强的国家之间，则没有发生"真战"。

值得特别注意的是，随着人类生存利益全球化捆绑，长期存在的意识形态战争也在向"无战"境界迈进。我们知道，在第二次世界大战以后，意识形态战争把人类社会分割为"资""社"两大阵营，以"冷战"（包括其间发生的多次代理人式"热战"）形式持续六十多年。这一现象的出现，恰好与信息革命的发生同步——冷战本质上也属于仪式化战争。而随着信息革命的推进，它目前已被一些学者称之为"凉战"——更具柔性特征的仪式化战争。尽管眼下意识形态火种还在噼啪作响，甚至看上去它还在主导着全球地缘政治，纠结着"新冷战"阵营，但作为跨世纪、跨时代的战争主体，我们毋宁视之为农工时代泛界战的回光返照而不为所动。因为时代给予我们的启示，已经足够我们据以来看待和遵从信息时代意识形态战争的"无战"大势。

工具是人类的"外骨骼"、社会的"骨骼",工具形态决定社会形态及其意识形态。与二元三阶段规律相一致,人类工具形态从而是社会形态及其意识形态演进,是一个从游猎时代通用化工具——原始共产主义社会——"无意识形态"(表现为中性思维,即"人"的思维),到农工时代专业化工具——资本主义社会——"泛意识形态"(表现为极端思维,即"物"的思维),再到信息时代通用化工具——共产主义社会——"无意识形态"(表现为中性思维,即"人"的思维)的历史过程。按照马克思"第二个阶段为第三个阶段创造条件"[166]的科学论断,资本主义社会与共产主义社会是一种历史阶段演进过渡关系,而不是过去人们所理解的那种谁战胜谁的政治对立关系;在两种社会形态交接过渡期,二者必然呈现为互含互融形态,正像当今西方资本主义社会涌现共产主义因素、中国特色社会主义兼容资本主义因素所表明的。这也就是说,所谓信息时代人类社会"非意识形态化"并非空穴来风,而是有着深刻的工具形态从而是社会形态变革动因。

人类社会"非意识形态化"的一个必然历史结果,是人类文化在全球化融合中不断趋同,最终形成"大同文化"。这方面,目前学界仍存在争论,但有一点不会有疑问,即在信息时代全球化平台上,能够引领人类文明新风的,必定是一种中性文化。

当今世界,已进入"你中有我,我中有你"的全球化深水区,正处于"你中融我,我中融你"的社会形态交接阵痛期。各种思想文化交织碰撞,各种社会矛盾海量涌现;正和思维增强而冷战思维难消,中性社会空间拓展而极端主义恣肆,人心向好而社会戾气加重;需要解决的社会问题往往具有速变、链变、巨变、共变的特点,常常要靠不同文化、不同意识形态的国家、民族和其他社会主体携手解决。这就迫切需要一种中性思想文化来引领。而从老子、庄子、孔子、墨子、德谟克利特、柏拉图、亚里士多德、康德等人类思想大师对"道"、"自然"、"中"、"适中"、"中庸"的论述倡导，以及多国对第三条道路的试验来看，中性文化不论在东方社会还是在西方社会，都不乏基础土壤。

　　总之，基于对历史规律的认知，着眼信息革命从而是战争平台全球化变革前景，我们有充分理由以乐观、积极的姿态，迎接"无战"时代的到来。

"新"赏世界杯。

注　释

1　三大规律指对立统一规律、质量互变规律和否定之否定规律。毛泽东曾对它们的统一性做过这样的解释："辩证法的核心是对立统一规律，其它范畴如质量互变、否定之否定、联系、发展等等，都可以在核心规律中予以说明。盖所谓联系就是诸对立物间在时间和空间中互相联系，所谓发展就是诸对立物斗争的结果。至于质量互变、否定之否定，应与现象本质、形式内容等等，在核心规律的指导下予以说明。旧哲学传下来的几个规律并列的方法不妥，这在列宁已基本上解决了，我们的任务是加以解释和发挥。"（《毛泽东文集》第八卷，人民出版社 1999 年版，第 326 页）

2　吴乾元、襄桦：《与科技前沿全接触——李衍达院士谈脑机交互》，清华大学新闻网，2004 年 4 月 9 日。薛定谔即埃尔温·薛定谔，奥地利著名物理学家。1926 年，他提出了波动力学这一量子力学的标准形式之一，因此获得诺贝尔奖。他后来转向研究生命科学，于 1943 年出版《生命是什么》一书，为分子生物学的诞生作了概念上的准备。

3　英国《新科学家》周刊 2013 年 1 月 19 日报道，题目为《地球有可能在暗物质墙中穿越》。中国《参考消息》2013 年 1 月 21 日转载。

4　《庄子·秋水》。

5　据英国《自然》杂志 2009 年 7 月 2 日报道，科学家发现了美西螈修复自身残缺四肢和受损器官的原理。美国"五角大楼"已投入重金成立专项小组进行实用研究，以帮助受伤截肢的士兵重新长出手脚。新华网 2009 年 7 月 4 日以《美西螈肢体再生原理被发现——科学家表示将给残障人士带来希望》为题转载。

6　美国《科学美国人》月刊网站 2013 年 8 月 4 日报道，题目为《人类细胞令老鼠更聪明》。中国《参考消息》2013 年 8 月 6 日转载。

7　《动植物间基因移植试验成功》，《北方园艺》1987 年第 1 期。

8　"黑洞计算机"，百度百科，2012 年 7 月 18 日更新。

9　又译为"元胞自动机"。该理论在 20 世纪 50 年代提出：设想一个平面上纵横相交的许多直线构成许多网格，每一个网格就是一个细胞，这些细胞可以具有一些特征状态，譬如被染成黑、白、红、绿等颜色。在每个特定的时刻，每个细胞只能处于一种特征状态中，随着时间的增加或者叫作迭代过程的进行，每个细胞根据周围细胞的状态，按照相同的规则，自动地改变它的状态，这便构成了一台细胞自动机。

10　转引自钮卫星：《万物皆比特》，《东方早报》2004 年 5 月 11 日。

11　转引自钮卫星：《万物皆比特》，《东方早报》2004 年 5 月 11 日。

12　美国《大众科学》月刊网站 2012 年 11 月 27 日报道，题目为《支配大脑发展的法则可能也控制着宇宙的发展》。中国《参考消息》2012 年 11 月 29 日转载。

13　美国《大众科学》月刊网站 2012 年 11 月 27 日报道，题目为《支配大脑发展的法则可能也控制着宇宙的发展》。中国《参考消息》2012 年 11 月 29 日转载。

14　英国《每日邮报》网站 2013 年 11 月 14 日报道，题目为《生命可在多重宇宙不断开花——科学家用量子物理学证明来世》。中国《参考消息》2013 年 11 月 17 日转载。

15　宫冠宇：《牛人胚胎：医学奇迹还是妖怪?》，《百科知识》2008 年 5 月 B。

16　法新社巴黎 2013 年 2 月 5 日电讯，题目为《制作可移植器官获新突破——胚胎干细胞首次成功用于 3D 打印》。中国《参考消息》2013 年 2 月 6 日转载。

17　参见本书导言。

18　李伯聪：《社会形态的三阶段和工具发展的三阶段》，《哲学研究》2003 年第 11 期。

19　李伯聪：《社会形态的三阶段和工具发展的三阶段》，《哲学研究》2003

年第 11 期。

20　一端或两端砍削出锐尖的木棒，含用竹子制作的"竹矛"。

21　[英] 理查德·巴尔卢克：《信息化趋势报告（十四）：数字共产主义在网络中取代资本主义》，《中国信息界》2004 年第 53 期。

22　参见 [美] 路易·亨利·摩尔根：《古代社会》，杨东莼、马雍、马巨译，商务印书馆 1977 年版。

23　一种比较流行的说法认为，足球运动起源于英格兰：11 世纪时英格兰与丹麦之间发生战争，无聊加仇恨使英格兰士兵将一名丹麦俘虏的头砍下来，在地上踢来踢去。后来，人们发现这种游戏"很有趣"，就开始制作"头"状物来踢，足球随之诞生。

24　参见 [美] 马克·波斯特：《信息方式》，范静哗译，商务印书馆 2000 年版。

25　李思孟、宋子良：《科学技术史》，华中理工大学出版社 2007 年版，第 10 页。

26　李思孟、宋子良：《科学技术史》，华中理工大学出版社 2007 年版，第 9 页。

27　"绰罗斯"即漏管树权育人之意。

28　英国《科学》杂志 2007 年第 5 期文章，题目为《直立行走从树上开始》。中国《科学时报》2007 年 6 月 4 日转载。

29　远古时，有"家为巫史"之说，即人人都会来两下法术。这里的法术，不过是一种"天人灵性沟通"之术。其时，人们用法术驱邪、祈福、消灾等，就跟我们现在吃饭、握手一样平常，因而严格说来，它还没有形成为一种职业，不能将之与新石器时期以后出现的职业巫师相提并论。

30　即长柄一端装上石质或骨质矛头的武器，形如长矛。

31　指人的赖以形成资本的自身和社会条件总和。

32　据《中国集成电路》2012 年第 9 期《世界上最密集存储介质 DNA 芯片获突破》一文，硬盘已经不能和 DNA 芯片相提并论。在人类的基因序列中，1 克的重量就可以包含几十亿 GB 的数据。而 1 毫克分子的信息存储空间可以包含美国国会图书馆全部藏书的内容，并且还有剩余。

33　[美] 加里·斯蒂克斯：《脑机接口：未来直接向大脑写入记忆》，洪波译，《环球科学》2008 年 12 月 14 日。

34　吕乃基：《会聚技术——高技术发展的最高阶段》，《科学技术与辩证法》2008 年第 5 期。

35　刘宝杰：《论作为支撑"超"人类未来存在的会聚技术》，《科技进步与对策》2012 年第 20 期。

36　《3D 打印干细胞》，《百科知识》2013 年 3 月 B。

37　阿根廷《文摘报》2013 年 5 月 4 日报道，题目为《全球首款 3D 打印手枪问世》。中国《参考消息》2013 年 5 月 6 日转载。

38　德国《明镜》周刊网站 2013 年 11 月 8 日报道，题目为《3D 打印金属枪在美问世》。中国《参考消息》2013 年 11 月 10 日转载。

39　美国趣味科学网站 2013 年 6 月 6 日报道，题目为《人类首次用意念控制小直升机》，中国《参考消息》2013 年 6 月 6 日转载。

40　郝宁湘：《计算机病毒：一种可能的生命形式》，《科学》2001 年第 6 期。

41　王艳菲：《植物情趣》，《绿叶》2001 年第 5 期。

42　英国医生萨姆·帕尼亚被认为是世界上第一个用科学实验证明"灵魂"真实存在的人。他的实验设计是：如果病人"死后"灵魂能离体漂浮起来，还能看到自己的肉体、正在抢救的医生们、天花板上的灯，那么在天花板上放置一块板，板的上面放一些小物体（只有萨姆自己知道是什么物体），"灵魂"就应该看得到这些小物体。如果这个病人被抢救过来后能够说出板上的小物体是什么，那么就能确定"灵魂"的存在。他对 100 多个病人进行了研究，其中有 7 个被抢救过来的病人准确说出了板上的小物体。

43　《美科学家解密濒死经历：灵魂出窍进入宇宙》，新浪科技，2012 年 11 月 2 日。

44　包括动耳肌、半月皱襞（第三眼睑）、鼻窦、智齿、扁桃体、竖毛肌、体毛、男性乳头、尾椎骨、阑尾等。

45　1946 年 2 月 15 日，世界第一台真正意义上的数字电子计算机"埃尼阿克"（ENAC）在美国宣告研制成功；1969 年，美国国防部资助建立了 ARPANE（阿帕网）——互联网的雏形或前身。

46　《美国少年设计出小型核反应堆——可燃烧核废料提供电力》，《参考消息》2013 年 3 月 2 日。

47　《马克思恩格斯文集》第 2 卷，人民出版社 2009 年版，第 470 页。

48　肖前等：《辩证唯物主义原理》，人民出版社 1991 年版，第 211 页。

49　[美] 罗伯特·L. 奥康耐尔：《兵器史》，卿劼、金马译，海南出版社 2009 年版，第 11 页。

50　努尼人分布于南太平洋上由几千个岛屿构成的约 70 平方英里的死火山三角地——复活节岛，总人口约 7000 人。

51　[英] 约翰·基根：《战争史》，时殷弘译，商务印书馆 2010 年版，第 45 页。

52　一是主观上的拒绝近亲繁殖。如有科学家对仓鼠进行实验，结果是，在一个封闭的环境中，只有父母交配繁殖，所有成年兄弟姐妹之间始终都不会发生性行为。二是客观上的拒绝近亲繁殖。一方面，表现为生理上的排斥性，如红原鸡虽然也会发生近亲交配，但母鸡体内存留的有血缘关系的公鸡的精子数量极少，少得几乎不足以完成授精；另一方面，表现为自然选择性的拒绝近亲繁殖，即通过使其体弱、弱智、残疾等方式对近亲后代予以自然选择性的淘汰。

53　[美] 大卫·克瑞尔：《原始人类身长腿短、通过战斗求爱》，美国《进化学》杂志 2007 年第 3 期。腾讯网科技频道 2007 年 3 月 27 日转载。

54　张岩：《人类早期社会的形成和形态：族群结盟与部落文明》（演讲），北京天则经济研究所网站第 273 次双周学术讨论会，2005 年 7 月 5 日。

55　《马克思恩格斯文集》第 1 卷，人民出版社 2009 年版，第 602 页。

56　[美] 弗朗斯·德瓦尔：《黑猩猩的政治——猿类社会中的权力与性》，赵芊里译，上海译文出版社 2010 年重印版。这部著作被哈佛大学百位教授推荐为"人类历史上最具影响力的经典图书之一"。

57　[美] 弗朗斯·德瓦尔：《黑猩猩的政治——猿类社会中的权力与性》，赵芊里译，上海译文出版社 2010 年重印版，第 75 页。

58　[美] 弗朗斯·德瓦尔：《黑猩猩的政治——猿类社会中的权力与性》，赵芊里译，上海译文出版社 2010 年重印版，第 199 页。

59　[美] 弗朗斯·德瓦尔：《黑猩猩的政治——猿类社会中的权力与性》，赵芊里译，上海译文出版社 2010 年重印版，第 254 页。

60　[美] 弗朗斯·德瓦尔：《黑猩猩的政治——猿类社会中的权力与性》，

赵芊里译，上海译文出版社 2010 年重印版，第 255 页。

61　张天：《澳洲史》，社会科学文献出版社 1996 年版，第 16 页。

62　[英] 约翰·基根：《战争史》，时殷弘译，商务印书馆 2010 年版，第 45—47 页。引文有删节。

63　孙宏年：《试论西方边疆理论的演变及其影响——以近代西方学者对东方国家疆界的认识为中心》，中国社会科学院边疆史地研究中心网，2006 年 5 月 29 日。

64　余正荣：《生态智慧论》，中国社会科学出版社 1996 年版，第 185 页。

65　马克思恩格斯：《共产党宣言》，人民出版社 1997 年版，第 27 页。

66　张岩：《边界线上的跨国趣事》，铁血网，2010 年 2 月 23 日。

67　《马克思恩格斯文集》第 1 卷，人民出版社 2009 年版，第 157 页。

68　百度百科："信息的现代定义"，其中包括所谓"逆仙农定义"、"逆维纳定义"等，2011 年 11 月 12 日更新。

69　2000 年，世界第一台 DNA 计算机在以色列问世。相关问题参见百度百科的有关信息。

70　《数字生命——第四种生命体》，《百科知识》2014 年 2 月 A。

71　《科学家完成首例"人造生命"惹伦理风险争议》，《光明日报》2010 年 5 月 25 日。

72　加拿大科学家们正在测试一种理论，该理论认为宇宙中的暗物质以一种名为畴壁的结构联系在一起，类似相互挤压的泡沫之间的界限。

73　"界域"，百度百科，2013 年 3 月 30 日更新。界域存在论（The methods of existed plane）是美国哲学家 S.A. 萨尔瓦多于 1985 年提出的一项理论。该理论用于解决空间与时间、虚与实、真与假（悖论）等著名哲学疑难问题。它认为：整个存在的物质与非物质中，有不同的存在方式。这些不同决定了它们不可能与以其他方式存在的物质与非物质发生接触。这些不同存在方式在空间形态上的区别，称为不同的界域。

74　郝宁湘：《计算机病毒：一种可能的生命形式》，《科学》2001 年第 6 期。

75　"无定"系物理学术语，指物质存在形态随客观条件的变化而变化，具有很强的不确定性。

76　《马克思恩格斯全集》第 33 卷，人民出版社 2004 年版，第 43 页。

77 吴乾元、襄桦：《与科技前沿全接触——李衍达院士谈脑机交互》，清华大学新闻网，2004 年 4 月 9 日。

78 美国《大众科学》月刊网站 2013 年 5 月报道，题目为《从食物、军舰到心脏——3D 打印将引发革命性巨变》。中国《参考消息》2013 年 5 月 23 日转载。

79 《远距传物获重大突破，专家：未来有望远距传人》，新浪科技，2013 年 6 月 3 日。

80 参见王江火：《在之演化》，北京燕山出版社 2010 年版，第 504 页。

81 刘宝杰：《论作为支撑"超"人类未来存在的会聚技术》，《科技进步与对策》2012 年第 20 期。

82 凯文·沃里克将能传导神经脉冲信号的芯片植入身体，并通过特殊信号传给他办公室中的一台主控电脑。这在一定程度上突破了人机界限，达成了"人机合一"，实现了计算机、互联网和"电子人"的一体化运行。

83 朱永海：《论"信息技术"本质》，《情报杂志》2008 年第 7 期。

84 朱永海：《论"信息技术"本质》，《情报杂志》2008 年第 7 期。

85 Amber Case 是一位电子人类学家（cyborg anthropologist），同时也是 Esri 研发中心的负责人。她提出并简单描述了"看不见按钮"（invisible button）的概念：移动电话最开始是有按键的，现在则是一个触摸屏，按钮可以是从象形图到照片的任何形态，基于此例类推，她将物理按钮的概念外延——从液体数字按钮一直到空气中的按钮，也就是由你的位置或者移动设备所触发的形态。就是说，人类打开界域之门的问题，只是一个寻找"按钮"的问题。

86 参见《人类脑对脑接口实验首获成功：可遥控同伴》，《科技日报》2013 年 8 月 30 日。

87 参见《科学家开发出脑对脑交流系统》，新浪科技，2013 年 10 月 25 日。

88 [美] 克莱·迪洛：《现在活着的人有机会把他们的意识上载给一个新的机器人躯体吗?》，美国《大众科学》月刊网站 2012 年 3 月 2 日文章。新华网 2012 年 3 月 4 日转载。

89 转引自钮卫星：《万物皆比特》，《东方早报》2004 年 5 月 11 日。

90 朱永海：《论"信息技术"本质》，《情报杂志》2008 年第 7 期。

91 《机器人替身要给学生上课》，《扬子晚报》2006 年 7 月 23 日。

92　董子锋:《信息化战争形态论》,解放军出版社 2004 年版,第 239 页。

93　目前的"你中有我,我中有你"具有很大的弹性——"你中有我"的百分之一与百分之九十九都可以如是说,都属于不完全一体化。因此,我们把全球化的成熟形态表述为"你中融我,我中融你"。

94　参见中国食品科技网《未来的食品与食品的未来》一文。但人之"长生不老"是个相对概念,即在理论上人可以与天体同寿,当天体毁灭时,人还是难免一死的。

95　[美] 约翰·奈斯比特:《大趋势》,梅艳译,中国社会科学出版社 1984 年版,第 22 页。

96　参见海默:《未来会是怎么样》,《科学之谜》2004 年第 2 期。

97　[德] 尼采:《查拉斯图特拉如是说》,伊溟译,文化艺术出版社 1987 年版,第 68 页。

98　"盖亚假说",百度百科,2014 年 3 月 30 日更新。

99　这是新自由主义国际关系理论大师罗伯特·基欧汉和约瑟夫·奈在《权力与相互依赖》一书中提出的两个重要概念。"敏感性"指行为体在某种政策框架内作出反应的程度,即一国变化导致另一国发生有代价变化的速度多快,所付出的代价多大。"脆弱性"指行为体因外部事件强加的代价而受损失的程度。

100　[日] 加来道雄:《塑造未来的十个创意》,英国《泰晤士报》2011 年 4 月 23 日。新华网 2011 年 5 月 3 日转载。

101　马克思:《摩尔根〈古代社会〉一书摘要》,人民出版社 1965 年版,第 63 页。

102　《马克思恩格斯选集》第 1 卷,人民出版社 1995 年版,第 275 页。

103　陈永正:《所有制的历史演进及其当代特征》,《毛泽东邓小平理论研究》2004 年第 3 期。

104　《马克思恩格斯全集》第 25 卷,人民出版社 2001 年版,第 144 页。

105　成保良:《现代资本所有制形式和资本主义发展阶段》,《当代经济研究》2005 年第 9 期。

106　《马列主义经典著作选编(党员干部读本)》,党建读物出版社 2011 年版,第 142 页。

107　美国钢铁大王、慈善的标志性人物安德鲁·卡内基的名言。参见荣昌健康网《200名美国顶级富豪致信总统：请向我多征税》一文。

108　董子峰：《信息化战争形态论》，解放军出版社2004年版，第7页。

109　[德] 克劳塞维茨：《战争论》上册，杨南芳等译校，陕西人民出版社2001年版，第9页。

110　[德] 克劳塞维茨：《战争论》上册，杨南芳等译校，陕西人民出版社2001年版，第8页。

111　[德] 克劳塞维茨：《战争论》上册，杨南芳等译校，陕西人民出版社2001年版，第8页。

112　李大光：《"如果你关掉我们的电网，我们也许会向你们的烟囱里发射一枚导弹"——美军网络战概念"升级"的背后》，《解放军报》2011年6月16日。

113　《马克思恩格斯选集》第1卷，人民出版社1995年版，第125页。

114　[美] 罗伯特·L.奥康奈尔：《兵器史》，卿劼、金马译，海南出版社2009年版，第6页。

115　"巢居"是建于树上的居所，形若鸟巢。

116　"栏居"是用桩柱将居所架离地面的建筑形式，系巢居由树上而地面的进化形式。

117　"穴居"是加以改造的天然洞穴或人工洞穴，系巢居由树上而地下的进化形式。

118　现代物理学认为，世界上共有四种力：强力、电磁力、弱力和引力，其中强力和弱力又称弱相互作用和强相互作用。

119　亚诺玛莫人生活在横跨巴西与委内瑞拉边界的奥里诺科河源头的密林区，人口约1万。1964年在那里度过了数月的拿破仑·夏格农，是最早与他们有了接触的外人之一。

120　[英] 约翰·基根：《战争史》，时殷弘译，商务印书馆2010年版，第127页。

121　转引自葛东升主编：《马克思主义战争观与当代战争》，军事科学出版社2007年版，第5页。

122　人类学会了磨擦取火和对火的自觉利用。

123　参见［美］罗伯特·L.奥康耐尔：《兵器史》，卿劼、金马译，海南出版社 2009 年版，第 9 页。

124　"图灵测试"，百度百科，2014 年 6 月 10 日更新。

125　法国《防务与国际安全》月刊 10 月号文章《人民中间的战争?》，中国新华网 2009 年 11 月 13 日转载，题目为《"人民中间的战争"渐成战争新形态》。

126　《常规武器平台正变得不那么重要》，《参考消息》2012 年 6 月 15 日。

127　"凉战"由戴维·罗特科普夫提出，《美国外交政策》杂志网站 2013 年 2 月 20 日报道，题目为《世界进入"凉战"时代》。中国《参考消息》2013 年 2 月 26 日转载。

128　马林人居住于几内亚中部俾斯麦山脉顶部林带。

129　［英］约翰·基根：《战争史》，时殷弘译，商务印书馆 2010 年版，第 133—134 页。

130　谢小军：《细菌之间的战争》，《中国科学报》2012 年 9 月 14 日。引文有删节。

131　杨道永：《植物之间的战争》，《大科技》1999 年第 10 期。引文有删节。

132　高峰：《人类和病原微生物的五千年"战争"》，《科学 24 小时》2011 年第 11 期。引文有删节。

133　《蚂蚁残酷战争：百万蚁兵相斗难分胜负》，新浪科技，2014 年 8 月 5 日。引文有删节。

134　"骑兵"，百度百科，2014 年 5 月 20 日更新。引文有删节。

135　"象兵"，百度百科，2014 年 1 月 2 日更新。引文有删节。

136　转引自"天外来"博文：《谁在主导明日的战争》，新浪网，2010 年 1 月 28 日。在此之前，很多中外学者均将冷兵器战争视为人类战争的源头。

137　转引自杜永明：《信息时代中国国家安全战略》，《中共福建省委党校学报》2002 年第 8 期。

138　《马克思恩格斯选集》第 2 卷，人民出版社 1995 年版，第 27 页。

139　第一次世界大战爆发时，美国陆军加上国民警卫队只有 20 多万人。

140　1917 年 2 月 3 日，德国在"无限制潜艇战"中击沉美舰"豪萨顿尼克号"，当天美国宣布与德国断交，4 月 6 日宣布对德开战。

141　德国外交大臣齐默尔曼致德国驻墨西哥大使的密电。电文指示大使向墨西哥总统建议在针对美国的基础上结成德墨同盟，允诺向墨提供财政援助，并帮助墨收复在新墨西哥、得克萨斯和亚利桑那的领土。

142　美军联合部队司令部将军詹姆斯·马蒂斯语，法新社华盛顿 3 月 10 日电讯，题目为《美军拟强化电子游戏仿真训练》。中国《参考消息》2010 年 3 月 12 日转载。

143　美军联合部队司令部将军詹姆斯·马蒂斯语，法新社华盛顿 3 月 10 日电讯，题目为：《美军拟强化电子游戏仿真训练》。中国《参考消息》2010 年 3 月 12 日转载。

144　阿根廷《21 世纪趋势》周刊网站 2010 年 4 月 11 日报道，题目为《模仿他人错误也有好处》。中国《参考消息》2010 年 4 月 13 日转载。

145　诸如股权式衍生工具、货币衍生工具、利率衍生工具、信用衍生工具以及金融远期合约、金融期货、金融期权、金融互换等。其目的是投机获利和套期保值。

146　英国《星期日泰晤士报》2003 年 4 月 13 日文章，题目为《不敢说出名字的帝国》。新华网传媒在线 2003 年 7 月 24 日转载。

147　美国《纽约时报》2009 年 8 月 27 日报道，题目为《藐视专家的计算机病毒仍蠢蠢欲动》。中国《参考消息》2009 年 8 月 30 日转载。

148　曾大江：《微型战争的基本思想》，新浪网，2008 年 6 月 3 日。

149　参见袁俊：《纳米武器对未来战争的影响》，《中国航天》2001 年第 12 期。

150　杨叶子：《"杀人虾"入侵英国》，《潇湘晨报》2014 年 4 月 18 日。引文有删节。

151　《"五角大楼"的"打僵尸"计划》，原载美国《外交杂志》2014 年第 5 期，中国《南方都市报》2014 年 5 月 25 日转载。引文有删节。

152　印度《每日新闻和分析》网站文章，题目为《印度和中国将一直是"友敌"》，中国《参考消息》2010 年 8 月 31 日转载。

153　凌颖：《从一个著名的试验谈心理护理》，《中华现代临床护理学杂志》2000 年第 9 期。

154　美国《洛杉矶时报》2010 年 3 月 28 日文章，题目为《"长期战争"的困境》。中国《参考消息》2010 年 3 月 30 日转载。

155　知远、易水寒编译：《美专家探索美军结构转型以期打赢非常规战争》，译自 *Center for American Progress* 杂志，中国网，2008 年 9 月 4 日。

156　竹竿舞又称竹杠舞。持竿者有节奏地开合碰击竹竿，跳舞者在竹竿分合瞬间于其间跳跃进退。技艺好的舞者因灵巧敏捷而赢得喝彩，不熟练的舞者则往往会被竹竿夹住腿脚而吃苦头并使舞蹈中断。

157　[美] 亨利·基辛格：《核武器与对外政策》，北京编译社译，世界知识出版社 1956 年版，第 10 页。

158　[美]法里德·扎卡里亚：《2010 年是"微恐怖主义的一年"》，美国《时代》周刊 2010 年 12 月 27 日，中国《参考消息》2010 年 12 月 19 日转载。

159　德国《世界报》2010 年 10 月 12 日文章，题目为《美国人的恐惧感》。中国《参考消息》2010 年 10 月 17 日转载。

160　[美]兹比格涅夫·布热津斯基、布兰特·斯考克罗夫特：《大博弈——全球政治觉醒对美国的挑战》，姚芸竹译，新华出版社 2009 年版，第 2 页。

161　[美]兹比格涅夫·布热津斯基、布兰特·斯考克罗夫特：《大博弈——全球政治觉醒对美国的挑战》，姚芸竹译，新华出版社 2009 年版，第 7 页。

162　[美]兹比格涅夫·布热津斯基、布兰特·斯考克罗夫特：《大博弈——全球政治觉醒对美国的挑战》，姚芸竹译，新华出版社 2009 年版，第 7 页。

163　[美]兹比格涅夫·布热津斯基、布兰特·斯考克罗夫特：《大博弈——全球政治觉醒对美国的挑战》，姚芸竹译，新华出版社 2009 年版，第 11 页。

164　德永健：《美副国务卿吁弃"零和思维"建中美合作新模式》，中新社华盛顿 11 月 15 日电讯，中国网国际频道 2010 年 11 月 16 日转载。

165　杨南征：《虚拟演兵》，解放军出版社 2007 年版，第 1 页。

166　《马克思恩格斯文集》第 8 卷，人民出版社 2009 年版，第 52 页。

主要参考文献

1.《马克思恩格斯文集》(第1—10卷),人民出版社2009年版。

2. [美] 罗伯特·L.奥康奈尔:《兵器史》,卿劼、金马译,海南出版社 2009年版。

3. [英] 约翰·基根:《战争史》,时殷弘译,商务印书馆2010年版。

4. [德] 克劳塞维茨:《战争论》,杨南芳等译校,陕西人民出版社2001年版。

5. [美] 保罗·波斯特:《战争经济学》,卢周来译,中国人民大学出版社2010年版。

6. [美] 兹比格涅夫·布热津斯基、布兰特·斯考克罗夫特:《大博弈——全球政治觉醒对美国的挑战》,姚芸竹译,新华出版社2009年版。

7. [德] 克里斯托弗·乌尔夫:《社会的形成》,许小红译,广东教育出版社2012年版。

8. [美] 亨利·基辛格:《基辛格:美国的全球战略》,胡利平、凌建平等译,海南出版社2012年版。

9. [美] 弗朗斯·德瓦尔:《黑猩猩的政治——猿类社会中的权力与性》,赵芊里译,上海译文出版社2009年版。

10. [美] 乔纳森·弗里德曼:《文化认同与全球性过程》,郭建如译,商务印书馆2003年版。

11. [美] 曼纽尔·卡斯特主编:《网络社会——跨文化的视角》,周凯译,社会科学文献出版社2009年版。

12. [美] 比尔·欧文斯、爱德华·奥佛利、詹姆斯·R.布莱克:《揭开战争迷雾》，王霄、杜强译，解放军出版社 2009 年版。

13. 李衍达：《生命、智能与信息》（演讲），2008 年 6 月。

14. 郝宁湘：《计算机病毒：一种可能的生命形式》，《科学》2001 年第 6 期。

15. 董子峰：《信息化战争形态论》，解放军出版社 2004 年版。

16. 乔良、王湘穗：《超限战》，解放军文艺出版社 2005 年版。

17. 陈振宇、黄东亮、张珍明、孟艳：《军队信息化基础》，军事科学出版社 2008 年版。

18. 戴清民：《战争新视点》，解放军出版社 2008 年版。

19. 杨南征：《虚拟演兵——兵棋、作战模拟与仿真》，解放军出版社 2007 年版。

20. 吕登明主编：《信息化战争与信息化军队》，解放军出版社 2004 年版。

21. 梁必骎、赵鲁杰：《高技术战争哲理》，解放军出版社 1995 年版。

22. 黄小寒：《世界视野中的系统哲学》，商务印书馆 2006 年版。

23. 戴志平、许同和、赵国林编著：《信息化条件下的网络中心战》，军事谊文出版社 2010 年版。

24. 王江火：《统一信息论》，中国政法大学出版社 2012 年版。

后　记

　　奇妙的是，我们这代人既是跨世纪的又是跨时代的一代。这或许也是"时代担当"一词成为当下社会各界时尚用语的一大"巧合"了。而这一词语的流行，无疑是时代值得为之欣慰的。

　　令人深怀感恩之心的，是作为一名军人，我有幸经历了两次截然不同的战争实践。第一次即 1979 年之战，那是典型的农工时代歼灭战或消耗战。第二次是堪称信息时代仪式化战斗的老山轮战——主要作战样式是双方部队在国界两边进行防御性炮击，这与游猎时代氏族"代表"在阵前互相投掷石斧或木矛没有本质区别。我想说的是，时代给予我如此厚爱，我没有理由不克服任何困难，肩负起自己的那份时代担当，这就是写一本关于战争的书，一本能够反映时代内心呼声的书。

　　至于这本小书能否称得上"时代担当"，只有留待时代检验了。

　　国防大学政治部的领导以他们所能有的方式，激励我潜心钻研、写作。人民出版社的领导给予宝贵指导，特别是陈亚明常务副总编，亲自对书稿进行"整容"策划；该社房宪鹏、赵帅、钟金铃等朋友，在出版发行方面给予积极帮助。我的妻子高也婷不仅在生活、精神上给予我无微不至的料理和支持，还全程参与了本书的研究、修改，以及进行图文资料搜集整理、图片制作、封面设计等工作而又不肯署名（客观地说，她是本书第二作者）。

本书图片，主要来源于新华社和微图网。

在此，我谨以作者名义，向他们致以真挚的敬意和谢忱。

书中错谬之处，还望读者不吝赐教。

郭高民

2014 年 10 月

组　　稿：赵　帅
责任编辑：钟金铃
封面设计：高也婷
版式设计：汪　莹

图书在版编目（CIP）数据

无界战：我们正在进行的战争／郭高民　著．
　—北京：人民出版社，2015.1（2020.8 重印）
ISBN 978－7－01－014132－9

I.①无…　II.①郭…　III.①战争理论　IV.① E8

中国版本图书馆 CIP 数据核字（2014）第 252780 号

无界战

WU JIE ZHAN

我们正在进行的战争

郭高民　著

人民出版社 出版发行
（100706　北京市东城区隆福寺街 99 号）

环球东方（北京）印务有限公司印刷　新华书店经销

2015 年 1 月第 1 版　2020 年 8 月北京第 3 次印刷
开本：710 毫米 ×1000 毫米 1/16　印张：19.75
字数：260 千字

ISBN 978－7－01－014132－9　定价：49.00 元

邮购地址 100706　北京市东城区隆福寺街 99 号
人民东方图书销售中心　电话（010）65250042　65289539